111 Gründe, Schweden zu lieben

Für Tobba

Stefanie Andersson

111 GRÜNDE, SCHWEDEN ZU LIEBEN

Eine Liebeserklärung an das schönste Land der Welt

SCHWARZKOPF & SCHWARZKOPF

INHALT

VORWORT 9

1. KAPITEL: ALLTAG 11

Weil das Einkaufen in einem schwedischen Supermarkt ein Abenteuer ist – Weil man in Schweden für alles und jedes eine Nummer ziehen muss – Weil man bei Systembolaget in jedem Alter seinen Ausweis zeigen muss – Weil das Autofahren in Schweden so entspannend ist wie ein Yogapass – Weil die Schweden beim Einkaufen die Waren in die richtige Richtung drehen – Weil in Schweden der gläserne Bürger Realität ist – Weil so viele gute Bands aus Schweden kommen – Weil die Schweden so gesittet auf den Bus warten – Weil viele Schweden täglich eine dicke Lippe riskieren – Weil in Schweden das Kranksein ganz eigenen Regeln folgt – Weil die Schweden Meister des Müllsortierens sind – Weil es in Schweden an jeder Ecke einen Flohmarkt gibt – Weil die Lebensmittel in Schweden so teuer sind – Weil Schweden und Alkohol eine unvergleichbare Mischung sind – Weil Schweden im Sommer komplett dicht macht – Weil es in Schweden so nett ist, zum Finanzamt zu gehen

2. KAPITEL: BRÄUCHE 41

Weil ein Besuch bei schwedischen Freunden so herrlich einfachen Regeln folgt – Weil in Schweden bei festlichen Anlässen gerne Volkstrachten getragen werden – Weil in Schweden auf dem Land noch wie früher mit Holz geheizt wird – Weil es in Schweden Trolle gibt und ein Mittel, um sie vom Haus fernzuhalten – Weil die Schweden die Kunst des Kränzebindens noch nicht verlernt haben – Weil man in Schweden die Flagge hissen kann, ohne als rechtsradikal zu gelten – Weil man in Schweden mindestens zwei Mal am Tag Fika macht

3. KAPITEL: GESELLSCHAFT 55
Weil in Schweden das Gesetz des Jante gilt – Weil die Schweden so nett streiten – Weil die Schweden die Thronfolgeregelung für eine Frau geändert haben – Weil in Schweden der Feminismus lebt – Weil Schweden Menschen in Not einen sicheren Hafen bietet – Weil die Schweden Weltmeister in der Kunst der Indirektheit sind – Weil in Schweden die Gleichberechtigung gelebt wird – Weil man in Schweden seinen Namen beliebig ändern kann – Weil die Schweden so gut im Mingeln sind – Weil die Schweden das am meisten tätowierte Volk der Welt sind – Weil man sich in schwedischen Häusern die Füße abfriert – Weil in Schweden die Briefkästen wie Zinnsoldaten am Straßenrand stehen – Weil in Schweden die Hotrod-Kultur lebt – Weil Schweden seine eigene Urbevölkerung hat – Weil die Schweden im Winter alle Warnwesten tragen – Weil die Schweden Geschmack haben – Weil in Schweden jeder Einwohner ein Anrecht auf BAföG hat

4. KAPITEL: TRADITIONEN 87
Weil viele schwedische Häuser mit Schreinerfreude verziert sind – Weil die Schweden keine Funktionskleidung brauchen – Weil in Schweden der Rasen etwas über persönliche Hygiene aussagt – Weil in Schweden das Jedermannsrecht gilt – Weil in Schweden sogar die Küchenschubladen genormt sind – Weil Schweden das beste Land der Welt ist – Weil man in Schweden nur einmal für seinen Kaffee bezahlt, aber soviel nachschenken kann wie man möchte – Weil Einsamkeit ein Teil der schwedischen Seele ist – Weil es nur in Schweden ein Gerät gibt, mit dem man Kopfkissenbezüge verschönert – Weil man an der E18 gratis Fika bekommt – Weil es sich in Holzhäusern einfach besser wohnt

5. KAPITEL: FESTE 109
Weil Mittsommer wichtiger als Weihnachten ist – Weil das Krebsfest den zweiten großen Höhepunkt des Sommers markiert – Weil man in Schweden gerne vergorenen Hering isst – Weil es in Schweden Delikatessen gibt, die seit 500 Jahren unverändert sind – Weil an Mittsommer alle den Tanz mit den kleinen Fröschen ohne Ohren tanzen – Weil in Schweden das Luciafest

gefeiert wird – und dabei keiner Angst vor Veränderungen hat – Weil das schwedische Abitur mit dem wichtigsten Fest eines jungen Lebens gefeiert wird – Weil in Schweden noch so schön altmodisch getanzt wird

6. KAPITEL: SPRACHE 127
Weil es schwedische Wörter gibt, die man im Wörterbuch vergeblich sucht: Teil 1 – Weil es schwedische Wörter gibt, die man im Wörterbuch vergeblich sucht: Teil 2 – Weil die Schweden so hübsch fluchen – Weil Schweden die lustigsten Ortsnamen hat – Weil die schwedische Akademie die Oberaufsicht über die schwedische Sprache hat – Weil die schwedische Sprache jede Menge falsche Freunde enthält – Weil in Schweden die lustigsten Dialekte gesprochen werden – Weil es in Schweden geschlechtsneutrale Personalpronomen gibt – Weil die schwedische Sprache wie Musik klingt

7. KAPITEL: NATUR 145
Weil der König des Waldes nicht an Altersschwäche stirbt – Weil im Frühjahr überall Ringelnattern und Kreuzottern rumliegen – Weil Schwanensee nicht in Konzerthäusern, sondern in Örebro stattfindet – Weil es an jeder Ecke einen Badesee gibt und man dort ganz alleine ist – Weil es sogar in Stockholm manchmal Nordlichter gibt – Weil schwedische Landschaften ihre eigenen Blumen haben – Weil das skandinavische Licht einfach unvergleichlich ist – Weil es in Schweden gesetzlich verbotenes Unkraut gibt – Weil ein schwedischer Mückenstich so groß wie der Kebnekaise wird – Weil die schwedische Natur so üppig ist – Weil sich Schweden jedes Jahr ein paar Zentimeter entknittert – Weil man sich in einem schwedischen Wald noch richtig verlaufen kann

8. KAPITEL: ESSEN & TRINKEN 165
Weil die schwedische Hausmannskost an Donnerstagen immer gleich ist – Weil die Schweden Gelee aus Vogelbeeren kochen – Weil der Samstag in Schweden Süßigkeitentag ist – Weil an Weihnachten »Julbord« gegessen wird – Weil es in Schweden Mischmaschkäse und Mischmaschbutter gibt – Weil in Schweden bei jedem Wetter gegrillt wird – Weil in der schwedischen

Küche nichts ohne Preiselbeeren geht – Weil der König des Waldes sehr gut schmeckt – Weil man in Schweden Husten mit Tannenspitzensirup behandelt – Weil bestimmte Bäckereiwaren in Schweden mit ihrem eigenen Tag gefeiert werden – Weil die Schweden die Butterbrottorte erfunden haben – Weil der Mittagstisch in Schweden so günstig ist – Weil schwedische Würstchen kaum Fleisch enthalten – Weil man mit schwedischem Kaffee Tote wecken kann – Weil in Schweden Weihnachten und Ostern ihre eigene Brause haben – Weil man sich in Schweden mit Birkensaft fit hält – Weil es in Schweden Schnaps aus dem Kanister gibt

9. KAPITEL: GESCHICHTE 195

Weil die Schweden mal einen König hatten, der kein Wort Schwedisch sprach – Weil die Schweden das Holzpferd zu einem Markenzeichen gemacht haben – Weil in Schweden seit 202 Jahren Frieden herrscht – Weil es in Schweden Gärdesgårdar gibt – Zäune, die seit der Wikingerzeit unverändert geblieben sind – Weil in Schweden alte Handwerkstraditionen weiterleben – Weil in Schweden noch Hexen unterwegs sind – Weil es in Schweden schon zu Wikingerzeiten Graffiti gab

10. KAPITEL: SEHENSWERTES 209

Weil der Löwe im Schloss von Gripsholm das schönste Lächeln hat – Weil es in Schweden Riesenkochtöpfe gibt – Weil es in Schweden die schönsten Pilze gibt – Weil das Schloss in Örebro so eine märchenhafte Geschichte hat – Weil es in Schweden heilige Quellen gibt – Weil man in Nora noch ein bisschen Bullerbü finden kann – Weil nirgendwo die Sonne so schön scheint wie auf Gotland

VORWORT

Schweden. Das war für mich Dunkelheit, Mücken, IKEA und Autos mit der Aerodynamik einer Tiefkühltruhe. Kälte war so gar nichts für mich, und zum Urlaubmachen fuhr ich am liebsten in Länder mit Sandstränden, Palmen und eisgekühlten Cocktails. Aber meine Leidenschaft für Musik wurde mir zum Verhängnis: Auf einem Konzert der amerikanischen Garageband »The Lords of Altamont« in Stockholm traf ich einen ganz wunderbaren Schweden. Nicht groß, nicht blond – aber mit knallblauen Augen und dem schönsten Lächeln der Welt. Wir verbrachten 36 völlig verrückte Stunden miteinander und wussten danach beide, dass wir zusammengehören. Ich lebte damals in Hamburg, arbeitete als freiberufliche Werbetexterin und Tobba als Musiker in Örebro. Nach nur einem halben Jahr Fernbeziehung packte ich meine Sachen in einen VW-Bus und begann mein größtes Abenteuer: ein neues Leben in Schweden.

Nichts wurde so wie geplant. Ich konnte kein Schwedisch, und die schwedischen Agenturen brauchten keine deutsche Texterin. Also arbeitete ich in der Touristeninformation, in einer Großwäscherei und putzte in einem Tattoostudio.

Das war eine Weile ganz exotisch, wurde aber irgendwann auch ein bisschen langweilig und füllte mich nicht richtig aus. Ich vermisste das Schreiben und beschloss, einen Blog zu starten. Über die kleinen und großen Kuriositäten des Landes Schweden, das mich jeden Tag aufs Neue überraschte. Und mit dem Bloggen entstand eine neue Leidenschaft: das Fotografieren. Anfangs machte ich noch alle Bilder mit meinem Mobiltelefon, aber schon bald lechzte ich nach mehr. Ich kaufte mir eine Kamera, schleppte sie überall mit hin, saß stundenlang vor Videotutorials und lernte Photoshop. Irgendwann merkte ich, dass ich mit Bildern genauso Geschichten erzählen kann wie mit Worten. Und mit der Zeit reifte in mir der Wunsch, auch beruflich zu fotografieren. Im Alter von 43 Jahren bewarb ich mich an Schwedens renommiertester Schule für kommerzielle Fotografie – und wurde angenommen.

Mitten im zweiten Ausbildungsjahr rief mich plötzlich ein Literaturagent an. Ob ich vielleicht Lust hätte, ein Buch über Schweden zu schreiben? Der Anruf, von dem jeder Werbetexter sein Leben lang träumt. Und ich dachte bloß: Äh, also, irgendwie nee. Da hab ich doch gar keine Zeit für. Hatte ich dann natürlich doch. Oder besser gesagt: Ich habe sie mir genommen. Und habe neben meinem Studium, meinem Examen und meinen ersten Aufträgen als freiberufliche Fotografin dieses Buch geschrieben.

Und jetzt, fast exakt zehn Jahre nach meinem Umzug hierher, ist sie fertig, meine kleine Liebeserklärung an das schönste Land der Welt. Ich freue mich, dass der Verlag sich entschieden hat, es mit Bildern herauszugeben. Denn so kann ich nicht nur mit Worten sondern auch mit Bildern zeigen, dass sich ein Urlaub oder auch nur ein Konzertbesuch in Schweden wirklich lohnen.

Denn wer weiß, vielleicht trifft man ja die Liebe seines Lebens?

Stefanie Andersson
www.stefanie-andersson.com

1. KAPITEL

ALLTAG

1. GRUND

Weil das Einkaufen in einem schwedischen Supermarkt ein Abenteuer ist

Mal unter uns: Ich bin beim Einkaufen immer eher angespannt. Ich habe da auch nach zehn Jahren in Schweden noch so den deutschen Rhythmus in der Seele, und der heißt »Effizienz«. Doch die ist in einem schwedischen Supermarkt etwa so angebracht, wie an der Fischtheke auf die Auslagen zu niesen.

Manchmal, wenn ich zwischen Fertignudeln und Knäckebrot versuche, der Zutaten für ein schnelles Abendessen habhaft zu werden, frage ich mich, ob ich versehentlich in einem Altersheim gelandet bin: Menschen mit leerem Blick schlurfen, an ihre Rollwagen geklammert, die Gänge auf und ab und bleiben zwischendurch unvermittelt mitten im Gang stehen, um sich im Zeitlupentempo an der Nase zu kratzen, ein Taschentuch hervorzunesteln oder die ausgestellten Waren an den umliegenden Regalen mit der gleichen sachlichen Neugier zu betrachten wie einen Van-Gogh-Druck an einer Heimflurwand.

Es beginnt in der Regel schon im Eingangsbereich, in dem ich mich regelmäßig zwischen jungen Müttern und ihrem Nachwuchs in den Großformat-Einkaufswagen in der elektrischen Drehtür verkeile, weil sie dort in aller Ruhe die Sonderangebote im Prospekt studieren und dabei vergessen, die Füße in Vorwärtsrichtung zu bewegen. Die Simultankapazität ist nämlich hier in Schweden eine sehr unterschätzte Fähigkeit, auf die ich in einem anderen Kapitel noch einmal zu sprechen kommen werde.

Doch wer glaubt, unvermittelt in der Zombie-Apokalypse gelandet zu sein, und eine gewisse Sorge um seine Hirnmasse zu verspüren beginnt, kann beruhigt sein: Das muss so. In Schweden gilt es als furchtbar unhöflich, zu drängeln oder zu hetzen. In einem Supermarkt jemandem den Einkaufswagen in die Hacken zu schieben, unwillig zu schnaufen oder sogar zu meckern, gehört sich einfach nicht. Man darf hierzulande zwar den König duzen, aber die Faust wird in der Hosentasche geballt. Also immer schön sportlich die mitten im Weg stehenden Einkaufswagen umfahren oder sich einfach mit der Masse treiben lassen.

Ein weiterer Stolperstein auf dem Weg zu einem gelungenen Einkauf ist neben den Halbtoten die schwedische Supermarkt-Logik. Beispiel: Aus mir bis heute unerklärlichen Gründen gehören Ketchup, Senf und Mayonnaise hierzulande zu unterschiedlichen Warengruppen und befinden sich daher in Regalen, die sich geografisch etwa so wie der Nordpol zum Südpol verhalten. Ketchup und Senf stehen Seite an Seite mit Trockenzwiebeln gleich neben den Bügelbrettern, Mayonnaise dagegen neben dem Eierregal, gleich unterhalb des Olivenöls.

Man muss nämlich zum Einkaufen eine gewisse Grundkenntnis der schwedischen Essgewohnheiten mitbringen: Supermärkte sind hierzulande weitestgehend thematisch sortiert. Die 100-Kronen-Frage lautet also: wozu benutzt der Schwede Mayonnaise? Genau! Für Eiersalat! Ist doch völlig logisch.

Erst neulich habe ich stundenlang die Reinigungsmittelabteilung durchkämmt, weil ich Kaffeemaschinenentkalker brauchte. Tapfer wie ein Soldat nahm ich mir vor, diese Schlacht ganz allein zu schlagen. Ich suchte, bis mir fast die Augen aus dem Kopf fielen. Versuchte es mit schwedischer Logik und guckte bei den Haushaltswaren, in der Getränkeabteilung und sogar im Kassenbereich, wo die Batterien versteckt werden.

Irgendwann gab ich auf. Schlich kleinlaut zu einem Verkäufer und fragte. Er schaute mich lange und mitleidig an, wie ein Kind, das man jetzt schnell an der Hand zur Infotheke bringen muss, bevor es anfängt, lauthals loszuheulen. Dann teilte er mir mit leiser und mitleidiger Stimme mit, dass der Kaffeemaschinenentkalker sich gleich neben dem Kaffee im Regal befinde. Noch Fragen?

Oder Kekse. Wo würden Sie nach Keksen suchen? Für mich sind Kekse Süßigkeiten und haben sich daher irgendwo in der Reichweite von Marshmallows, Schokolade und Lakritzbonbons zu befinden. Ha! Falsch! Kekse werden in Schweden gerne zur berühmten »Fika« (der berühmt-berüchtigten Kaffeepause) verzehrt und heißen daher »kaffebröd«, und das heißt genau das, was Sie glauben. Nämlich *Kaffeebrot* mit der Betonung auf *Brot,* und da liegen sie auch, gemütlich eingebettet zwischen Finncrisp, Skorpor und Reiscrackern.

Stehe ich dann atemlos und mit dunklen Schwitzflecken unter den Armen an der Kasse (in der Regel ohne Mayonnaise, Kaffeemaschinenentkalker, Kekse oder was ich gerade aktuell mal wieder nicht gefunden habe), befällt mich jedoch eine tiefe, einlullende Ruhe. Denn das Bezahlen in einem schwedischen Supermarkt gehört zu den entspannten und angenehmen Teilen des Einkaufens. Aus Deutschland ist man es ja gewohnt, sich von einer schlecht gelaunten Kassiererin mit abgeblättertem Nagellack zur Eile anpeitschen zu lassen, weil sie sonst die eingekauften Waren mit einem festen Tritt auf das Pedal für das Rollband zu einem riesigen Haufen zusammenschiebt. Nicht so in Schweden. Man wird von wunderhübschen blonden Mädchen mit Pferdeschwanz freundlich begrüßt, und niemand verlangt, dass man seine Waren gehetzt in den Wagen schleudert. Stattdessen kann man in aller Ruhe mit der schönen Kassiererin über das Wetter plaudern, ohne Eile minutenlang die Kreditkarte in der Brieftasche suchen oder sich einfach nur am Kopf kratzen und mit leerem Blick die immer länger werdende Schlange hinter sich an der Kasse betrachten.

Und ich verspreche Ihnen: Niemand wird Sie dafür ausmeckern. Nur wird vielleicht die eine oder andere Faust in der Hosentasche geballt. Aber das ist ein anderes Thema.

2. GRUND

Weil man in Schweden für alles und jedes eine Nummer ziehen muss

Als ich gerade nach Schweden gezogen war, hatte ich manchmal Heimweh. Ich vermisste meine Freunde, deutsche Verkehrsregeln und den Geruch von nasser Autobahn. Wenn es ganz schlimm wurde, guckte ich mir *Tatort* im Internet an. Oder fuhr zu Lidl.

Damals war Lidl noch ganz neu in Schweden, und die Regale waren voller deutscher Waren: saure Gurken, Erdnussflips, Quark. Dazu kam, dass die Lidl-Märkte hier in Schweden exakt identisch aufgebaut sind wie in Deutschland. Wenn ich also an Bregott-Kartons und Blutpudding vorbeiguckte, fühlte ich mich ein bisschen wie zu Hause.

Mit den Jahren assimilierte ich mich. Ich begann, auch bei Coop, ICA und Willys einzukaufen, und irgendwann war es mir sogar in Fleisch und Blut übergegangen, an der Käsetheke eine Nummer zu ziehen. Das gehört hier in Schweden nämlich zu den Grundpfeilern der Gesellschaft. So wie Rechtsverkehr, Wollsocken das ganze Jahr über oder der Eurovision Song Contest.

Die Nummernspender gibt es überall: in der Apotheke, der Lottoannahmestelle, bei der Post, im Krankenhaus, an der Käsetheke. Und natürlich beim Finanzamt, der Einwohnermeldestelle, dem Arbeitsamt, der Polizei und der Möbelrückgabe bei IKEA.

Dieses System hat eine ganz wichtige Aufgabe: Konflikt- und Kommunikationsvermeidung. Mit einem Nummernzettel in der Hand brauche ich mich am Fischstand nicht umzugucken und zu überlegen, ob nun der dicke Mann mit Regenjacke oder die kleine ältere Dame mit Rollator und Hut vor mir dran war. Oder noch viel schlimmer: mich mit diesen wildfremden Leuten zu unterhalten. Auch wenn es nur ein Lächeln oder ein kurzes Zunicken braucht, um die Reihenfolge zu klären – der Schwede ist ein schweigsamer

Mensch und fühlt sich wohler, wenn er die Wartezeit damit zubringen kann, auf die digitale Anzeigetafel zu gucken und sich still darüber zu ärgern, dass es so lange dauert.

Dieses ist Ausdruck der schwedischen Seele, der zwischenmenschliche Kommunikation eher schwerfällt und die sich lieber in ihrer eigenen Gedankenwelt aufhält. Der Nummernspender ist ein demokratisches System, bei dem niemand übervorteilt wird, bei dem sich niemand vordrängeln, das niemand beeinflussen kann. Es ist das schwedischste aller Alltagshilfsmittel und eine Institution so wie das Königshaus. Alle finden es irgendwie unmodern, aber weil es schon immer da war, hat man sich eben damit abgefunden.

Eine Sache frage ich mich allerdings: Was, wenn die Königin mal an der Käsetheke auftauchen würde? Bestimmt würden ihr dann alle den Vortritt lassen.

3. GRUND

Weil man bei Systembolaget in jedem Alter seinen Ausweis zeigen muss

Kennen Sie dieses Gefühl, morgens aufzustehen und sich frisch, ausgeruht, hübsch und 20 Jahre jünger zu fühlen?

Ich auch nicht.

Deshalb ist es jedes Mal ein ganz besonderes Fest, wenn ich beim Systembolaget nach meinem Ausweis gefragt werde. Systembolaget, das staatliche Alkoholmonopol, hat eine Regel, nach der kein Alkohol an Menschen unter 20 Jahren verkauft werden darf.

Die 20 habe ich weit überschritten, um genau zu sein seit 25 Jahren. Und trotzdem werde ich beim Einkaufen im Monopolgeschäft manchmal nach meinem Ausweis gefragt. Natürlich fühle ich mich dann unheimlich geschmeichelt, lache ein bisschen künstlich und murmele irgendetwas wie »Haha, was für ein nettes Kompliment« und zeige den Lappen vor.

Tatsächlich ist es, wenn man erst mal anfängt, darüber nachzudenken, gar nicht so einfach, das Alter von Leuten zu schätzen. Systembolaget veröffentlichte vor einigen Jahren mal eine Homepage, auf der man anhand von Fotos das Alter der abgebildeten Personen schätzen sollte. Ich lag in circa 80 Prozent der Fälle weit daneben.

Als ich neulich mal wieder nach meinem Ausweis gefragt wurde, grinste mich ein älterer Herr um die 60 an. Während ich in meinem Portemonnaie nach der kleinen Karte suchte, sagte er verschwörerisch: »Bilden Sie sich mal nichts ein. Ich bin neulich auch gefragt worden.«

Ich sah ihn mir etwas genauer an. Und war mir plötzlich nicht mehr 100 Prozent sicher, ob er nicht doch unter 20 war.

4. GRUND

Weil das Autofahren in Schweden so entspannend ist wie ein Yogapass

Das Reisen mit dem Auto in Schweden ist etwa so stimulierend wie eine sechsteilige Dokumentationsreihe über das Paarungsverhalten von Salzwasserplankton. Die Aussicht verändert sich ungefähr alle halbe Stunde und wechselt in dieser Jahreszeit von Weiß (geschlossene Schneedecke) über Grau (geschlossene halb geschmolzene Schneedecke) zu Dunkelbraungrün (Wald) und wieder zurück. Dazu ist man, nach deutschen Maßstäben, ziemlich eingeschränkt, was die freie Wahl der Geschwindigkeit angeht. Bei 90 ist Schluss. Außer auf der Hauptstraße nach Stockholm (das Wort »Autobahn« finde ich unangemessen), da darf man streckenweise 110 fahren. Allerdings ist sie nur in kurzen Abschnitten zweispurig, meistens einspurig und häufig sowieso komplett gesperrt, sodass man auf Landstraßen ausweichen muss. Wo dann wieder bei 90 Schluss ist.

Diese Entschleunigung ist für Schwedenurlauber sicher eine große Herausforderung. Ich kann mich noch gut erinnern, wie ich in der ersten Zeit im Lande gerne hin und wieder mal aus dem Auto gestiegen wäre und dem Fahrer vor mir in den Hintern getreten hätte.

Hab ich natürlich nicht. Schließlich versucht man von Anfang an, sich den örtlichen Gepflogenheiten anzupassen. Man geht ja auch nicht im Bikini in eine Moschee. Oder lässt die Schuhe an, wenn man ein schwedisches Haus betritt. Also bin ich unter Qualen auf den Landstraßen entlanggetuckert, bis sich ein ganz erstaunliches Phänomen bei mir einstellte: persönliche Fahrverlangsamung.

Ich, in Deutschland immer ein paar Kilometer zu schnell unterwegs, verlor nach einigen Monaten auf schwedischen Straßen jegliches Gefühl für Geschwindigkeit. Die monotone Vegetation in Kombination mit dem völligen Fehlen anderer optischer Stimulanz führt dazu, dass sich eine Gehirnhälfte einfach abschaltet. Alle paar Hundert Kilometer rattert man mal über ein Schlagloch, wacht kurz auf und fragt sich, wer die letzten vier Stunden eigentlich gefahren ist. Dann dämmert man aber wieder weg, bis man von seinem Mitfahrer angeschrien wird, weil man die Ausfahrt verpasst hat.

Inzwischen ist mir die schwedische Fahrweise aber in Fleisch und Blut übergegangen. Ich genieße das langsame Tempo und komme erfrischt und ausgeruht am Ziel an. Dass ich die Hälfte der Strecke in einer Art Wachkoma verbracht habe, muss ja keiner wissen.

5. GRUND

Weil die Schweden beim Einkaufen die Waren in die richtige Richtung drehen

In ausländischen Supermärkten gehe ich meistens durch die Regalreihen wie in einem Kunstmuseum: die Farben! Die Bilder auf den Verpackungen! Ich klemme und drücke an exotischen Produkten herum und kaufe manchmal Dinge, von denen ich keine Ahnung habe, ob sie essbar sind oder meine Wäsche weißer machen – einfach nur, weil ich sie so hübsch finde.

In schwedischen Supermärkten gibt es jede Menge exotische Waren, die inzwischen ganz alltäglich für mich geworden sind: Butter und Margarinemischungen, Filmjölk (eine Art Dickmilch, nur flüssiger), Kochkaffee und 30 Sorten Knäckebrot. Mein Einkaufsverhalten ist inzwischen ziemlich eingeschwedischt. Aber nicht nur, was die Warenauswahl angeht.

Ein wunderbarer schwedischer Brauch ist es nämlich, dass man als Kunde der Kassiererin bei ihrer Arbeit hilft. Anstatt seine Einkäufe zu einem großen Haufen auf dem Laufband zu schichten, sortiert man sie vor. Das bedeutet, dass man jedes einzelne Produkt hübsch mit dem Strichcode nach oben und zum Scanner gerichtet auf das Band legt. Milchtüte für Milchtüte, Käsetube für Käsetube (ja, die Käsetuben! Ein tolles Produkt. Es gibt in Schweden Schmelzkäse in Tuben und gefühlten 50 verschiedenen Geschmacksrichtungen. Von Pfifferling bis Süßwasserkrebs. Wie konnte ich in Deutschland nur ohne leben?) Es ist einfach eine kleine Alltagshöflichkeit, die ich ganz wunderbar finde. Man drückt damit seine Wertschätzung für die Arbeit der Kassiererin oder des Kassierers aus, man macht die Arbeit ein bisschen leichter und hat ganz nebenbei noch Zeit für ein kleines Pläuschchen über das Wetter oder die aktuelle Lage in der Lokalpolitik.

Es wird nicht gehetzt, nicht gedrängelt und nicht gemeckert, das gehört sich nämlich nicht.

Wenn Sie also das nächste Mal in einem schwedischen Supermarkt einkaufen, entspannen Sie sich. Atmen Sie tief durch, genießen Sie die hübschen bunten Verpackungen, testen Sie sich durch das Knäckebrotangebot und platzieren Sie die Waren hübsch in der richtigen Position auf dem Laufband. Sie werden sehen: Danach sind Sie so entspannt wie nach einem Tag auf einer Schönheitsfarm. Und es war lange nicht so teuer.

6. GRUND

Weil in Schweden der gläserne Bürger Realität ist

Ich erinnere mich noch gut an die Diskussionen um den »gläsernen Bürger« in Deutschland. Aufgrund unserer Historie ist uns die Privatsphäre des Einzelnen heilig. Mein Vater, der in Ostberlin geboren und aufgewachsen ist, der den Krieg, die Nazis und die DDR erlebt hat, hatte sogar anfangs Bedenken gegen Kabelfernsehen und weigerte sich jahrelang, einen Anschluss legen zu lassen. Wer wusste schon genau, ob man damit nicht bei den Leuten ins Wohnzimmer spionieren konnte?

Bis heute sind wir Deutschen misstrauisch gegenüber der Klarnamen-Regel bei Facebook, ist es nicht immer einfach, Leute im Telefonbuch aufzuspüren, wird Datenschutz groß geschrieben und sitzt uns die Angst vor dem großen Bruder ständig im Nacken.

Hier in Schweden dagegen ist diese Problematik völlig unbekannt. Im Gegenteil: Es gibt ein Öffentlichkeitsprinzip für die Behörden, und die meisten Daten des Einzelnen sind für jedermann zugänglich.

Das Ganze fängt mit der Personennummer an. Jeder Bürger hat eine individuelle Nummer, die aus dem Geburtsdatum und vier individuellen Ziffern besteht. Die dritte der vier letzten Ziffern ist bei Frauen eine gerade, für Männer eine ungerade Zahl. Mit dieser Nummer ist man hier krankenversichert, schließt seinen Telefonvertrag ab, kann sein Auto an- und abmelden, gibt seine Steuererklärung ab, man gibt sie bei der Versicherung an oder bei der Post, wenn man ein Paket abholt.

Ohne diese Nummer geht hier in Schweden fast nichts. Ich kann die Nummer einer anderen Person angeben und eine sogenannte »Personenauskunft« bestellen und bekomme dann postwendend (auf Wunsch sogar als SMS) jede Menge Information: wie viel der oder diejenige in den letzten drei Jahren verdient hat, wie viele

Autos sie besitzt, welches Grundeigentum auf den Namen registriert ist, Steuerschulden, ob der Gerichtsvollzieher Ansprüche hat, Konkurse zu verzeichnen sind und ob Kreditwürdigkeit besteht.

Anfangs war ich schockiert. Für mich als Deutsche war der Gedanke, dass der Staat und jeder, den es interessiert, so viel über mich herausfinden kann, erschreckend.

Gleichzeitig ist es aber auch so, dass ich alles über den Staat herausfinden kann. Denn das Öffentlichkeitsprinzip gilt nicht nur für Bürger, sondern auch für Ämter. Jeder einzelne Verwaltungsakt ist für jeden zugänglich. Das bedeutet, ich kann jederzeit zum Finanzamt in Västerås, Norrköping oder Haparanda marschieren und um Unterlagen bitten. Und das Amt ist verpflichtet, sie herauszugeben.

Guckt man sich das schwedische System ein bisschen genauer an, dann ist das alles aber gar nicht so verwunderlich. Denn das Ganze fußt auf einem Miteinander von Staat und Bürger. Das gegenseitige Vertrauen ist groß, und das nicht ganz zu Unrecht. Für die horrenden Steuern, die wir hier zahlen, bekommen wir Bürger viel zurück: Wir sind krankenversichert, es gibt ausreichend Kindergartenplätze, Ausbildung ist gratis und wird sogar staatlich gefördert, in den Schulen wird Mittagessen serviert usw.

Die Schweden sind davon überzeugt, dass der Staat ihr Bestes will, und das basiert auf Gegenseitigkeit. Anders als in Deutschland sucht der Durchschnittsschwede nicht nach Möglichkeiten, den Staat zu bescheißen, sondern ihm zu dienen. Das fängt bei der Parkgebühr an und hört bei der Steuererklärung auf.

In Schweden ist es undenkbar, beim Einwohnermeldeamt oder Arbeitsamt von einem Angestellten (Beamten gibt es hier keine, zum Glück!) herablassend oder ungerecht behandelt zu werden.

Allein das reicht für mich schon aus, dass es mir nicht das Geringste ausmacht, für meine Mitmenschen ein offenes Buch zu sein. Sollen sie doch nachgucken, wie viel ich im letzten Jahr verdient habe. War eh nicht so viel.

Weil so viele gute Bands aus Schweden kommen

Haben Sie sich eigentlich auch schon mal gefragt, woran es liegt, dass so viele gute Bands aus Schweden kommen? Ich habe mich das früher ständig gefragt, und meine Theorie dazu lautete viele Jahre lang: Das liegt daran, dass es da oben im Winter so dunkel ist und die Jugend nichts anderes zu tun hat, als in ihre Proberäume zu fahren und rumzuklimpern. Das war natürlich, bevor ich überhaupt nur einen einzigen Schweden kannte.

In Deutschland ist es ja eher so: In einer Band zu spielen ist irgendwie nicht alltäglich. Jedenfalls war es das weder in Hannover, wo ich aufgewachsen bin, noch in Hamburg, wo ich viele Jahre gewohnt habe. Hier dagegen ist jeder in einer Band (außer mir, denn ich bin der unmusikalischste Mensch zwischen Örebro und dem Nordpol). Und das liegt nicht nur an den langen, dunklen Wintern, in denen der Proberaum tatsächlich oft der einzige Lichtblick ist. Sondern auch daran, dass die Musikförderung alltäglicher ist. Es gibt zig verschiedene »Studieförbund« (vergleichbar mit der Volkshochschule) – Einrichtungen, die zur Volksbildung dienen. Dorthin geht man, wenn man eine Sprache lernen möchte, ein Buch schreiben will – oder eben in einer Band spielen.

Das Prinzip des »lebenslangen Lernens« ist einer der Grundpfeiler der schwedischen Gesellschaft: Man teilt sein Wissen mit anderen, lehrt und lernt, gibt und nimmt. So ist es ganz normal, dass schon den Jüngsten beigebracht wird, wie sie mit Plattenfirmen verhandeln, sich Auftritte auf großen Festivals sichern und, natürlich, zu einer richtig guten Band heranreifen.

Dass die Musik ein Exportschlager des Landes ist, haben inzwischen auch die Verantwortlichen an den höheren Stellen gemerkt: Es gibt unzählige Förderprogramme für Musiker und Bands, es werden Austauschprogramme veranstaltet, und spezielle Mitarbeiter der Regierung reisen zu Veranstaltungen in der ganzen Welt, um die schwedische Musikszene an den richtigen Stellen zu vermarkten.

Hierzulande findet also eine Musikförderung statt, von der man in Deutschland nur träumen kann. Es ist kein merkwürdiges Ansinnen, wenn jemand Rockstar oder Singer-Songwriter werden möchte. Es ist so alltäglich wie Hechtfischen oder Häkeln.

Und ganz gleich, ob jemand Harfenmusik oder Hardrock spielt – es gibt Probenräume, Unterstützung für Tourneen und unzählige kleine Klubs, in denen die lokalen Bands auftreten können. Auch wenn die meisten wissen, dass es sehr unwahrscheinlich ist, international durchzuschlagen – es ist die Freude an der Musik, die die Menschen antreibt. Man trifft sich auf ein Bier oder drei, probt, verbringt Zeit miteinander, und dieser stressfreie Umgang miteinander und mit der Musik ist es, der Qualität produziert.

Die schwedische Musik ist oft unangestrengt, selbstverständlich in ihrem Genre und unprätentiös.

Und solange sie das ist, wird schwedische Musik auch weiterhin ein Hit bleiben.

8. GRUND

Weil die Schweden so gesittet auf den Bus warten

Wenn Sie in einer größeren schwedischen Stadt am Straßenrand eine Horde Menschen ordentlich aufgereiht stehen sehen ist dies nicht, wie vielleicht anzunehmen, das Zeichen dafür, dass es in der Nähe irgendetwas furchtbar Teures zum halben Preis gibt. Es ist auch kein Flashmob – für den Fall, dass Sie als Schwedenbesucher stehen bleiben, die Kamera zücken und darauf warten, dass plötzlich alle anfangen zu summen, mit den Armen zu wedeln oder sich nackt auszuziehen und auf dem Boden zu rollen. Schauen Sie noch mal genau hin: Am Ende (oder am Anfang, hängt von der Perspektive ab) der Menschenreihe steht nämlich ein Bushaltestellenschild.

Denn wie vieles andere ist auch das Warten auf den Bus in Schweden eine sehr gesittete Angelegenheit. Kein Drängeln, kein Schubsen, kein Gemecker. Man stellt sich automatisch zu einer ordentlichen Reihe auf und hält mindestens eine Armlänge Abstand voneinander. (Außer man hat einen Rucksack, einen Koffer oder Kinderwagen dabei, dann bitte anderthalb). Und ganz egal, wie lange der Fahrgast vor Ihnen nach seiner Fahrkarte sucht oder zum Einsteigen braucht: Anders als in Deutschland würde kein schwedischer Busfahrer je auf die Idee kommen, einem Fahrgast die Tür vor der Nase zuzuklappen und einfach loszufahren. Sie können es also ganz in Ruhe angehen lassen.

Bei der Sitzplatzwahl gelten dann wieder ganz andere Regeln: nie neben jemanden setzen, wenn irgendwo anders noch eine Sitzreihe frei ist. Die Schweden sind gerne für sich, und unnötiger Sozialkontakt wird als anstrengend empfunden. Wenn Sie einen Schweden im Bus richtig in Verlegenheit bringen möchten: Setzen Sie sich direkt neben ihn oder sie und fangen Sie ein Gespräch an. Oder noch besser: Stellen Sie Blickkontakt her!

Sie werden schnell feststellen, wie Ihr Gegenüber anfängt, angestrengt und mit beschwertem Blick auf seinem Sitz hin und her zu rutschen und verzweifelt aus dem Fenster oder auf sein Mobiltelefon zu starren. Halten Sie den Blick ruhig auf Ihr Gegenüber gerichtet, es sei denn, Sie wollen Ihren schwedischen Mitpassagier vollends aus dem Konzept bringen. Stellen Sie in dem Fall eine unverfängliche Frage, zum Beispiel über das Königshaus. Oder noch besser: Strecken Sie die Hand aus und stellen Sie sich vor. Jeder Schwede wird Sie augenblicklich für einen brandgefährlichen Psychopathen halten und schleunigst das Weite suchen.

Das ist ein todsicherer Trick, um im Bus eine ganze Sitzreihe für sich alleine zu bekommen. Probieren Sie es mal aus!

9. GRUND

Weil viele Schweden täglich eine dicke Lippe riskieren

Irgendwann vor vielen Jahren, als ich das erste Mal zu Besuch in Schweden war, ertappte ich mich dabei, wie ich einen Mann im Bus anstarrte. Er saß in der Sitzreihe schräg vor mir und hatte eine geschwollene Oberlippe. Da er einen Schnurrbart trug, sah es nach einer furchtbaren Deformation aus, und ich fragte mich heimlich, was ihm wohl widerfahren sein mochte. Hatte er sich betrunken und in einer Bar voller Hells Angels auf die Theke gestellt und den Anführer beleidigt? Oder war er einfach nur auf dem Weg zum Bus mit dem Beantworten einer Mail beschäftigt und gegen einen Laternenmast gelaufen? Hatte er einen extremen Überbiss und seine Eltern keine Möglichkeit gehabt, ihm eine Zahnspange anpassen zu lassen? Es war schrecklich, ich fühlte mich wie ein ganz schlechter Mensch, aber das Aussehen der Oberlippe vor mir faszinierte mich, und ich konnte nicht aufhören, hinzustarren.

Kurz nachdem der Bus in Hallsberg gehalten hatte, bewegte sich der Mann vor mir, zog eine kreisrunde Plastikdose aus der Hemdtasche und steckte sich zwei Finger unter die Oberlippe. Er zog ein bräunliches Paket in der Größe einer halben Briefmarke hervor und steckte es in den Deckel der Dose. Und als ich wieder hoch sah, war seine Lippe zurück auf Normalgröße geschrumpft.

Das war meine erste Begegnung mit Snus. Snus ist ein in ganz Skandinavien beliebter Oraltabak, und es gibt ihn an jeder Ecke. Entweder verpackt in ein kleines Paket oder in loser Form. Man nimmt ein Portiönchen, steckt es sich unter die Oberlippe, sieht eine Weile wie ein Unfallopfer aus und nimmt dabei das darin enthaltene Nikotin auf. Die lose Form ist nichts für Anfänger. Die etwas zähe, dunkelbraune Masse hat die Tendenz, sich in Spucke aufzulösen, und läuft dann als braune Brühe an den Zähnen entlang in die Mundhöhle oder verteilt sich beim Sprechen in einer Art bräunlichem Nikotinregen über den Gesprächspartner.

Deshalb bevorzugen viele Schweden die Portionspackungen, auch liebevoll »Schlumpfwindeln« genannt. Das sind kleine Päckchen aus Papier, die den darin enthaltenen Tabak an Ort und Stelle halten.

Ich selbst habe es noch nicht ausprobiert. Ich habe vor Jahren das Rauchen aufgegeben und schenke den Erzählungen Glauben, nach denen Anfängern beim ersten Snus furchtbar schlecht wird. Darüber hinaus hat Snus einen komischen Geruch, irgendwie nach Earl-Grey-Tee.

Und den trinke ich lieber. Mit Milch.

10. GRUND

Weil in Schweden das Kranksein ganz eigenen Regeln folgt

Sie kennen das. Man wacht morgens auf, mit verschwiemelten Augen, Triefnase und einer Stimme wie aus einem verruchten Kabarett. Erkältung, das ganze Programm. Was macht man, als guter deutscher Arbeitnehmer? Einen Erkältungstee zum Frühstück trinken, sich die Taschen mit Tempos vollstopfen und zur Arbeit schleppen. Schließlich will man zeigen, dass man engagiert und belastungsfähig ist. Kranksein? Pffft. Nur was für Schattenparker.

Nicht so in Schweden. Hierzulande ist es eine unverzeihliche Sünde, sich krank zur Arbeit zu schleppen. Warum? Weil man seine Kollegen anstecken könnte und weil ganz einfach niemand verlangt, dass ein Arbeitnehmer seine Gesundheit der Arbeit unterordnet. Man bleibt also nicht nur zu Hause, um sich selbst auszukurieren, sondern auch um seine Kollegen vor einer Epidemie zu schützen.

Der Unterschied liegt ganz einfach in der Einstellung. In Deutschland wird Arbeitnehmern gerne unterstellt, Krankheit als Vorwand zu benutzen, um sich auf Kosten des Arbeitgebers einen faulen Tag zu machen. In Schweden ist es dagegen genau anders herum: Wenn jemand nicht zur Arbeit erscheint, dann ist das ein untrügliches Zeichen dafür, dass es sich um etwas Ernstes handelt. Schon deshalb, weil es einen Karenztag gibt, an dem man weder Gehalt noch Krankengeld erhält.

Wenn man akut krank wird, gibt es zwei Möglichkeiten:
- man wendet sich an seine örtliche Vårdcentral*
- man fährt ins Krankenhaus in die Notaufnahme

Vor dem Besuch in der Vårdcentral muss man es irgendwie schaffen, diese telefonisch zu erreichen. Das ist gar nicht so einfach, denn dort kommt man nicht ohne Weiteres in Kontakt mit Personen, sondern erst mal nur mit Telefoncomputern.

Man ruft an und gibt per Telefontastatur seine Personennummer an. Eine Computerstimme schlägt daraufhin eine Telefonzeit vor, die man bestätigen muss. Zum verabredeten Zeitpunkt, zum Beispiel 15.37 Uhr, wird man dann von einer diensthabenden Krankenschwester zurückgerufen. Dieser schildert man seine Symptome und bekommt daraufhin einen Ratschlag. In der Regel lautet der so: *»Nimm zwei Aspirin, und wenn es in drei Tagen noch nicht besser ist, ruf wieder an.«*

Diese Krankenschwestern haben nämlich eine ganz wichtige Aufgabe: so viele Patienten wie möglich von den Ärzten fernzuhalten. Schafft man es dann doch einmal, dort einen Termin zu bekommen, wird man schon am Empfang mit freundlichen Hinweisschildern darauf aufmerksam gemacht, doch bitte die kostbare Zeit der Ärzte nicht unnötig zu vergeuden. MIT ANTIBIOTIKA GEHT DEINE ERKÄLTUNG AUCH NICHT SCHNELLER VORBEI

* *Vårdcentral: eine Art lokale, staatliche Großpraxis und in Schweden die einzige Möglichkeit, in Kontakt mit einem Arzt zu kommen, wenn man staatlich versichert ist.*

steht zum Beispiel handgeschrieben auf einem großen Zettel im Eingangsbereich unserer Vårdcentral. Immerhin hat irgendjemand noch ein Herzchen daneben gemalt. Mit Leuchtstift.

Hat man keine Möglichkeit, auf eine Telefonzeit zu warten, ruft man bei der Krankheitsberatung an. Dort kann man nach nur ganz kurzer Wartezeit in der Telefonschleife (20–30 Minuten) mit einer examinierten Krankenschwester plaudern und eine Ferndiagnose bekommen. Das ist eine lustige Sache, wenn man zum Beispiel einen juckenden Ausschlag am Arm hat, den man erst detailliert beschreibt, und dann folgenden Rat bekommt: *»Nimm zwei Aspirin und wenn es in drei Tagen noch nicht besser ist, ruf wieder an.«* (Allerdings muss ich zu deren Ehrenrettung sagen, dass, als ich vor einigen Monaten mit akuten Bauchschmerzen anrief, den Rat bekam, doch besser direkt ins Krankenhaus zu fahren.)

Im Krankenhaus geht dann tatsächlich alles ganz fix. Also jedenfalls, falls man etwas wirklich Akutes wie ein abgehacktes Bein oder starke, undefinierbare Bauchschmerzen hat. Dann ist innerhalb von wenigen Sekunden ein Arzt zur Stelle. Als mein Mann einmal dort war, weil sein Auge eitrig entzündet war und er kaum noch sehen konnte, ernteten wir Unverständnis: »Einen Augenarzt? Am *Samstag?* Haben wir hier nicht. *Nehmen Sie zwei Aspirin, und wenn es am Montag nicht besser ist, rufen Sie die Krankheitsberatung an.«*

11. GRUND

Weil die Schweden Meister des Müllsortierens sind

Ich bin ein sehr umweltbewusster Mensch. Innerhalb bestimmter Grenzen. Zum Beispiel sortieren wir unseren Müll sehr genau, wir haben sechs verschiedene Behälter in der Küche stehen: einen für Metall, einen für Glas, einen für Papier, einen für Zeitungen, einen für Plastik und einen für den Kompost.

Von der Gemeinde nehmen wir den Müllservice für den Kompost (wird alle 14 Tage abgeholt) und Restmüll in Anspruch. Das heißt, alles, was in keine der obigen Kategorien gehört und kein Sperrmüll ist. Das bedeutet in der Praxis, dass die Restmülltonne eigentlich fast immer leer ist, da ich den ganzen obigen Kram zur Recyclingstelle fahre. Und mich jedes Mal frage, wofür genau wir noch mal eigentlich Müllabfuhrgebühren bezahlen.

Die nächste Recyclingstelle liegt nämlich nicht gerade um die Ecke. Sondern ungefähr 15 Minuten Fahrzeit bei einem Coop-Supermarkt. Coop-Supermärkte mag ich nicht besonders, da sie ziemlich teuer sind und ein recht begrenztes Angebot haben. Will ich jedoch meinen Müll loswerden, bin ich gezwungen, zu Coop zu fahren, dort auf dem Parkplatz alles in die Container abzuladen und dann dort einzukaufen, wenn mir gerade nicht danach sein sollte, anschließend noch mal durch die halbe Stadt zu einem anderen Supermarkt zu fahren.

Aber zurück zum Müll.

Irgendwann ging mir die Sache mit dem Coop und dem Müll zunehmend auf den Geist. Ich fühlte mich bevormundet und gegängelt und fand, dass man mir das Recycling doch ein bisschen einfacher machen könnte. Warum kann die Gemeinde keine Container in etwas erreichbarerer Lage aufstellen? Und ich begann eine stille Müll-Revolution.

Jede Woche, wenn ich mich wieder mal über den unnötigen Weg zu Coop geärgert hatte, stopfte ich eine Tüte mit *unsortiertem* Müll (das Wort kommt mir fast unanständig vor!) in unseren Restmüllcontainer.

Nichts passierte.

Ich stopfte zwei Tüten hinein. Drei. Und eines Tages, als ich mich ganz besonders revolutionär fühlte, sogar eine Tüte mit Glasflaschen. Inklusive Schraubverschlüssen aus Metall.

Mein Mann warf mir mitleidige Blicke zu, und ich habe ihn im Verdacht, dass er heimlich morgens auf dem Weg in die Stadt die

Restmülltonne leerte und bei Coop vorbeibrachte, damit die Nachbarn sich nicht über seine deutsche Frau und deren Müllgewohnheiten das Maul zerreißen.

Eines Tages geschah jedoch ein Wunder: Wir fanden einen Brief der Gemeinde im Briefkasten. Zusammen mit einem kleinen Paket. In dem Paket befanden sich sechs Rollen unterschiedlich gefärbter Plastiktüten zusammen mit einer Gebrauchsanweisung: Fortan, so hatte es die Gemeinde beschlossen, sollten wir unseren Müll zu Hause vorsortieren und in die verschiedenfarbigen Tüten verpacken. Diese dann in die Restmülltonne geben, und von dort werden sie mit der normalen Müllabfuhr abgeholt. Noch heute fühle ich mich wie die Müllretterin unseres Dorfes. Auch wenn es keiner weiß.

Hejdå Coop!

12. GRUND

Weil es in Schweden an jeder Ecke einen Flohmarkt gibt

Für die Schweden ist der Umweltschutz so wichtig wie das Königshaus oder das Mittsommerfest. In fast jeder Stadt gibt es unzählige Secondhandläden, deren Erlös oft für gute Zwecke verwendet wird. Dort gibt es alles: Möbel, Geschirr, Gardinen, Lampen, Kleidung, Elektrogeräte. Und natürlich Porzellanhunde, Gemälde mit röhrenden Elchen, metallene Tischkalender oder Glasvasen mit der Ansicht von Venedig.

Für mich und meinen Mann gehören die Samstagvormittage dem Herumstreunen in den örtlichen Flohmärkten. Wir haben im Prinzip unseren gesamten Hausstand dort gekauft. Wenn wir etwas brauchen, dann gehen wir erst mal im Gebrauchtwarenladen gucken. Nur wenige Gegenstände in unserem Haushalt sind neu eingekauft. (Ich habe neulich einen Sandwichgrill gekauft. Neu, mit Verpackung und Garantie, ganz komisches Gefühl. Und das auch nur, weil ich wochenlang weit und breit keinen in den örtlichen Flohmarktgeschäften finden konnte. Und was passiert? In der Woche danach steht das gleiche Modell für einen Bruchteil des Preises im Gebrauchtwarenladen. Fast wie neu!)

Hier bei uns in Örebro gibt es nicht nur jede Menge dauerhafte Flohmärkte, wo Dinge für einen guten Zweck verkauft werden, sondern auch die tollste Erfindung, seit es Secondhand gibt: Viertel-Flohmärkte. Einmal im Jahr tun sich die Bewohner eines Wohnviertels zusammen und veranstalten einen riesigen Straßenflohmarkt. Die, die etwas verkaufen wollen, stellen einfach einen Tisch vor ihr Haus oder ihre Garage, und man kann in aller Ruhe durch die Straßen schlendern und nach tollen Dingen suchen. An den Einfahrtstraßen gibt es kleine Kästen mit Karten, in denen die Verkäufer gekennzeichnet sind. Also schlendert man gemächlich durch das Viertel, hält hier ein Schwätzchen, isst dort ein Würstchen oder eine Waffel und macht dabei die tollsten Funde. Eine fantastische Lampe aus den 50er Jahren inklusive Originalschirm für 100 Kronen oder ein Paar fast neue Turnschuhe für 50 Kronen – wir kommen eigentlich immer mit irgendetwas nach Hause, was wir ganz dringend überhaupt nicht brauchen.

Aber das gehört irgendwie dazu.

13. GRUND

Weil die Lebensmittel in Schweden so teuer sind

Als ich nach Schweden zog, war ich überrascht über die hohen Lebensmittelpreise. Heute ist es umgekehrt: Wenn ich nach Deutschland reise, schockieren mich die Discounter, die sich gegenseitig in einem Angebotskrieg unterbieten und vor allem, die Gedankenlosigkeit vieler Käufer. Dabei war ich früher genauso. Ich habe weder viel gekocht, noch Gedanken an das verschwendet, was ich esse. Wenn ich Lust auf eine Currywurst hatte, habe ich eine gegessen. Oder einen Döner auf dem Weg zur U-Bahn. Mein Speiseplan bestand zu 90 Prozent aus billiger Pizza, tiefgefrorenen Nudelgerichten und dem, was auf der Speisekarte meines jeweiligen Lieblingsrestaurants stand. Ich habe Lebensmittel genauso wahllos konsumiert wie Kleider. Das war die einzige Möglichkeit, die mir mein Lebensstil geboten hat. Als Kreativer in einer Agentur hatte ich keine Zeit, mir ausgewogene Mahlzeiten aus guten Zutaten zu kochen. Nach einem 12-Stunden-Arbeitstag war mir anderes wichtiger, als auf den Markt zu fahren und mir anschließend ein nahrhaftes und leckeres Essen zu zaubern. Ich habe nie, aber auch nie, einen Gedanken daran verschwendet, wo das Fleisch herkommt, das ich esse. Wie die Tiere aufgewachsen sind, was sie zu fressen bekommen und auf welche Weise sie geschlachtet werden. Womit die Kartoffeln, die ich als Pommes frites in mich reinfuttere, bespritzt worden sind. Welche Zusätze im Ketchup, der Brause oder in meinem Glas Rotwein zu finden sind. Ich sehe heute einen Zusammenhang zwischen meinen schlechten Essgewohnheiten und meinem Selbstbild: Ich habe mich selbst versklavt und ausgebeutet. Ich war der Meinung, dass ich Leistung bringen muss, um anerkannt und gemocht zu werden. Ich war eine Arbeitsmaschine, die ich mit Nahrung gefüllt habe, damit sie funktionieren kann.

Als ich meinen Mann kennenlernte, war er entsetzt über meine Essgewohnheiten. Er trägt schon seit Jahren den Spitznamen »Gesundheits-Hitler« – weil seine Essgewohnheiten radikal sind. Er ernährt sich fast ausschließlich von guten, jahreszeitlich angepassten Rohwaren. Regional produziert. Er isst kaum Fleisch, allerdings weil er den Geschmack nicht mag und nicht aus Überzeugung. Er steht liebend gerne in der Küche, experimentiert, kreiert und kocht mit Enthusiasmus die leckersten Gerichte. Er hat mir Dinge beigebracht, von denen ich nicht mal zu träumen gewagt hätte. Zum Beispiel, dass der trockene Krempel, der nach dem Auspressen von Möhren in der Maschine übrig bleibt, kein Abfall ist. Sondern dass man daraus ganz leckere vegetarische Buletten machen kann. Und dass man dazu gehackte Cashewkerne als Klebemittel benutzt. Aber das nur am Rande. Mein Mann hat mir eine andere Sichtweise auf Ernährung beigebracht. Ich habe von ihm gelernt, wie gut eine leckere, einfache Mahlzeit aus simplen Zutaten tun kann. Nicht nur, weil man plötzlich feststellt, wie übersalzen und vollgestopft mit Geschmacksverstärkern die meisten Fertiggerichte sind. Sondern auch, weil man sich nach und nach besser fühlt, wenn man gut isst. Dass der Körper sich langsam umstellt, die Haut besser wird, die Verdauung plötzlich funktioniert und das Haar anfängt zu glänzen. Weil man fröhlicher wird. Weil der Körper sich besser anfühlt. Und man sich selbst besser im Spiegel betrachten kann, wenn man kein Mastschwein isst, das seine paar traurigen Lebensmonate eingesperrt in einem kleinen Abteil auf Betonfußboden verbracht hat, um dann Hunderte von Kilometern auf einem Lkw über die Autobahnen gefahren zu werden, bevor es geschlachtet wird. Sondern ein Stück Schinken von einem Tier, das sich draußen im Dreck suhlen durfte und mit seinen Artgenossen ringen und spielen, bevor es an Ort und Stelle von einem qualifizierten Schlachter geschlachtet wurde. Oder Kühe, die mit Sojabohnen aus Südamerika gefüttert werden, die so mit Pestiziden gespritzt wurden, dass es ein Wunder ist, dass die Tiere nicht an Vergiftungserscheinungen verenden.

Ich bezahle heute gerne die hohen Lebensmittelpreise hier in Schweden. Ich verzichte weitestgehend auf Fleisch, weil ich mir das teure Biofleisch nicht täglich leisten kann. Aber das macht mir nichts aus. Lieber einmal im Monat gutes, gesundes und glückliches Fleisch als täglich krankes. Lieber schränke ich mich in den Wintermonaten ein und esse mehr Weißkohl, Möhren und Kartoffeln, die von einem Acker in Stora Mellösa, zehn Kilometer von Örebro, kommen, als Kiwis, Bananen und Mangos, die, mit einer Haut aus Insektiziden überzogen, Tausende von Kilometern durch die Weltgeschichte geflogen worden sind. Ich kaufe Bioprodukte, soweit es mir möglich ist, und lieber von regionalen Kleinhändlern als in großen Ketten. Und ich finde es toll, dass immer mehr Menschen genauso denken wie ich. Dass eine immer größere Schar anfängt nachzudenken und sich fragt, welchen Preis man eigentlich für billige Lebensmittel zahlt.

Nicht nur in Schweden.

14. GRUND

Weil Schweden und Alkohol eine unvergleichbare Mischung sind

Stellen Sie sich mal vor, Sie befinden sich gerade in einem Sexshop. Sie stehen dort und gucken sich ganz unverbindlich das Sortiment an. Und während Sie noch überlegen, ob Sie sich für das Massageöl oder für die lila Spitzenunterwäsche entscheiden sollen, klopft Ihnen plötzlich Ihr Nachbar auf die Schulter. Sie stehen also dort zwischen den DVDs und den Gummidildos und versuchen, die peinliche Situation irgendwie ein bisschen aufzulockern:

Nachbar: »Göran! Was machst du denn hier?«

Sie »Ach, ich guck mich nur mal ’n bisschen um.«

Nachbar (ironisch) »Und, schon was gefunden?«

Sie: »Nee, nee, ist doch nicht für mich. Wohin denkst du denn! Eine Kollegin von mir hört nächste Woche auf, und ich brauch noch ’ne Kleinigkeit für die Abschiedsfeier.«

Nachbar: »Ach so, nee ist klar. Na dann noch viel Erfolg.«

Sie »Jaja, danke, dann noch ’n schönen Tag, Per!«

Und mit diesen Worten hasten Sie, den peinlichen Artikel, für den Sie sich entschieden haben, halb im Ärmel versteckt, zur Kasse. Und hoffen inständig, dass Ihr Nachbar schon weg ist. An der Kasse fragt die Kassiererin Sie dann nach Ihrem Ausweis. (Sie fragt immer nach Ihrem Ausweis, auch wenn Sie schon 41 oder 67 sind.) Und packt Ihnen dann Ihre Waren in eine Plastiktüte mit neutralem

Aufdruck. So neutral, dass sie eigentlich auch neongelb oder warnorange sein könnte. Jeder erkennt diese Plastiktüte sofort auf den allerersten Blick und weiß genau, was sich darin befindet. Und da Sie mit dem Fahrrad gekommen sind, bleibt Ihnen nichts anderes übrig, als sich die leuchtende Tüte an den Lenker zu hängen und damit quer durch die Stadt zu fahren.

So in etwa fühlt es sich an, in Schweden in einem Systembolaget einzukaufen. Systembolaget ist der Name der staatlichen Alkoholmonopolgesellschaft. Für alle, die es nicht wissen: In Schweden ist Alkohol nicht frei verkäuflich. Sondern nur, für horrende Preise, in eben einem solcher Läden. Und bis heute ist das Trinken von Alkohol in Schweden mit einem ganz großen Tabu belegt. Die staatliche Regulierung und die horrenden Steuern auf Alkohol haben zwar nicht dazu geführt, dass man weniger trinkt. Aber immerhin dazu, dass man sich irgendwie schuldig fühlt, wenn man es tut. (Vielleicht ist das auch der Grund, warum viele Schweden so hemmungslos trinken: Sie spülen das schlechte Gewissen weg.)

Maßvolles Genusstrinken, wie man es aus Deutschland kennt, ist in Schweden nahezu unbekannt. Mal ein Gläschen Rotwein zum Abendessen, eine Weinschorle oder ein Bier zum Mittagessen oder einfach nur ein Schnäpschen zum Verdauen – wer an Wochentagen trinkt, gilt schon fast als Alkoholiker. Oder als auf dem Weg, einer zu werden. Dafür trinkt man in Schweden am Wochenende umso mehr. Weil die Preise für Alkohol, gemessen am Einkommen, so horrend sind, muss man, wenn man abends mal ausgehen will, zu Hause schon mal ordentlich vorglühen. Soll heißen, man trifft sich bei jemandem im Wohnzimmer und trinkt. Schnaps. Aus Wassergläsern. Das Ziel ist, so früh wie möglich am Abend so betrunken wie möglich zu werden, damit man später in den Bars oder Klubs nicht mehr so viel Geld ausgeben muss.

Ach ja, der Schnaps. Das ist in vielen Fällen nicht der, den man im Systembolaget kaufen kann. (Eine Flasche Explorer, das ist der billigste Wodka, den man in Schweden legal bekommt, kostet 194 SEK. Das sind so um die 20 Euro. Für 0,7 Liter.)

Statt dessen kauft man, jedenfalls bei uns auf dem Land, gerne Schnaps im 5-Liter-»dunk«. Das bedeutet Kanister und ist Schwarzgebrannter – »Hembränt« oder auch liebevoll »Moonshine« genannt. Der liegt preislich so bei 100 SEK/Liter. (Von billigeren Angeboten aus dem Ostseeraum und Baltikum sollte man die Finger lassen, wenn man Wert auf sein Augenlicht legt.)

Als ich zum ersten Mal in einem schwedischen Supermarkt war, habe ich mich über die kleinen Fläschchen gewundert, die mit »Gin« oder »Whisky« etikettiert sind. Mein Mann klärte mich dann auf: Dies sind Aromazusätze, die man in den Selbstgebrannten schüttet, damit er nicht so fies nach Petroleum schmeckt.

Ein weiteres Phänomen sind die Weine, die in man im 3-Liter-Karton kaufen kann. Oder besser gesagt, in der 3-Liter Plastiktüte. Mit integriertem Zapfhahn. (Befindet man sich noch im Musikfestival-Alter, kann man die Plastiktüte prima als Kopfkissen benutzen: austrinken, aufpusten, fertig.)

Um richtig Geld zu sparen, kann man Wein auch selber machen. Das ist nicht verboten, sollte es aber, wenn man mal vom Ergebnis ausgeht, sein. Man kann fast überall kleine Ausrüstungs-Sets zum Weinkeltern kaufen. Alles, was man dazu braucht, sind ein paar Essenzen, etwas Zucker, Hefe, Farbstoff und einen großen Kanister. Man gießt diverse Flüssigkeiten zusammen, lässt den Kanister an einem warmen Plätzchen ein Weilchen stehen und schüttelt ihn ab und zu ordentlich. Nach ein paar Wochen hat man dann einen Rot- oder Weißwein, den man in PET-Flaschen abfüllen und zu einem Vorfest mitnehmen kann, wo man dann zum Helden erklärt wird. Und glauben Sie mir, nach drei, vier Gläsern selbst gebranntem Schnaps schmeckt der selbst gemachte Wein sogar ganz ordentlich.

Ich habe mich ja im Laufe der Jahre in Schweden immer mehr den örtlichen Gepflogenheiten angepasst. Ich kann Hembränt trinken, ohne eine Miene zu verziehen, habe schon mal Wein selbst gemacht und mich sogar daran gewöhnt, dass man im Supermarkt nur sogenanntes »Folköl«, also Volksbier mit maximal 3,5 Prozent Alkohol, kaufen kann. Aber in einer Sache bin ich bis heute durch und durch unschwedisch geblieben: Ich gehe hoch erhobenen Hauptes durch den Systembolaget. Und ich fühle mich immer noch jedes Mal wahninnig geschmeichelt, wenn die Kassiererin meinen Ausweis sehen will.

15. GRUND

Weil Schweden im Sommer komplett dicht macht

Neulich beim Rasenmähen habe ich mir den mittleren Zeh meines linken Fußes an der steinernen Beeteinfassung gestoßen. (Und ja, ich weiß. Steinerne Beeteinfassungen sind das Armageddon der Coolheit. Aber sie waren halt schon da, als wir das Haus kauften und wir haben dann eine neue Heizungsanlage priorisiert anstatt die Beete neu zu dekorieren.)

Noch uncooler als die Beeteinfassungen war mein Geschrei und Gehopse, als ich feststellte, dass Blut von meinem Zeh tropfte und er in einem etwas schiefen Winkel vom Fuß abstand. Ich fluchte und heulte und fluchte noch ein bisschen. Dann putzte ich mir die Nase, klebte den mittleren Zeh am Nachbarzeh fest und humpelte den Rest des Monats in übergroßen Plastiklatschen durchs Leben.

Denn es war Sommer, genauer gesagt Juli. Und Juli in Schweden bedeutet, dass das Land im Urlaub ist. Firmen sind geschlossen, die Touristeninformation hat nur noch halbtags geöffnet und die Belegschaft des örtlichen Krankenhauses befindet sich auf Mallorca oder in Lysekil und lässt sich die Sonne auf den Bauch scheinen.

Mal davon abgesehen, dass es sowieso unnötig ist mit einem gebrochenen Zeh zum Arzt zu gehen (der macht nämlich eh nix anderes, als ihn mit Tape ruhig zu stellen, hab ich mir ergoogelt) –

muss man nämlich wissen, dass in Schweden das öffentliche Leben im Sommer komplett still steht.

Der Sommer hierzulande ist ja bekanntlich kurz und wenn dann in einem der zwölf Monate endlich mal gutes Wetter herrscht, wollen alle das genießen können. Und da Schweden der heimliche kleine Bruder der DDR ist, haben alle auch ein Anrecht darauf.

Kommen Sie also bloß nicht auf die Idee, im Juli einen bösartigen Gehirntumor zu entwickeln oder sich den Flur mit neuem Linoleum auslegen lassen zu wollen – bis August können Sie da nämlich jedwedige Hilfe- und Dienstleistung gepflegt vergessen.

Touristen sind im Sommer gut beraten, sich ihre Reiseführer von zuhause mitzubringen, wenn sie nicht Stunden damit verbringen wollen, sich im örtlichen Touristenbüro die Beine in den Bauch zu stehen. Denn selbstverständlich haben in Schweden alle Arbeitnehmer ein Anrecht auf Urlaub im Sommer, auch die Mitarbeiter der Touristenbehörde. Mit etwas Glück ist vielleicht ein Praktikant anwesend, der das Kassensystem nicht beherrscht und nicht die leiseste Ahnung hat, welches Restaurant in Kumla den besten Fisch serviert. (Geheimtipp von mir: in Kumla gibt es kein Fischrestaurant).

Sollten Sie ein plötzlich auftauchendes Bedürfnis nach einer neuen Frisur, einer Pediküre oder einer Fahrradreparatur überkommen – üben Sie sich in Geduld. Vor September wird das nämlich nichts.

Rüsten Sie sich also, wenn Sie im Sommer nach Schweden fahren. Nehmen Sie ein paar Kräutertees gegen die üblichen Verdächtigen wie Bauchkneifen, Schlaflosigkeit oder Blasenerkältung mit. Und falls Sie sich den Zeh brechen: Sie wissen ja jetzt, was man da macht.

Aber vergessen Sie vor allem eins nicht: genießen Sie den schwedischen Sommer. Er ist zwar kurz und voller Entbehrungen. Aber immerhin wunder, wunderschön.

In diesem Sinne: schönen Urlaub!

Weil es in Schweden so nett ist, zum Finanzamt zu gehen

Es gibt Dinge, die ich nicht gerne mache. Bikinikaufen im März zum Beispiel. Gibt es Schlimmeres, als weißhäutig und ein bisschen schwabbelig in einer 50 × 50 cm großen Umkleidekabine in einem Kaufhaus zu stehen und sich die Details seiner Cellulite in einem neonbeleuchteten Vergrößerungsspiegel anzugucken? Vergrößerungsspiegel in Kaufhausumkleidekabinen scheinen der allerletzte Schrei zu sein, und ich frage mich, was die Marketingleute da gedacht haben. »Hm, wir hängen einfach Vergrößerungsspiegel in die Umkleidekabinen, damit sich die Frauen, die im März einen Bikini kaufen wollen, wie riesige schrumpelige Weißwürste fühlen. Dann gehen bestimmt die Umsätze rauf!«

Bikinikaufen im März wird dicht gefolgt von einem Spaziergang nachts um zwölf auf dem Friedhof. Ich bin weder religiös noch abergläubisch, aber ich finde es trotzdem furchtbar gruselig.

Immer wenn man es doch mal macht, ist gerade Vollmond, im Hintergrund ruft eine Eule, man geht an Büschen vorbei, die sich im Haar verfangen, und man erschreckt sich so, dass man sich fast in die Hose macht. Deshalb gehe ich nie nachts um zwölf auf Friedhöfe.

Nummer drei auf meiner inneren Liste ist ein Besuch beim Finanzamt. Dahin gehe ich noch weniger gerne als nachts auf Friedhöfe. Deshalb war mein erster Besuch beim schwedischen Finanzamt eine echte Überraschung. Als die Dame am Schalter keine Antwort auf meine Frage wusste, bat sie mich, kurz zu warten. Sie wolle Stina anrufen, die wüsste das ganz genau. Nach circa einer Minute stand Stina vor mir, reichte mir die Hand, bat mich in einen Konferenzraum, bot mir Kaffee an und erklärte mir das schwedische Steuersystem so, dass sogar ich es logisch fand. (Und das, obwohl ich an einer ziemlich ausgeprägten Rechenschwäche leide.) Als ich mich von Stina verabschiedete, war ich kurz davor, sie zu umarmen und zu fragen, ob wir uns nicht mal privat treffen wollten. Aber zum Glück fiel mir rechtzeitig wieder ein, wo ich mich befand.

Für uns Deutsche ist es mitunter schwer verständlich, dass Behörden und Bürger ein so freundschaftliches Miteinander pflegen. Es ist uns in Fleisch und Blut übergegangen, bei der Steuererklärung zu schummeln, zu schnell zu fahren oder uns über Politiker aufzuregen. Hier in Schweden dagegen herrscht eine ganz andere Stimmung. Man arbeitet nicht gegeneinander, sondern miteinander. »Der Staat« ist kein Gegner, sondern Partner, Helfer in der Not und eine Institution, in die ein unerschütterlicher Glauben herrscht.

Und wenn man sich mal in der schwedischen Geschichte umsieht, ist dies auch gar nicht so merkwürdig: Der letzte Krieg hat 1814 stattgefunden (damals wurde Norwegen zur Union gezwungen), seit Jahrhunderten hat es kein Regime gegeben, das die Menschen unterworfen oder ausgenutzt hat. Im Gegenteil: Der schwedische Wohlfahrtsstaat war lange ein Modell, das weltweit als Vorbild galt. Die Steuerbelastungen waren zwar sehr hoch, doch im Gegenzug bekam man auch etwas dafür. Schweden und seine Bürger waren eine Einheit, die an einem gemeinsamen Ziel arbeitete: so angenehme Lebensumstände wie möglich für alle zu schaffen. Deshalb kann man sich ohne Bedenken an staatliche Institutionen wenden, ohne vorher eine angstdämpfende Tablette schlucken zu müssen.

In manchen Dingen geht mir dieses Miteinander vielleicht ein bisschen zu weit. (Zum Beispiel sind schwedische Besteckschubladen staatlich genormt! Ich als Ausländer mit merkwürdigen ausländischen Angewohnheiten verwahre ja gerne meine Kochlöffel zusammen mit dem übrigen Besteck. Das ist aber in einer schwedischen Besteckschublade so nicht vorgesehen. Also verwahre ich meine Kochlöffel, inzwischen ganz schwedisch, in der Kochlöffelschublade.)

Ich rufe inzwischen richtig gerne beim Finanzamt an. Und im Moment überlege ich, ob ich mich mal persönlich an einen Politiker wende. Wegen der Vergrößerungsspiegel in den Umkleidekabinen. Das geht doch so nicht.

2. KAPITEL

BRÄUCHE

17. GRUND

Weil ein Besuch bei schwedischen Freunden so herrlich einfachen Regeln folgt

Viele Deutsche berichten, dass sie es schwierig finden, mit Schweden Freundschaften oder Bekanntschaften zu schließen. Wie sehr man sich auch bemüht, eine Einladung zu jemandem nach Hause zu bekommen ist in etwa so einfach, wie nach Drottningholm zu einem Plauderstündchen mit der Königin gebeten zu werden.

Das hat nichts damit zu tun, dass man in Schweden ungesellig oder – Gott bewahre – ausländerfeindlich ist, sondern mit der einfachen Tatsache, dass ein Besuch einen ungeheuren logistischen Aufwand darstellt.

Es fängt eigentlich schon beim Klima an: Bei –25°C hat man einfach keine Lust zu ausgedehnten Spaziergängen auf der Strandpromenade. Man verbarrikadiert sich stattdessen von Ende Oktober bis April in den eigenen vier Wänden. (Die einzige Kommunikation, die ich zwischen Oktober und April mit unseren Nachbarn habe, ist ein kurzes Kopfnicken aus dem Autofenster. Wenn es nicht gerade zugedampft ist.)

Aufgrund des mangelnden Tageslichtes kann man da schon mal die eine oder andere Wollmaus unter dem Sofa übersehen, und da nimmt das Problem seinen Anfang: Lädt man jemanden zu sich nach Hause ein, ist es üblich, den Besuch im gesamten Haus herumzuführen und stolz alles zu präsentieren. Das bedeutet also vor jedem Besuch einen mehrtägigen Putzmarathon, denn man kann ja nie wissen, in welche Ecke die Besucher ihre Nase stecken.

Diesen Aufwand betreibt man für gute Freunde natürlich gerne, schließt aber eindeutig aus, einen netten Kollegen nach Feierabend noch spontan auf ein Bier zu sich nach Hause zu bitten. Kommt es dennoch mal zu einer Ausnahme, so gibt es ein paar Grundregeln, die man beachten sollte:

1. Werden Sie auf einen Kaffee eingeladen, ist es üblich, dass dazu irgendeine Form von Gebäck serviert wird. Essen Sie davon! Allerdings nur ein kleines bisschen. Eine Ablehnung wird sehr übel genommen (»Was, taugen meine Mandelkekse nicht?«), essen Sie sich aber satt daran, sind Sie bis zum Sankt Nimmerleinstag als Gierschlund abgestempelt.

2. Das Gespräch hat dabei um unverfängliche Themen zu kreisen. Das Wetter zum Beispiel. Den Fortgang der Natur vor dem Fenster oder einen Kommentar zum Fernsehprogramm vom Vorabend. Das ist bei jeder Fikapause so (dazu später mehr), und ein Schweden würde sich sehr sehr verunsichert fühlen, wenn er plötzlich die politische Entwicklung im Nahen Osten mit Ihnen diskutieren müsste. So etwas gehört nicht an den Kaffeetisch.

3. Lädt man Sie zu einem Essen nach Hause ein, bringen Sie der Dame des Hauses beim ersten Besuch (und nur dann!) ein kleines Geschenk mit. Eine Topfpflanze beispielsweise. Oder eine Schachtel Aladdin-Pralinen, die gibt es in jedem Supermarkt. Kommen Sie mit einem teuren Geschenk daher, bringen Sie den Gastgeber in die Verlegenheit, Sie beim Gegenbesuch mit einem noch teureren Geschenk erfreuen zu müssen, und das kann zur Folge haben, dass man Sie nie wieder einlädt. (Das ist so ähnlich wie beim Überholvorgang auf einer schwedischen Landstraße. Der vor Ihnen fährt höflich etwas zur Seite, damit Sie vorbeikönnen. Dann ist es Ihre Pflicht, sich mit dem Blinker rechts und links zu bedanken. Der hinter Ihnen muss dieses mit der Lichthupe beantworten, worauf Sie dann mit dem Heckwischer wedeln müssen. Danach sind Sie hoffentlich schon weit genug weg, sonst bitte Gas geben.)

4. Wenn Sie das Haus betreten, ziehen Sie noch im Flur die Schuhe aus. Ist es Winter, können Sie sich ein paar dicke Socken oder Besucherhausschuhe von der Dame des Hauses leihen, denn in den meisten schwedischen Häusern ist der Boden zugig.

5. Ist bei der Einladung in irgendeiner Weise Alkohol im Spiel, bringen Sie sich ihren eigenen mit. Alkohol ist so teuer in Schwe-

den, dass es für einen Normalverdiener nicht üblich ist, Freunde dazu einzuladen. Es ist also ganz normal, zu einem Fest mit einer Plastiktüte vom staatlichen Alkoholmonopol aufzukreuzen.

Haben Sie es so weit geschafft, die Fallstricke einer Einladung in ein schwedisches Heim erfolgreich zu umschiffen, müssen Sie nur noch eins bedenken:

6. »Tack för senast« – lernen Sie diese Floskel auswendig. Sie bedeutet »Danke für neulich« und ist elementar im Umgang mit Schweden. Nach einer Einladung erwartet man, dass Sie sich bedanken. Dies kann eine SMS sein, ein Eintrag bei Facebook oder eine Grußkarte, die per Post zugestellt wird. Welchen Weg Sie auch wählen, vergessen Sie niemals, sich bei Ihren Gastgebern zu bedanken, denn sonst hält man Sie für einen schlecht erzogenen Rüpel.

In diesem Sinne viele schöne Stunden bei Ihren schwedischen Freunden!

18. GRUND

Weil in Schweden bei festlichen Anlässen gerne Volkstrachten getragen werden

Ich bin in einem kleinen Dorf in der Nähe von Hannover aufgewachsen. Als ich im Grundschulalter war, gab es dort noch ein Hochmoor – eines der letzten in Niedersachsen. (Das war, bevor man ihm mit einer Autobahn und einer Müllkippe den Garaus machte.) Ich lernte in der Grundschule alles über das örtliche Wappen (drei Hufeisen, vier Lilien und eine silberne Schlängellinie, die einen Bach darstellen sollte), und das ist auch schon so ziemlich alles, woran ich mich aus dem Heimatkundeunterricht noch erinnere. Was ich mir dagegen schon damals brennend wünschte, war eine lokale Volkstracht. Ich liebte bauschige Röcke und Blusen mit Puffärmeln. Doch mein Heimatdorf hatte keine eigene Tracht, die nächstgelegene Gegend mit Tracht war Bückeburg, und das lag nicht gerade um die Ecke.

Als ich nach Schweden zog und meinen ersten Mittsommerabend erlebte, war ich hingerissen: Trachten! So weit das Auge reicht! Die Schweden sind sehr traditionsbewusst und tragen ihre Volkstrachten an allen hohen Feiertagen: Mittsommer, Weihnachten, Ostern, dem Nationalfeiertag.

So eine Tracht ist eine tolle Sache, denn wenn man eine hat (und es irgendwie schafft, länger als ein Jahr nicht zu viel zu- oder abzunehmen), hat man für jeden feierlichen Anlass etwas anzuziehen und kann sich die Panik sparen, die hochkommt, wenn man aus irgendeinem Grund zu einem Galadinner im königlichen Schloss eingeladen wird – Tracht passt nämlich immer.

Fast jede Gegend und jedes Kirchspiel hat seine eigene Tracht, die sich in Details unterscheidet: Meistens bestehen sie aus einem bauschigen Rock mit verschiedenen Schürzen, die zu verschiedenen Anlässen ausgetauscht werden. Es gibt Begräbnis- und Hochzeitsschürzen, Alltags- und Sonntagstrachten. Dazu wird ein meist eng geschnürtes Leibchen und ein Schultertuch sowie ein handbesticktes Käppchen getragen. Für den Winter hat fast jede Tracht einen sogenannten Winterpullover, ein kurzes Jäckchen, das je nach Herkunftsgebiet anders aussieht.

Diese Trachten kann man in keinem Geschäft kaufen. Entweder werden sie von Generation an Generation weitergegeben. Oder man näht sie selbst. Und dazu muss man erst einmal den Stoff selbst weben. Am besten aus Wolle von lokalen Schafen, die in der Nachbarschaft gesponnen und gefärbt wurde. Sie werden dann von Hand genäht und bestickt, das kann ohne Weiteres ein paar Jahre dauern.

Deshalb sind die Trachten sehr kostbar. Man kann sie manchmal gebraucht erwerben, dann liegen die Anschaffungskosten bei mehreren Hundert Euro.

Als ich in Örebro vor einigen Jahren am Mittsommerabend bei einer Schlossführung als Dolmetscherin für eine Gruppe deutscher

Touristen dabei war, kam die junge Dame, die uns herumführte, in ihrer Tracht. Schließlich war es Mittsommer! Ich bin fast vor Neid erblasst. Diese Tracht weckte in mir den alten Kinderwunsch, und fortan trug ich den Trachtentraum wieder mit mir herum. Ich fing an, zu recherchieren und zu lesen. Gleichzeitig keimte die Frage nach meiner eigenen Zugehörigkeit in mir auf: Kann ich als Deutsche eigentlich eine schwedische Tracht tragen? Und welche? Obwohl ich inzwischen die schwedische Staatsbürgerschaft habe, bin ich ja nicht hier geboren, kann also nicht auf eine örtliche Zugehörigkeit zurückgreifen. Die blau-gelbe schwedische Nationaltracht schied für mich aus, die Farben stehen mir einfach nicht. Ich fing sogar an, über ein Dirndl nachzudenken – was für mich als Norddeutsche aber irgendwie so gar nicht geht.

Und irgendwann, über einer Tasse Kaffee und einer Zimtschnecke, erzählte ich meiner Freundin Ulrika, die Schneiderin ist, von meinem Traum. So entstand die Idee einer ganz individuellen, eigenen Tracht. Mit deutschen und schwedischen und Fantasieelementen. Wir zeichneten und entwarfen und träumten und lachten. Was dabei herauskam, war etwas ganz Besonderes. Meine ganz eigene, persönliche Tracht. Aus Stoffen, die ich in der Türkei gekauft habe – wo meine Eltern seit vielen Jahren wohnen. Mit Elementen deutscher, schwedischer und norwegischer Volkstrachten, garniert mit Ulrikas Ideen, Handwerk und meinen Vorstellungen.

Feinstes, herrliches Handwerk. Eine Tracht, die ich mit Stolz und ganz, ganz viel Freude trage.

19. GRUND

Weil in Schweden auf dem Land noch wie früher mit Holz geheizt wird

In Zeiten wie diesen, wo es irgendwie dazugehört, Kohlenhydrate zu meiden, in hautengen Funktionskleidern die Hauptstraße auf und ab zu rennen und mindestens einen grünen Smoothie am Tag mit dem Hashtag #lovelife zu posten, ist es besonders schwierig, Folgendes zuzugeben: Ich hasse Sport.

Es ist mir unverständlich, dass sich Leute freiwillig in muffigen Umkleidekabinen nackend ausziehen, in ein Polyestertrikot zwängen, um sich dann auf einem Fahrrad sitzend von einer blondierten Person eineinhalb Stunden anschreien zu lassen, und sich hinterher auch noch »total super« fühlen. Ich fand schon den Weg zur Schule mit dem Fahrrad anstrengend. Ich bekam Ohrensausen vom Wind und Dreckspritzer auf die Hose – das ist eine mittelschwere Katastrophe, wenn man Teenager ist. Wie bitte soll man denn als 14-Jährige ein gesundes Selbstbewusstsein entwickeln, wenn man morgens um acht mit einer ruinierten Frisur und einem baumelnden Tropfen unter der Nase dem Schulschwarm gegenübersteht? Seitdem habe ich mich konsequent geweigert, Sport zu treiben.

Bis wir in unser Haus in Schweden zogen. Das wird nämlich, wie die meisten Häuser auf dem Land in Schweden, mit Holz beheizt. Und Heizen mit Holz bedeutet körperliche Schwerstarbeit. Eigentlich fängt Heizen mit Holz mit Bäumen im Wald an, die man fällen muss, wenn man es schön warm haben möchte. Aber da weder ich noch mein Mann so richtig mit einer Motorsäge umgehen können, lassen wir uns Holz fertig gesägt und gespalten anliefern. Der reine Luxus, wenn man unsere Nachbarn fragt.

Wir haben mit 15 Kubikmeter angefangen. Das ist ungefähr so viel, wie in sechs VW-Busse reingeht. Bis unters Dach. Diese 15 Kubikmeter hat man uns auf den Hof gekippt, und wir mussten sie stapeln, denn die können ja nicht draußen liegen und nass werden. Sechs VW-Bus-Ladungen in Holzscheiten reinzutragen und ordentlich zu stapeln dauert ungefähr 15 Stunden, wenn man zu zweit ist. Hatte ich schon erwähnt, dass ich Sport hasse?

Manchmal bekommen wir von einer Freundin billiges Feuerholz, das besteht aus Sägewerksresten, dünnen Ästen und dicken Klötzen. Da die nicht ganz in die Heizung passen, muss man die vorher natürlich spalten. Mit der Axt.

Das Heizen selber nimmt dann nur noch etwa den halben Tag in Anspruch: Morgens anheizen dauert circa 30 Minuten, und danach muss man alle Stunde raus (unsere Heizung befindet sich in einem Nebengebäude, nicht im Keller), um Holz nachzulegen. Dann wird es auch prima warm, und man hat gegen Nachmittag, wenn man fleißig nachgelegt hat, auch 18 Grad im Haus. Morgens sind es in der Regel nur 12°C. Wenn man nicht zu Hause ist und verhindern will, dass die Wasserrohre einfrieren, muss man die Heizung mit Öl laufen lassen. Oder Strom. Das ist ungefähr so günstig, wie jeden Morgen Austern, Hummer, Kaviar und Dom Perignon zu frühstücken, allerdings macht es nicht halb so viel Spaß.

Deshalb haben wir unsere Heizungsanlage auf Pellets umgestellt. Das bedeutet, dass wir nur noch einen Bruchteil der Arbeit haben. Nämlich die Säcke mit den Pellets vom Hof in den Heizungsraum zu tragen.

Neulich habe ich meinen Mann heimlich dabei fotografiert und das Ganze mit dem Hashtag #lovelife gepostet. Fand er nicht so witzig.

20. GRUND

Weil es in Schweden Trolle gibt und ein Mittel, um sie vom Haus fernzuhalten

Welcher Tag könnte sich besser eignen, um über uralte Weisheiten und Amulette zu schreiben, als ein Freitag der 13.? An dem es zudem noch so windig ist, dass der Wind um die Hausecken pfeift und die Dachschindeln im Takt dazu klappern.

Hier in Schweden ist man ja nicht nur extremen Wetterbedingungen ausgesetzt, sondern hat auch mit Trollen und anderen Wesen zu tun. Sie sorgen dafür, dass die Milch immer gerade dann sauer ist, wenn man Gäste erwartet, piksen den Hund nachts mit ihren spitzen Fingern in die Seite, sodass er aufwacht und heult, dass sich die Balken biegen, und sie lassen Socken, Kugelschreiber und Autoschlüssel verschwinden, wann immer sie ihrer habhaft werden.

Trolle sind kleine, koboldartige Wesen mit großen Warzen auf den Nasen, die tief im Wald zwischen Felsblöcken leben und dort gigantische Goldschätze verwahren. (Die sie vermutlich durch den Verkauf unserer vermissten Socken und Kugelschreiber finanzieren.) Auch vertauschen sie gerne neugeborene Kinder gegen Trollbabys – also aufgepasst!

In Südschweden sind die Trolle mit dem Christentum verschwunden, man hat sie einfach ausgerottet. Hier aber, weiter im Norden, treiben sie weiterhin ihr Unwesen.

Aber es gibt etwas, womit man sich vor Trollen und ihren groben Späßen schützen kann. Trolle vertragen kein Eisen. Ist es darüber hinaus noch gekreuzt, wird seine Wirkung noch stärker. An einem Band um den Hals getragen, schützt so ein Trollkreuz nicht nur gegen die kleinen Gestalten aus dem Wald, sondern auch vor Krankheiten und Verwünschungen. Wahlweise kann man es auch an eine Hauswand nageln oder über die Box der Kuh. (Wer keine

Kuh hat, kann es stattdessen mit der Garage versuchen. Kann ja nicht schaden.)

An Touristen werden manchmal Kreuze aus Silber oder Kupfer verkauft. Diese sind aber wirkungslos, denn Trolle lassen sich nur mit Eisen verjagen.

Wenn man Ihnen in einem Souvenirshop also ein Trollkreuz anbietet, fragen Sie, ob es wirklich aus Eisen ist. Schließlich wollen Sie ja nicht, dass Ihnen eines Tages die Kuh geklaut wird.

21. GRUND

Weil die Schweden die Kunst des Kränzebindens noch nicht verlernt haben

Hier in Schweden leben viele Traditionen im Alltag weiter. Stichwort Lucia oder Lutfisk. Eine besonders schöne davon ist das Kränzebinden zu Mittsommer. Es ist ein elementarer Bestandteil der Feierlichkeiten und eine schöne Vorbereitung auf die längste Nacht des Jahres. (Ungefähr so wie das Würzen des Schnapses oder das Bauen der Mittsommerstange.)

Am Tag vor dem Mittsommerfest macht man traditionell einen Ausflug ins Grüne (wenn man nicht schon dort wohnt, so wie wir) und pflückt einen großen Strauß Blumen. Schweden im Sommer ist eine einzige große Blumenwiese und das Material wächst quasi am Wegesrand: Margeriten (die auf Schwedisch übrigens »prästkrage« = Priesterkragen heißen – süß, oder?), Lupinen, Schafgarbe, Glockenblumen und Schlüsselblumen.

Man nimmt sich einen Eimer oder Korb mit, eine Schere oder ein Messer und am besten eine große Thermoskanne mit starkem schwedischen Kaffee. (Bitte auch das Zeckenmittel nicht vergessen, denn wer will schon den Mittsommerabend als den in Erinnerung behalten, an dem man sich blöderweise mit Borreliose infiziert hat.)

Der Rest ist einfach: ausreichend Blumen pflücken, die Thermoskanne nicht am Wegesrand oder auf der Wiese vergessen und die Beute nach Hause tragen.

Für die Basis des Kranzes nimmt man einen geschmeidigen jungen Birkenzweig, den man auf Kopfgröße zu einem Ring zusammenbindet. Ruhig etwas locker binden, die Blumen nehmen noch recht viel Platz ein. Benutzen Sie Draht oder Nylonfaden – Naturfäden weiten sich leicht bei Nässe, und dann fällt Ihnen der Kranz beim Tanz um die Mittsommerstange in seine Bestandteile zerlegt vom Kopf.

Sortieren Sie Ihre Blumenbeute nach Farben und binden Sie daraus kleine Sträuße mit etwa fünf Zentimeter langen Stielen.

Seien Sie kreativ! Bei der Mittsommerkranzgestaltung gibt es keine Regeln. Um die Sträußchen während der Verarbeitung frisch zu halten, kann man sie in einen großen Kochtopf mit Wasser legen.

Den fertigen Kranz kann man übrigens ein paar Tage im Kühlschrank frisch halten (falls vor lauter Mittsommererdbeertorten und eingelegtem Hering noch Platz darin sein sollte.)

Getragen wird der Kranz zu den Feierlichkeiten. Ganz gleich, ob Sie zu Hause mit Freunden oder bei einer offiziellen Feier im Stadtpark dabei sind – so ein Kranz ist ein echtes Schmuckstück und unverzichtbar bei einem echten schwedischen Mittsommerfest.

Und mit Blumen im Haar tanzt es sich viel leichter durch die helle schwedische Sommernacht. Probieren Sie es doch mal aus.

22. GRUND

Weil man in Schweden die Flagge hissen kann, ohne als rechtsradikal zu gelten

Bis zur Fußball-WM 2006 war es in Deutschland ja irgendwie ein bisschen pfui, die Fahne zu hissen. Ein Deutschlandflaggenaufkleber am Auto war ein klares rechtes Statement und Nationalstolz war etwas, was die anderen, nicht aber wir haben dürfen.

Mit Hinblick auf die deutsche Geschichte finde ich das völlig okay, auch wenn ich mir wünschen würde, dass man die deutsche Kultur offen mögen darf, ohne gleich braunes Gedankengut unterstellt zu bekommen. Aber das ist ein anderes Thema.

Hier in Schweden wird Nationalstolz dagegen offen gelebt. Viele Einfamilienhäuser haben einen Flaggenmast im Vorgarten, und dort wird fleißig geflaggt. Schweden hat 17 allgemeine Flaggentage pro Jahr, an denen werden die Fahnen an öffentlichen Gebäuden gehisst. Dazu gehören zum Beispiel der Namenstag des Königs (28. Januar), der Tag der Vereinten Nationen (24. Oktober) oder der 10. Dezember, der Nobeltag, der am Todestag Alfred Nobels gefeiert wird. (Natürlich gehören auch andere wichtige Tage wie der Geburtstag der Kronprinzessin, Mittsommer oder der Nationalfeiertag dazu). Privatleute hissen die Flagge an besonderen Tagen, zum Beispiel wenn ein Familienmitglied Geburtstag hat oder ein Schulabschluss gefeiert wird. Fährt man an einem schwedischen Haus mit gehisster Flagge vorbei, dann weiß man, dass dort gerade etwas Wichtiges passiert.

Das Hissen der Flagge folgt eigenen Regeln, einfach hochziehen und hängen lassen ist nicht. Denn die schwedische Flagge gilt als Nationalsymbol, und man ist gesetzlich dazu verpflichtet, sie mit Respekt und Würde zu behandeln:

Vom 1. März bis zum 31. Oktober darf die Flagge ab 8:00 Uhr gehisst werden.

Vom 1. November bis zum 28.(29.) Februar erst ab 9:00 Uhr.

Sie muss bis zum Sonnenuntergang wieder abgenommen werden und darf nach 21:00 Uhr nicht mehr wehen.

Außer sie ist beleuchtet.

Auch muss die Flagge ganz oben am Mast gehisst werden, sie darf nicht mit anderen Flaggen kombiniert werden und muss heil sein, und ihre Farben dürfen nicht verblasst sein. Hat eine Flagge ausgedient, so muss man sie verbrennen oder an den Hersteller zur Vernichtung zurücksenden – sie darf unter gar keinen Umständen einfach in den Müll geworfen werden. Dies gilt als großes Sakrileg!

Im Gegensatz zur schwedischen Flagge darf man den schwedischen Wimpel in Blau-Gelb rund um die Uhr hängen lassen. Er wird (bitte immer mit der blauen Seite nach oben!) am Fahnenmast aufgehängt, wenn man gerade keinen Anlass zur großen Beflaggung hat. Als wir in unser kleines Häuschen am Rande von Örebro einzogen, bekamen wir einen alten Fahnenmast mit abblätternder Farbe im Vorgarten mitgeliefert. Da er leider schon ziemlich instabil war, sägten wir ihn kurzerhand ab. Ein neuer hätte umgerechnet so um die 700 Euro gekostet, und das Geld investierten wir lieber anderweitig. Seitdem flaggen wir mit mit einer kleinen Autofahne neben der Eingangstür, wenn Flaggentag ist.

Aber wir nehmen sie trotzdem immer pünktlich ab.

23. GRUND

Weil man in Schweden mindestens zwei Mal am Tag Fika macht

Die schwedische Sprache klingt für deutsche Ohren manchmal unheimlich lustig. Besonders, wenn man bei IKEA ist und sich die Produktnamen auf der Zunge zergehen lässt: »Kagge«, »Lustifik« oder »Äppelkaka« sind schon ein ziemlicher Brüller.

(Kleiner Exkurs am Rande: Mein Mann lacht sich jedes Mal schief, wenn wir zu Schlussverkaufszeiten in Deutschland durch die Straßen gehen und die Schaufenster mit »Knüllerpreisen« dekoriert sind. »Knulla«, ausgesprochen »knülla«, ist nämlich das schwedische Wort für Geschlechtsverkehr. Also die harte Variante. Genau. F*****.)

Zurück zu Fika. Das ist trotz der phonetischen Nähe zum deutschen Wort ein ganz öffentlicher und allgemeiner Zeitvertreib: die Kaffeepause.

Die schwedische Fika ist ein kultureller schwedischer Standpfeiler, ohne den das allgemeine Leben hierzulande zusammenbrechen würde. Denn egal ob Maurer oder Bankchef, ob Reichstagsabgeordneter oder Schüler – die Fika ist heilig und wird mehrmals am Tag zelebriert.

Dabei ist es völlig egal, ob man gerade in einer Aufsichtsratssitzung steckt, ein neues Gesetz vorstellt, eine Straße teert oder ein Buch schreibt: Wenn Fika ist, dann ist Fika.

In Unternehmen bedeutet das, dass man sich für 15–20 Minuten im Aufenthaltsraum zusammensetzt, einen Kaffee trinkt, ein Gebäckstück oder ein paar Kekse verzehrt und sich ein bisschen über das Wetter unterhält. Und das ist elementar: tief gehende Gesprächsthemen wie Politik oder Religion haben bei einer Fika nichts zu suchen. Probleme hat jeder selbst, und man will die seiner Kollegen nicht auch noch diskutieren müssen.

Also hält man sich an Unverfängliches. Das Fernsehprogramm. Trabrennen. Oder Zlatan Ibrahimović.

Fika wird von den Gewerkschaften wärmstens empfohlen, denn so eine kleine Kaffee-Kekse-Schwatzpause ist dem Arbeitsklima sehr zuträglich. Man entspannt sich, holt sich eine Portion Kollegialität ab und kann für einen Moment vergessen, dass man sich bei der Arbeit befindet.

Sogar mir als Freiberuflerin ist die Fika inzwischen in Fleisch und Blut übergegangen. Wenn ich zu Hause an meinem Schreibtisch sitze und irgendwie nicht weiterkomme, dann mache ich mir eine schöne Tasse starken schwedischen Kaffee und quatsche den Hund voll. Das findet der super, vor allem, weil ich ihn zum Dank mit Kekskrümeln füttere.

Fika forever!

3. KAPITEL

GESELLSCHAFT

24. GRUND

Weil in Schweden das Gesetz des Jante gilt

Ich gehöre nicht zu den Menschen, die sich anpassen. Ich brauche Platz, ich polarisiere, ich provoziere. Manche Menschen mögen mich deshalb nicht. Sie finden mich zu laut, zu direkt, zu politisch, zu schwierig. Ich bin nicht der Typ Mensch, der mit der Wand verschmilzt und mit seiner Meinung hinterm Berg hält. Ich stelle Autorität grundsätzlich infrage. Titel? Sind mir scheißegal. Meinen Respekt muss man sich verdienen, und da reicht ein Universitätsabschluss alleine nicht aus. Ich bin jemand, ich kann einiges, ich habe Meinungen, Ansichten und, manchmal, Unrecht.

Und mit all dem breche ich ein Gesetz: das Gesetz des Jante. Dieses Gesetz ist vom Schriftsteller Aksel Sandemose im Buch *En flykting korsar sitt spår* erstmals aufgetaucht und ist heute allgemeines Sprach-, Kulturgut und einer der Grundpfeiler der schwedischen Gesellschaft.

- Du sollst nicht glauben, dass du etwas Besonderes bist.
- Du sollst nicht glauben, dass du uns ebenbürtig bist.
- Du sollst nicht glauben, dass du klüger bist als wir.
- Du sollst dir nicht einbilden, dass du besser bist als wir.
- Du sollst nicht glauben, dass du mehr weißt als wir.
- Du sollst nicht glauben, dass du mehr wert bist als wir.
- Du sollst nicht glauben, dass du zu etwas taugst.
- Du sollst nicht über uns lachen.
- Du sollst nicht glauben, dass sich irgendjemand um dich kümmert.
- Du sollst nicht glauben, dass du uns etwas beibringen kannst.

Die Kurzversion lautet so: »Sei still und pass dich an.« Im Alltag bedeutet dies vor allem, nicht aufzufallen. Es bedeutet, möglichst keine innovativen Gedankenmuster zum Besten zu geben und, ganz wichtig: seine Individualität so gut wie möglich zu verbergen. Es ist zwar erlaubt, die aktuelle Meinungsmode zu kopieren (zurzeit wären dies: Feminismus, Genusdebatte, Netzhass und Rassismus), aber selbst eine Meinung zu äußern, die davon abweicht, ist nicht gesellschaftskonform und wird erbittert verfolgt.

Während wir Deutschen aufgrund unserer Geschichte zum Hinterfragen, Neinsagen, zum Nonkonformismus und zu Individualität erzogen werden, ist es hier in Schweden genau anders herum und damit hatte ich anfangs große Schwierigkeiten.

Ich bin, aufgrund meiner Herkunft, sehr sensibel, was Massendenken angeht. Ich sehe die Gefahr darin, dass Menschen es nicht wagen, ihre Meinung zu äußern, weil sie von dem abweicht, was aktuell in den Medien als richtig deklariert wird. Und doch habe ich das Gesetz des Jante inzwischen zu schätzen gelernt. Es ist manchmal tatsächlich ganz erholsam, einfach mit der Gesellschaft zu verschmelzen und nicht herausragen zu müssen. Einfach mal die Klappe zu halten und nicht groß aufzufallen. Damit kann man prima Konflikte lösen (oder besser gesagt: sie lösen sich von selbst auf, sehr schwedisch!), erspart sich eine Menge Aufregung und hohen Blutdruck.

Wer in Schweden leben und dauerhaft glücklich werden möchte, muss das Gesetz des Jante verstehen und sich danach richten. Das ist für uns Deutsche nicht immer leicht, ist aber eine gute Übung im Schwedischsein. Ich habe einige Jahre dazu gebraucht und ertappe mich immer noch manchmal dabei, wie ich gegen das Gesetz des Jante verstoße. Und die Strafe dafür folgt auf dem Fuß: Ich bin schon oft angeeckt hier in Schweden, weil ich mit meiner Meinung einfach nicht hinterm Berg halten konnte.

Aber je älter ich werde, desto leichter fällt es mir, mich anzupassen. Einfach mal still zu sein und nicht in Diskussionen einzusteigen, sondern mir stattdessen meinen Teil zu denken. Mich, sehr schwedisch, nonverbal zu äußern. Mit Grunzen, Spezialwörtern (siehe die Gründe über »Hap« und »Hfsyp«) und einem gezielten, kurzen Augenrollen.

Und siehe da: Jeder versteht, was ich meine. Ganz ohne Diskussionen. Und ohne Gesetzesbrüche.

25. GRUND

Weil die Schweden so nett streiten

Ich gehöre zu den Menschen, die sich gerne streiten. Es bereitet mir Vergnügen, Ausdrücke wie »Herrgott noch mal«, »Verflixt und zugenäht« oder noch besser: »Himmel, Arsch und Zwirn« zu rufen und anschließend theatralisch die Kühlschranktür zuzuknallen. (Wir haben keine Küchentür.)

Mein Mann nimmt solche kleinen Ausbrüche gelassen hin. Er lächelt. Und verlässt den Raum.

In Schweden werden Konflikte anders ausgetragen als in Deutschland. Oder besser gesagt: Man trägt sie gar nicht aus. Eigentlich möchte man sie gerne ganz und gar vermeiden, aber dies ist leider sogar in Schweden unmöglich. Man hat aber in den schwedischen Alltag eine Menge Instrumente eingebaut, die es leichter machen, Streitigkeiten so weit wie möglich aus dem Weg zu gehen.

Schaut man sich in der Arbeitswelt um, fällt dem Nicht-Schweden oft die Kompromiss- und Konsensfähigkeit auf. Aus Deutschland ist man ja in der Regel einen eher konservativen Führungsstil gewohnt. Sitzen fünf Mitarbeiter in einem Meeting, gibt es fünf Meinungen, die – oftmals lautstark – vertreten werden. Man diskutiert und der, der dafür bezahlt wird, trifft irgendwann eine Entscheidung. Ein Kompromiss wird als Versagen angesehen. »Der kann sich nicht durchsetzen« – das Todesurteil für eine deutsche Führungskraft.

In Schweden dagegen ist der Begriff »Kompromiss« etwas sehr Positives. Trifft man sich, um eine Entscheidung zu treffen, dann ist die Entscheidung oft, die Entscheidung zu vertagen. Man diskutiert und wägt ab, nimmt jeden Einwand zur Kenntnis – auch wenn er vom Praktikanten oder der Putzfrau kommt. Kompromisse zu treffen gilt als positiv, als gute Führungseigenschaft. Man ist durch und durch demokratisch und immer sehr darauf bedacht, niemanden zu übervorteilen. Ich habe in vielen Jobmeetings gesessen und mir innerlich die Haare gerauft, weil niemand dazu bereit ist, mit der Faust auf den Tisch zu hauen und zu rufen »So machen wir's jetzt!«. Stattdessen habe ich gelächelt. Und die Klappe gehalten.

Ein weiteres, sehr wichtiges ungeschriebenes Gesetz in Schweden lautet: Wer laut wird, hat unrecht. Laut werden ist tabu. Schreit man in Schweden herum, beschwert sich mit wütender Stimme oder noch schlimmer: unterschreitet die persönliche Distanz von mindestens 75 Zentimeter zu einem anderen Menschen, begeht man einen fürchterlichen Etikettenbruch. Deshalb gilt bei Streitigkeiten mit einem Schweden immer: erst mal Luft holen. Ruhig bleiben. Und mit fester Stimme sein Anliegen vortragen.

Dann findet sich schon ein hübscher kleiner Kompromiss, mit dem alle zufrieden sind.

26. GRUND

Weil die Schweden die Thronfolgeregelung für eine Frau geändert haben.

Vom schwedischen Königshaus kann man halten, was man will. Ich persönlich finde, dass die Monarchie ein Anachronismus ist, aber meine deutschen Freunde beteuern immer wieder, dass sie eine wunderbare Außenwirkung hat und außerdem viel billiger sei als die vielen ausgedienten deutschen Bundespräsidenten, die sich auf Kosten der Steuerzahler durchfuttern.

Dabei ist das schwedische Königshaus eigentlich französisch (siehe Grund 98: »Weil Schweden mal einen König hatte, der kein Wort Schwedisch sprach«). Und das kam so:

König Karl XIII. von Schweden hatte keine eigenen eigenen Kinder, die es bis ins Erwachsenenalter schafften. Stattdessen entschloss er sich 1809, den dänischen Prinzen Christian August av Augustenborg zu adoptieren und zum Thronfolger zu machen.

Leider schaffte es allerdings auch Christian nicht bis auf den Thron, sondern starb ganz plötzlich und unerwartet, als er vom Pferd fiel. (Vermutlich an einem Schlaganfall, das wusste damals bloß keiner. Stattdessen brachte man den Reichsmarschall Axel von Fersen, seines Zeichens ehemaliger Liebhaber von Marie Antoinette, um, weil man glaubte, er habe den dänischen Prinzen heimtückisch mit Gift gemeuchelt. Tragische Geschichte.)

Jedenfalls stand Schweden wieder ohne Thronfolger da. Da nahm ein junger schwedischer Adliger namens Carl Otto Mörner die Sache selbst in die Hand: Er reiste kurzerhand nach Frankreich und fragte Napoleons Marschall Jean Baptiste Bernadotte, ob er nicht vielleicht einspringen wolle. So als zukünftiger König Schwedens. Daheim wusste zwar keiner, dass Mörner sich als Bote aufgemacht hatte, aber ich muss sagen: Respekt. So viel Handlungskraft findet man ja nicht jeden Tag in den europäischen Schlössern und Burgen.

Zurück in Schweden, war erst mal die Hölle los. Niemand wusste so richtig, wer dieser Bernadotte eigentlich war. Und Mörner bekam eine Menge Ärger.

Nachdem der zukünftige Thronfolger dann aber mitteilen ließ, dass er, zur Feier seiner Ernennung, acht Millionen Franc aus seinem Privatvermögen in die schwedische Staatskasse einzahlen würde, musste man in Schweden nicht mehr lange überlegen. Das Land war von Kriegen ziemlich pleite, und so ein Geldregen kam ganz gelegen. Also ernannte man Jean Baptiste Bernadotte am 21. August 1810 in Örebro zum neuen Kronprinzen und seinen damals elfjährigen Sohn Oscar zum Erbprinzen.

Und damit wieder zurück in die Gegenwart: Zurzeit hat Schweden wieder einen kleinen Prinzen, der Oscar heißt: den Sohn von Kronzprinzessin Victoria. Dass Victoria mal Königin werden würde, war eigentlich gar nicht so glasklar. Denn als ihr Urahn Jean Baptiste den Thron bestieg, wurde ein Gesetz verabschiedet, nach dem nur männliche Nachkommen schwedische Könige werden können. Dieses Gesetz wurde von Victorias Vater Carl Gustav aber 1977 bei ihrer Geburt geändert, und wir haben zum ersten Mal seit langer Zeit wieder eine Kronprinzessin statt eines Kronprinzen.

Und ganz unter uns: Egal, wie unzeitgemäß ich das Königshaus eigentlich finde. Ich habe heimlich ihre Hochzeit mit Daniel im Fernsehen geschaut.

Und das eine oder andere Tränchen verdrückt. Aber nicht rumerzählen, okay?

27. GRUND

Weil in Schweden der Feminismus lebt

Jeder schwedische Journalist oder Blogger ist heutzutage nahezu gezwungen, Feminist zu sein. Man muss kraftvolle, böse Artikel schreiben, die von Unterdrückung, unerfüllten Quoten und unrasierten Beinen handeln. Das ist ist sozusagen ein Teil der selbstbewussten weiblichen Identität, und wer da nicht mitmacht, wird öffentlich an den Pranger gestellt. Es ist wahnsinnig angesagt, unterdrückt zu sein und sehr laut und sehr öffentlich darüber zu klagen. Man muss es gut finden, dass es an Stockholmer Schulen inzwischen Umkleideräume für weibliche, männliche und sexuell unentschiedene Menschen gibt, und darf die Pronomen »er« und »sie« nicht mehr benutzen, da sie diskriminierend sind, und soll sich stattdessen einer neutralen Wortschöpfung bedienen, die die Schweden eigens erfunden haben, um, bitteschön, auch wirklich niemanden zu kränken.

Seine Tochter in Rosa zu kleiden ist politisch genauso inkorrekt, wie einem kleinen Jungen ein Auto zum Geburtstag zu schenken.

Es ist Pflicht, in der Öffentlichkeit zu stillen, keinen BH zu tragen und uns bloß nicht unserer Körperbehaarung zu entledigen, da damit ungesunden männlichen Pornofantasien Vorschub geleistet wird. Wir Frauen sind Opfer eines jahrhundertealten Systems der Massenunterdrückung, wir sind unterbezahlt und müssen, wer hätte das gedacht, gemeinsam gegen Rosa, hohe Absätze und anderes genusbedingtes Unrecht kämpfen.

Was dabei niemand so richtig zu beachten scheint: Frauen und Männer unterscheiden sich. Die einen haben Penisse, die anderen Vaginas. (Und noch ein, zwei andere Dinge.) Und ich glaube, dass Gleichmacherei der falsche Weg ist, denn das eigentliche Problem ist, dass wir nicht mit *Unterschiedlichkeit* klarkommen. Und zwar weit über unsere Gene hinaus. Dabei ist es völlig unerheblich, ob jemand eine Frau, ein Mann, ein Hermaphrodit, homo-, hetero- oder asexuell ist. Wichtig ist einzig und allein, dass wir uns gegenseitig als Individuen anerkennen. Dass wir sehen, wo andere Menschen ihre Stärken und Schwächen haben, was sie können, mögen, wollen – oder eben nicht.

Ich bin in den 70ern geboren und in den 80ern Teenager gewesen. Damals herrschte ein kompliziertes Regelwerk darüber, wie man sein durfte und wie nicht. Was man anhaben, welche Musik man hören, mit wem man in den Pausen rumhängen musste, um dazuzugehören. Wer anders war, wurde gnadenlos gemobbt, und daran fanden wir nichts Merkwürdiges.

Und genau da liegt das Problem, damals wie heute: dass wir Anderssein nicht ertragen können. Dass Andersdenkende, Andersaussehende, Andersseiende verlacht und verhöhnt werden. Dass auch heute noch Menschen mit Fingern auf Menschen mit Downsyndrom, Menschen mit Pickeln, rosa Haaren oder Hinkefüßen zeigen. Auf Schwule, auf Rothaarige, auf Behaarte oder Kahle. Auf Leute mit T-Shirts von den falschen Bands oder Hosen, die am Hintern zu eng, zu locker oder zu sonst was sind. Dass bis heute kaum jemand seinen Kindern beibringt, dass man genau so sein darf, wie man will, und dass das so völlig okay ist. Dass das entscheidende Kriterium zur Beurteilung eines Menschen nicht »männlich« oder »weiblich« lautet.

Sondern Arschloch oder Nicht-Arschloch.

Deshalb glaube ich, dass dieser Hass-Feminismus falsch ist. Männer sind nicht Täter. Frauen sind nicht Opfer. Wenn es etwas zu bekämpfen gibt, dann Intoleranz. Und dabei, finde ich, können wir anhaben, was wir wollen. Zum Beispiel Röcke oder hohe Absätze.

Ganz egal ob in Schweden, in Deutschland oder dem Rest der Welt.

28. GRUND

Weil Schweden Menschen in Not einen sicheren Hafen bietet

Mein Umzug nach Schweden war eigentlich keine besonders große Sache. Ich räumte mein Häuschen in Hamburg aus, schenkte den größten Teil meiner Bücher an eine Krankenhausbibliothek und füllte einen VW-Transporter mit meinem wichtigsten Hab und Gut. Ich war verliebt bis über beide Ohren, konnte seit Wochen vor Aufregung kaum noch etwas essen (außer Tiefkühlpizza, die geht immer) und kam nach 14 Stunden Fahrt ein bisschen groggy in Örebro an. Vor Ort wartete mein Liebster, der in den darauffolgenden Wochen und Monaten mit mir zu den verschiedenen Ämtern ging, Formulare ausfüllte, Fragebogen beantwortete, sich mit der schwedischen Krankenkasse stritt und gleichzeitig unermüdlich schwedisch mit mir sprach, damit ich die Sprache schneller lernte. Mein Umzug war eigentlich keine große Sache, und doch veränderte sich mein Leben radikal. Ein neues Land, neue Sprache, neue Kultur, neue Freunde, neues Essen, neue Freizeitaktivitäten.

Für Hunderttausende, die vor Krieg und Verfolgung fliehen, ist so ein Ortswechsel nicht so problemlos und einfach. Und gerade jetzt, in Zeiten des Krieges in Syrien, der Unruhen im nördlichen Afrika, der Verfolgung von Millionen Menschen aus religiösen, politischen oder persönlichen Gründen, öffnet Schweden seine Türen und empfängt Menschen aus allen Teilen der Welt, aus anderen Kulturen, mit anderen Religionen, Überzeugungen, Ängsten, Hoffnungen, Träumen und Traumata.

Das ist keine leichte Aufgabe. Sich anzupassen fiel mir ja schon ziemlich schwer. Ich bin laut, renitent und habe ein Autoritätsproblem – ungefähr alles an mir ist darauf gepolt, hier in Schweden sozial anzuecken.

Aber wie geht es da den vielen Menschen, die von viel weiter her kommen? Aus völlig anderen Kulturen. Die, traumatisiert von Krieg und Verfolgung, hier Zuflucht suchen. Die vielleicht nie etwas anderes als Verfolgung und Terror erlebt haben.

Ganz einfach: In Schweden herrscht ein unerschütterlicher Glaube an die Möglichkeiten der Integration. Es gibt Sprachkurse für Neu-Schweden (auch ich habe da gesessen und unregelmäßige Verben gepaukt), es gibt unzählige Integrationsprojekte, Kulturorganisationen und andere Hilfestellungen, um die Neuankömmlinge auf den schwedischen Alltag vorzubereiten.

Natürlich gibt es auch hier, wie in vielen anderen Ländern, laute Stimmen gegen die Zuwanderung. Die Partei »Sverigedemokraterna«, die politisch rechtsaußen steht, hat in der letzten Wahl fast 13 Prozent der Stimmen bekommen – eine erschreckende Zahl.

Und dennoch scheint ein Gemeinsamkeitsgefühl die schwedische Gesellschaft zu vereinen: Wir schaffen das. Wir nehmen diese Menschen an die Hand, erklären ihnen, wie wir denken, fühlen, arbeiten, träumen, leben. Und geben ihnen die Möglichkeit, herauszufinden, wie sie ihr Leben in Frieden leben möchten.

Keine Sorge, ich idealisiere nicht. Auch ich bin Realistin und weiß, dass gute Vorsätze allein nicht immer ausreichen. Aber ich liebe Schweden auch und gerade wegen seiner Art, jeden willkommen zu heißen.

Weil es für so viele Gestandete, Verfolgte, Hoffnungslose genau so einen sicheren Ankerplatz zur Verfügung stellt wie für uns Liebesimmigranten.

Ganz egal, woher wir kommen. Und was wir im Gepäck haben.

29. GRUND

Weil die Schweden Weltmeister in der Kunst der Indirektheit sind

Ich höre oft von Deutschen, dass die Schweden so freundlich seien. So artig, zuvorkommend und angenehm im Umgang. Man hört einen Schweden kaum jemals laut werden (außer vielleicht wenn er betrunken ist) oder gar einen Streit vom Zaun brechen. Sich laut beschweren? Undenkbar. Diskutieren? Höchstens die neuesten Langlaufergebnisse. Alles andere gilt schlicht als unhöflich.

Konflikte werden daher kaum jemals ausgetragen, jedenfalls nicht so, wie wir Deutschen es kennen. Nehmen wir zum Beispiel einen Autofahrer, der sich über einen anderen Verkehrsteilnehmer ärgert. Hupen? Kommt nicht infrage. Denn dann würden sich ja alle auf der Straße umdrehen und denken: Guck mal, der da drüben in dem hellblauen Volvo, der hat ja gehupt. Was für ein Flegel!

Im Alltag führt dies zu oft zu Missverständnissen zwischen Schweden und Menschen aus anderen Kulturkreisen. Nehmen wir zum Beispiel das Wörtchen »nja«. Dieses Wort bedeutet schlicht und ergreifend »nein«. Allerdings ohne dass man Nein sagen muss.

Folgender Dialog ist ein gutes Beispiel:

Schwede 1: »Das war doch ein gutes Restaurant. Das Essen war wirklich erstklassig.«

Schwede 2: »Nja.«

Findet dieses Gespräch zwischen zwei Schweden statt, so gibt es keinen Zweifel darüber, was Person 2 eigentlich denkt. Nämlich dass das Essen lausig war, die Plätze zugig und der Service unter aller Kanone. Denn das Wort »nja« bedeutet ja eigentlich nein. Es ist aber höflicher, dies nicht zu sagen, denn sonst könnte ja Person 1 denken, man sei brüsk und schlecht erzogen.

Ihnen ist es vielleicht auch schon mal passiert, dass ein schwedischer Handwerker oder Behördenangestellter gesagt hat »Ich glaube, das wird schwierig« (»det kan nog bli svårt det här«). Viele Nicht-Schweden (inklusive mir selbst) interpretieren diese Aussage so, dass es ein Fünkchen Hoffnung gibt. »Das wird schwierig? Na gut, dann müssen Sie sich eben anstrengen, damit es klappt« – so denken wohl die meisten Deutschen. Aber so ist es nicht. Denn der schwedische Handwerker oder Beamte meinte ganz einfach, dass Ihr Ansinnen vollkommen unmöglich zu erfüllen ist. Ohne es direkt zu sagen natürlich. Und ohne Gefahr zu laufen, Sie zu verstimmen oder – noch schlimmer – traurig zu machen. Jeder Schwede hätte die Botschaft ohne Weiteres verstanden, den Kopf hängen lassen und gesagt: »Na gut, wie viel Steuern muss ich denn dann nachzahlen?« oder »Na gut, dann reißen Sie eben die alte Badewanne raus und bauen mir die neue ein, die Sie zufällig gerade im Angebot haben«.

Ein weiteres Phänomen schwedischer Höflichkeit sind Minilügen, die dazu da sind, Mitmenschen nicht zu verletzen. Um Streit oder gar Diskussionen zu vermeiden, kann ein Schwede es manchmal einfach unterlassen, die Wahrheit zu sagen. So würde ein schwedischer Mann seiner Frau beispielsweise nie direkt sagen, dass er ein neu eingekauftes Kleidungsstück unmöglich findet. Ich bin mal irgendwann mit einem Flohmarktblüschen in Hawaiimuster hier zu Hause aufgetaucht, das mir ein bisschen, ähm, zu eng war. Ich fand es trotzdem super, aber als mein Mann mich stumm ansah und meinen Einkauf mit »Oh, wie ungewöhnlich!« kommentierte, wusste ich, dass ich mich ganz arg vergriffen hatte.

Ich habe es nie wieder getragen.

30. GRUND

Weil in Schweden die Gleichberechtigung gelebt wird

Die Frauen in meiner Familie waren schon immer sehr fortschrittlich. Meine Urgroßmutter mütterlicherseits demonstrierte öffentlich gegen das Korsett und ermunterte meine Großmutter dazu, einen Männerberuf zu ergreifen. So ging es weiter durch die Generationen, und auch meine Eltern bemühten sich sehr, mich nicht in vorgegebene Geschlechterrollen zu pressen. Leider war ich ein typisches Mädchen. Ich liebte Rosa und wollte von Beruf Prinzessin werden. Oder Balletttänzerin. Meine Mutter verhielt sich jedoch ganz im Sinne der Familientradition und versuchte, mir auch Männerrollen schmackhaft zu machen. Zum Fasching verkleidete sie mich als Pirat oder Clown, und so ging ich, gekleidet in ein T-Shirt meines Vaters mit einem daruntergestopften Kopfkissen als Bauch und einem seltsamen Hütchen auf dem Kopf, in die Schule und versuchte, darin irgendwie niedlich auszusehen.

Hier in Schweden wird ja ebenfalls sehr großer Wert auf Gleichberechtigung gelegt. Es ist an der Tagesordnung, dass die Männer in den »Mutterschutz« gehen, während ihre Frauen ihrer Arbeit nachgehen. Niemand stört sich daran, wenn Männer die Vormittage gemeinsam mit ihren Kindern auf dem Spielplatz verbringen, Windeln wechseln, Pfannkuchenrezepte diskutieren und dann nach Hause hetzen, um rechtzeitig, wenn Mama von der Arbeit heimkommt, das Abendbrot auf dem Tisch zu haben. Ein für mich immer wieder herrliches Beispiel für Gleichberechtigung ist das Wort »dagisfröken«, das bedeutet »Kindergartenfräulein« und wird ebenso für männliche wie für weibliche Mitarbeiter benutzt.

Leider ist auch Schweden noch weit von der Idealsituation entfernt, was die Gleichberechtigung betrifft. Die Gehälter für Frauen sind nach wie vor niedriger als die ihrer männlichen Kollegen und die Anzahl weiblicher Chefs liegt weit hinter dem männlichen

Durchschnitt zurück. Dennoch herrscht in der schwedischen Gesellschaft eine größere Aufmerksamkeit dem Thema gegenüber. Es ist nicht *okay*, am Arbeitsplatz frauenfeindliche Witze zu reißen, und als Frau hat man das Recht, darauf erbost zu reagieren. (Und muss sich nicht gezwungen fühlen, darüber zu lachen, weil man sonst als humorlose Tante gilt.) Ein Mann, der eine Kollegin aufgrund ihres Geschlechts übervorteilt oder übergeht, gilt als inkompetenter Vollidiot und nicht als ganzer Kerl. Als Frau habe ich sogar die Möglichkeit, mich rechtlich gegen Diskriminierung zur Wehr zu setzen, und werde mit so einem Ansinnen bei den zuständigen staatlichen Stellen auch ernst genommen. (Dies gilt selbstverständlich auch für Männer. Gleichberechtigung!)

Als ich letzte Woche in einem Spielzeugladen stand, um für den Sohn von Freunden zu dessen zweitem Geburtstag ein Geschenk zu kaufen, war ich aus oben genannten Gründen fast der Verzweiflung nahe. Ich strich unentschlossen durch die Gänge und schaute mich nach etwas Passendem um. Ein Topfset mit Hello-Kitty-Aufdruck? Oder doch lieber ein Star-Wars-Schwert, das im Dunkeln leuchtet? Was *schenkt* man einem schwedischen Kind im 21. Jahrhundert, ohne ins Fettnäpfchen zu treten? Ich fragte in meiner Verzweiflung einen Vater, der neben mir stand und mit Gewalt versuchte, die verkrampften Finger seines schreienden Sohnes von einer Carrera-Bahn zu lösen. »Junge? Autos! Alles, was rollt!«, lautete seine Antwort.

Und mit einem Seufzer der Erleichterung kaufte ich einen Plastikgabelstapler. Zur Sicherheit habe ich ihn allerdings in rosa Papier eingeschlagen. Man weiß ja nie.

31. GRUND

Weil man in Schweden seinen Namen beliebig ändern kann

Als ich heiratete und den Nachnamen meines Mannes annahm, war das eine riesengroße Erleichterung. Andersson ist hierzulande ungefähr so exotisch wie Müller oder Meier in Deutschland, und kein Mensch fragt nach, wie das denn nun eigentlich buchstabiert wird. Mein Mädchenname war nämlich für schwedische Ohren etwa so verständlich wie ein althebräisches Gedicht und wurde grundsätzlich falsch geschrieben.

Während meine deutschen Freunde völlig aus dem Häuschen gerieten (»Andersson! Wie exotisch!«), fragten sich meine schwedischen Freunde ernsthaft, ob ich noch alle Tassen im Schrank habe und brachen hernach immer in demonstratives Geschnarche aus, wenn ich mich am Telefon mit Andersson meldete.

Dabei ist es in Schweden gar nicht notwendig zu heiraten, wenn man seinen Namen ändern möchte. Ganz gleich ob Vor- oder Nachname, man kann sich im Prinzip aussuchen, wie man gerne heißen möchte. Und der Staat hilft sogar noch dabei: Hat man sich entschieden, dass man nicht mehr Andersson, Karlsson oder Nilsson heißen möchte, reicht ein Antrag beim schwedischen Patent- und Registeramt. Ausfüllen, einschicken, fertig.

Dabei hat man so ziemlich freie Auswahl. Man kann im Prinzip jeden Namen annehmen, zu dem man eine persönliche Beziehung hat (also den Namen von irgendeinem entfernten Onkel aus Uddevalla) oder sich ganz einfach selbst einen Namen basteln.

Dabei hilft einem das Amt sogar noch: Auf einer Webseite kann man aus Hunderten verschiedenen Silben wählen. Einfach ankreuzen, und der Namensgenerator kommt mit Vorschlägen. Ausgenommen sind allerdings Namen, die es schon gibt und zu denen man keine Anknüpfung hat oder Namen, die auf »von« oder

»af« oder »zu« beginnen – man kann sich also nicht einfach so mir nichts, dir nichts adlig schummeln.

Ich bin mit Andersson aber durchaus zufrieden und habe keinesfalls vor, meinen Nachnamen noch mal zu ändern.

Ganz anders sieht es bei meinen Vornamen aus. Vor einigen Jahren wollte ich aus persönlichen Gründen einen meiner vier (!) Vornamen streichen. Genau wie bei meinem Nachnamen musste ich nur ein Formular ausfüllen, und zwei Wochen später war mein verkürzter Vorname hier in Schweden amtlich.

Gleichzeitig schickte ich eine Anfrage an die Deutsche Botschaft in Stockholm, um meinen Vornamen auch nach deutschem Recht ändern zu lassen (ich habe die doppelte Staatsbürgerschaft). Die Antwort kam einige Wochen später aus Berlin:

Ich möge doch bitte einen Auszug aus dem deutschen Standesamt, das meine Geburt registriert hat, mitschicken. Dazu eine übersetzte und amtlich beglaubigte Heiratsurkunde und eine Kopie des Auszugs aus dem schwedischen Heiratsregister. Sowie einen Auszug aus dem polizeilichen Führungsregister inklusive drei beglaubigter Kopien. Dann bitte noch einen Einkommensnachweis der ganzen Familie der letzten fünf Jahre, eine amtliche Bescheinigung darüber, wie viele Personen in unserem Haushalt wohnen (inklusive drei beglaubigter Kopien), einen Nachweis über meine monatliche Bruttomiete, ein Dokument, aus dem hervorgeht, an welchen Adressen ich die letzten fünf Jahre gewohnt habe, eine amtlich beglaubigte Kopie eines Dokuments, das beweist, dass ich keine Adresse in Deutschland mehr habe, eine beglaubigte Kopie meiner schwedischen Einbürgerungsurkunde, ein Dokument, das beweist, dass ich die deutsche Staatsbürgerschaft auch noch habe, und dazu die freundliche Bitte, ein zwölfseitiges Dokument auszufüllen und von einem Notar beglaubigen zu lassen.

Ich habe dankend darauf verzichtet. Seitdem habe ich nach schwedischem Recht nur noch drei Vornamen. Und nach deutschem vier. Irgendwie sogar ganz lustig.

32. GRUND

Weil die Schweden so gut im Mingeln sind

Manchmal habe ich das Gefühl, wunderlich zu werden. Ich arbeite viel von zu Hause aus, und da beschränken sich meine Sozialkontakte im Alltag auf Gespräche mit dem Hund, mir selbst und, wie ich heute zu meinem eigenen Schrecken entdeckte, lautstarke Monologe in die Richtung einer erschreckten Drossel im Apfelbaum.

Deshalb verkrafte ich viele Menschen auf einen Haufen immer schwerer. Vor einiger Zeit war ich auf das Boot der örtlichen Handelskammer eingeladen.

Kreuzfahrt zu den Ålandinseln, Kontakte knüpfen. Auf Schwedisch heißt das »mingeln«, und ich finde schon das Wort furchtbar. Mingeln ist eine Tätigkeit, die Gewerbetreibenden eigentlich in den Genen liegen sollte. Man geht auf speziell dafür vorgesehene Veranstaltungen, schwebt von Person zu Person, ist irrsinnig höflich, vorwärts und aufgeschlossen und macht dabei lebenswichtige Kontakte. Wo sonst kann man mit dem Chef von EON über einem zähen Hühnerbrustfilet mit Brechbohnen die Zukunft des mittelschwedischen Strompreises diskutieren? Und vor allem: Wer *will* das?

Ich jedenfalls gehöre zu den Menschen, die eigentlich lieber zu Hause bleiben, ihren Hund vollquatschen und sich dabei um ihren eigenen Kram kümmern. Das merkt man mir an. Ich schaffe es meist gerade noch, ein halb höfliches »Hallo« hervorzupressen. Danach starre ich meist bekümmert auf meine Schuhspitzen und versuche, auf irgendetwas Kluges zu kommen, das nichts mit dem Wetter zu tun hat. Was mir nur sehr selten gelingt. 48 Stunden mit 1.100 kontaktfreudigen Örebroaren auf einer Finnlandfähre zu verbringen gehört daher, Überraschung!, eher nicht zu meinen Lieblingsbeschäftigungen.

Die Auswirkungen merke ich meist noch wochenlang hinterher: Ich rede selbst mit dem Hund so wenig, dass er im Laufe des Tages mehrmals neben mir steht, mich mit der Schnauze anstupst und um Aufmerksamkeit bettelt.

Aber als ich gestern in einem Interview sah, dass Håkan Juholt, der ehemalige Parteivorsitzende der Sozialdemokraten, Mingeln auch für die zweitschrecklichste Beschäftigung, die es gibt, hält, war alles wieder in Butter bei mir. Man darf das also. Und es sogar laut sagen.

Gott sei Dank.

33. GRUND

Weil die Schweden das am meisten tätowierte Volk der Welt sind

Meine erste Tätowierung habe ich mir 1993 zugelegt. Damals fuhr ich von Düsseldorf nach Amsterdam zum Studio von Henk Schiffmacher. Es gab noch kein Internet, und ich hatte irgendwo gehört, dass er der Beste in der Gegend sei. Vor Ort stand natürlich kein Henk (der war gerade vermutlich damit beschäftigt, Anthony Kiedis von den Red Hot Chili Peppers zu tätowieren), und statt vom großen Meister bekam ich ein keltisches Knotenmuster am Knöchel von irgendeinem blondierten Australier verpasst.

Von dort aus ging es in den nächsten Jahren immer weiter, und inzwischen habe ich einen ganzen Arm, einen halben Arm, den ganzen Rücken und ein halbes Bein volltätowiert. Meine Sammlung wächst stetig, und für mich sind Tätowierungen eine Art Tagebuch: Sie sind Erinnerungen an schöne und an schlimme Zeiten, an wilde Jahre, an Erfolge, Enttäuschungen, Siege und Niederlagen.

Als ich damals anfing, mich tätowieren zu lassen, war das noch ziemlich exotisch. Ein klitzekleines bisschen Tinte an irgendeiner

Körperstelle, die sich gut mit Kleidung verdecken ließ. Tattoos waren sozial noch so gar nicht akzeptiert und wurden mit Kriminalität oder Drogensucht assoziiert. Für meine Freunde und Kollegen war ich eine Heldin, eine, die sich fett was traut.

Zu der Zeit waren Tribals der letzte Schrei, und als George Clooney in *From Dusk Till Dawn* mit einem riesigen Tribal von den Armen bis in den Nacken auftrat, gab es kein Halten mehr: Plötzlich verwandelten sich ganze Armeen von Männern über Nacht in Maorikrieger, und das Tätowiertsein wurde über Nacht so angesagt wie Techno und Schlaghosen.

Inzwischen bin ich aber nur noch eine von vielen. Denn abgesehen von einigen Naturvölkern (Maoris, vielleicht?) sind die Schweden das meisttätowierte Volk der Welt: Ganze 33 Prozent der Schweden im Alter von 18–49 Jahren tragen den beliebten Körperschmuck.

Und inzwischen haben sich auch die Größenverhältnisse verändert: Statt eines klitzekleinen Tattoos an irgendeiner leicht zu überdeckenden Stelle fängt man heute genau dort an, wo man es am meisten sieht: am besten auf Händen, Füßen, Hals oder sogar im Gesicht – je größer, desto besser.

Heutzutage tätowiert man sich dann auch eher themenorientiert. Bis vor Kurzem waren Old-School-Tattoos der letzte Schrei, und alle Hipsters auf Söder liefen plötzlich mit Schwalben auf den Waden und Hulamädchen auf den Oberarmen rum. Passend zum Vollbart kam dazu eine Banderole mit »I love Mom« auf den Hals – so platziert, dass man es auch ja gut sieht zwischen dem bei Ebay ersteigerten, echten kanadischen Holzfällerhemd und dem Ohrläppchentunnel aus ökologisch zertifiziertem Tropenholz.

Kurz danach kamen Kritzeleien in Mode. Ja, Kritzeleien. Plötzlich konnte man nämlich Tätowiermaschinen ganz billig im Internet kaufen, und irgendwie jeder hatte eine zu Hause rumstehen. Ein normaler Tätowierer durchläuft eine mindestens dreijährige Ausbildung und lernt dabei alles über Hygiene, während er an Bananen und Schollen übt (Kein Witz! Das hat mir ein sehr guter Tätowierer verraten. Scholle ist der einzige Fisch, dessen Oberfläche der menschlichen Haut in Sachen Densität recht nahe kommt. Schwein zum Beispiel ist viel zu hart) – aber zurück zu den Kritzeleien. Statt sich ein hübsches Kunstwerk von einem angesehenen Tätowierer zuzulegen, für das man ein paar Jahre gespart hat und sich ewig den Kopf über Stil und Farben zerbrochen hat, ließ man plötzlich von seinen Kumpels nach ein paar Bier irgendwelchen Mist auf die Haut stechen. Kritzeleien halt. Die Dinger sehen eigentlich nicht viel besser aus als das Herz und der AC/DC-Schriftzug, die sich meine Freundin Bettina mit 13 zu Hause selber gemacht hat – mit einer Nähnadel und Skriptol. Aber sie haben, zugegeben, einen gewissen Charme.

Zur Zeit sind Mandalas der letzte Schrei. Feine Linien mit einem indischen Touch, die wahrscheinlich in zehn Jahren das gleiche Schicksal ereilt wie einst die Arschgeweihe und Tribals der Möchtegern-Maoris.

Und währenddessen laufe ich weiter fröhlich mit meinen völlig unmodern zugetackerten Armen und Beinen rum. Und freue mich, dass ich keinem Trend nachgeflogen bin.

Nur auffallen, das tue ich hier wirklich nicht damit.

34. GRUND

Weil man sich in schwedischen Häusern die Füße abfriert

Bis ich nach Schweden zog, gehörte ich zur Kategorie Frostköttel. Mir war eigentlich immer kalt, und ich schlief nachts mit Jogginghose, Kapuzenpulli und dicken Socken. Tagsüber wärmte ich mir die Füße am Hund unter dem Schreibtisch, und Pulswärmer waren aus meiner Alltagsgarderobe nicht wegzudenken.

In meinem ersten schwedischen Winter war ich sicher, ich würde erfrieren. Ich hatte nie mehr als –10°C erlebt. Da fielen in Hannover die Busse aus, und meine Mutter machte sich Sorgen, dass wir auf der Straße in Kältestarre fallen und tot umfallen würden. Doch dann zogen mein Mann und ich in eine alte Schule auf dem Land in Schweden. Vier Meter Deckenhöhe, keine Zentralheizung. Nur einen holzbefeuerten Ofen, der auch für Warmwasser sorgte. Der erste Winter dort war kalt. Die Temperaturen fielen zeitweise bis auf –25°C und drinnen waren es morgens so um die 11°C. Unser Vermieter schichtete den Schnee meterhoch an den Hauswänden hoch und versicherte uns, dass dies gut gegen die Kälte isolieren würde. Kein Scherz.

Und ich akklimatisierte mich. Ich lernte, mich morgens mit kaltem Wasser zu waschen, ohne unkontrolliert zu zittern, und mir die Hände am Kaffee zu wärmen. Ich trug rund um die Uhr dicke Wollsocken, und nach dem ersten Jahr fiel es mir nicht mehr schwer, morgens bei eisigen Temperaturen im Bademantel die Zeitung hereinzuholen.

Inzwischen komme ich mit Kälte ganz gut klar. Nur meine Füße haben den Umzug bis heute nicht richtig verkraftet, und ich brauche eigentlich immer ein paar Lammfellpantoffeln, um mich halbwegs wohlzufühlen.

Und da fangen die Probleme an: Schwedische Häuser (besonders die älteren) sind in der Regel aus Holz gebaut. Sie haben eine Konstruktion aus Balken und Sägespänen in den Zwischendecken und sind, mit Verlaub gesagt, schweinekalt vom Fußboden bis zu den Knien. Und da man in einem schwedischen Haus aus Höflichkeit immer die Schuhe am Eingangsbereich auszieht (der gemeine Schwede möchte keine Umstände veranstalten und den blitzblanken Fußboden nicht verschmutzen), fangen bei mir da die Probleme an.

Wenn ich mir meine eigenen Pantoffeln mitbringe, kränke ich die Hausfrau. Denn dann würde ich ja ausdrücken, dass es mir zu kalt/zu schmutzig/zu sonst was in ihrem Haus ist.

Aber zum Glück gibt es in fast jedem schwedischen Haus im Eingangsbereich eine kleine Sammlung mit hauseigenen Pantoffeln für den Fall, dass ein zu Fußkälte neigender Gast das Haus betritt. Man sucht sich einfach ein Paar in der passenden Größe aus und schlurft darin herum, solange der Besuch dauert.

Und ganz ohne irgendjemanden zu kränken.

35. GRUND

Weil in Schweden die Briefkästen wie Zinnsoldaten am Straßenrand stehen

Wer schon mal in Schweden war, hat bestimmt die Briefkästenreihen am Straßenrand bemerkt. Die stehen da wie kleine Soldaten, stramm und stumm. Der Grund dafür ist einfach: 15 Prozent der schwedischen Bevölkerung wohnt auf dem Land, und dort sind die Abstände teilweise riesig. Müsste der Postbote zu jedem abgelegenen Gehöft erst kilometerweit durch den Wald holpern, würde die Hälfte der Post wahrscheinlich nie ankommen. Stattdessen sammelt man einfach die Briefkästen an den Straßenrändern in Abständen von ein paar hundert Metern. Und obwohl schon 1967 der Linksverkehr in Schweden abgeschafft wurde, gibt es heute noch ein paar Autos mit serienmäßiger Rechtslenkung: die Postautos. So kann der Briefträger problemlos die Landbriefkästen anfahren und die Briefe aus dem Fenster einwerfen.

Das Schöne ist, dass die Post in Schweden von allen respektiert wird und niemand auf die Idee kommen würde, mal kurz aus Neugierde in den Briefkasten des Nachbarn zu gucken. Ich erinnere mich noch an die deutschen Postkästen, die wie kleine Sicherheitstresore in den Hausfluren hingen. Hier wird die Post in Wohnungen durch einen offenen Briefschlitz geworfen oder auf dem Land in den offenen Kästen deponiert.

Und die Post des Nachbarn nimmt man hier in Schweden nur aus einem Anlass in die Hand: wenn dieser verreist ist und darum gebeten hat.

Auch das ist einer der Gründe, warum ich Schweden so liebe. Ein Grundvertrauen, das sich durch die Gesellschaft zieht und das auch nur selten missbraucht wird. Egal ob es um Post oder die zweite Tasse Gratiskaffee geht. Und ich hoffe mit aller Kraft, dass das noch lange so bleiben wird.

36. GRUND

Weil in Schweden die Hotrod-Kultur lebt

Im Frühjahr, wenn die ersten Schlüsselblumen blühen und die Birkenblätter so groß wie Mäuseohren sind, holen die *Raggare* ihre Oldies aus den Garagen, und plötzlich werden die noch wintergrauen Wege zu Farbtupfern im nahenden Frühling.

Das Jahr beginnt mit den ersten Sonnenstrahlen und den ersten Motorshows. In kleineren Orten treffen sich Motorenthusiasten aller Couleur und zeigen ihre Schätze vor, die sie den Winter über aufwendig restauriert haben: amerikanische Straßenkreuzer, Motorräder, Chopper, Cabrios, alte Campinganhänger. An manchen Tagen kann man lange Prozessionen von Motorraritäten auf den Wegen bestaunen – Fahrzeuge, von denen man kaum wusste, dass sie noch existieren. Und schon gar nicht in so gutem Zustand.

Die schwedischen Garagen haben viele Schätze zu bieten, denn die Hotrod- und Raggarkultur wird wohl in kaum einem Land so gelebt wie hier.

Und um das zu verstehen, muss man wissen, was *Raggare* eigentlich sind.

»Ragga« bedeutet so viel wie »aufreißen«. Der Begriff stammt aus den 50er-Jahren, als sich die ersten Raggargangs in Stockholm bildeten. Es waren meist Jungs, die in amerikanischen Straßenkreuzern die Boulevards auf und ab cruisten und dabei aus dem fahrenden Auto die Mädchen anbaggerten. Wer Glück hatte, konnte einen Aufriss landen und ein Mädchen abschleppen.

Die Raggarkultur hat sich bis heute kaum verändert. Besonders in den ländlichen Gebieten wird das Schrauben und Aufmotzen alter US-Straßenkreuzer sehr gepflegt. Man trifft sich am Wochenende, um gemeinsam zu cruisen und hinterher zu feiern. Die bevorzugte Musik ist Rockabilly und Country. Ein typischer Raggare ist an der Lederweste und dem T-Shirt mit den rockigen Aufdrucken zu erkennen. Einer der größten Autotreffs ist das *Power Big Meet* in Västerås.

Ein großer Held der Raggarkultur ist der Musiker Eddie Meduza, der mit seinen oft etwas schlüpfrigen Texten die Stimme ganzer Generationen ist.

Es liegt allerdings eine haarfeine Linie zwischen Raggare und Hotrod-Enthusiasten. Und wenn man die beiden Gruppen verwechselt, kann man sich eine Menge Ärger einhandeln.

Mir ist so was allerdings ziemlich egal. Ein schönes altes Auto ist ein schönes altes Auto – mir völlig doch schnurz, wer es restauriert hat.

37. GRUND

Weil Schweden seine eigene Urbevölkerung hat

Den Gedanken, einer Minderheit anzugehören, finde ich irgendwie faszinierend. Leider bin ich kaukasischen Ursprungs, heterosexuell und habe keine körperliche oder geistige Abweichung – damit gehöre ich ganz einfach zur absoluten Durchschnittsbevölkerung in Nordeuropa. (Okay, ich bin Synästhetikerin, aber niemand weiß, was das ist – deswegen ist es ziemlich schwierig, damit anzugeben.)

Als ich klein war, war ich der festen Überzeugung, in die falsche Familie geboren zu sein und eigentlich zu irgendeinem Adelsgeschlecht zu gehören, das verzweifelt nach mir suchte und mich irgendwann abholen würde, damit ich in aller Ruhe in Prinzessinnenkleidern auf Ponys reiten kann, wie es eigentlich für mich vorgesehen war. Aber ich wuchs heran, mit mir meine Gesichtszüge und meine prägnante Nase, und ich musste widerwillig einsehen, dass mein Vater wohl wirklich mein Vater war und kein König in irgendeinem Exil an einem schönen, warmen Ort, wo es vor Ponys nur so wimmelt.

Deshalb beneide ich bis heute alle ein bisschen, die Sami sind. Die Sami sind die Urbevölkerung Skandinaviens und leben über den ganzen Norden verteilt in Schweden, Norwegen, Finnland und Teilen Russlands und sind heute eine anerkannte Minderheit in Schweden. Insgesamt sind es ca 80.000 Personen, von denen einige bis heute sehr traditionell leben.

Man nimmt an, dass sie seit 9000 Jahren in Skandinavien leben, aber so ganz genau weiß das niemand. Früher lebten sie als Nomaden und ernährten sich von der Rentierzucht und der Jagd.

Ihr Sprache ist finno-ugrischen Ursprungs und hat mit Schwedisch etwa so viel gemeinsam wie Lachs mit einem Rentier. Es gibt drei sprachliche Hauptrichtungen und mindestens neun verschiedene Dialekte, aus denen die Lebensumstände der Samen heraussprechen: Es gibt zum Beispiel vier verschiedene Worte für die Jahreszeiten – dazu aber noch vier andere, die die Übergänge dazwischen bezeichnen. Es gibt Hunderte verschiedene Ausdrücke für Schnee, und im Samischen ist es problemlos möglich, ein einzelnes Rentier in einer Herde mit Hunderten anderen konkret und genau zu beschreiben. Inzwischen ist das Samische eine anerkannte Minoritätssprache in Schweden, und an samischen Schulen wird zweisprachig in Samisch und Schwedisch unterrichtet.

Im vergangenen Jahrhundert ist das traditionelle Leben der Samen doch immer schwieriger geworden. Viele leben bis heute als

Rentierzüchter, doch das Überqueren der Landesgrenzen ist heute für viele kompliziert und aufwendig. Gleichzeitig sind im Norden viele Bodenschätze entdeckt worden, und der Einfluss der Waldindustrie wächst stetig, was den Lebensstil vieler Samen bedroht.

Heute sind nur noch wenige Samen Vollzeit-Rentierzüchter, und die Traditionen haben sich mit der Entwicklung moderner Techniken radikal verändert. Man benutzt Schneemobile und GPS, Helikopter und modernste Computerprogramme – sehr zur Enttäuschung vieler Touristen, die sich gerne ein pittoreskes Volk in traditionellen Trachten und alten Traditionen vorstellen.

Um einige dieser Probleme besser und mit vereinten Kräften zu lösen, hat sich in den nordischen Ländern jeweils ein »Samischer Rat« gebildet, in Schweden gibt es diese volksgewählte Versammlung seit 1993. Seit 1986 haben die Samen eine eigene Flagge: Die eine Hälfte ist rot, die andere blau, in der Mitte ein grüner und ein gelber Streifen, dazu ein Kreis, dessen eine Hälfte die Sonne und die andere den Mond symbolisiert. Die Farben der Flagge sind den traditionellen Farben der samischen Trachten entnommen.

Im November 2010 hat der schwedische Reichstag das Grundgesetz geändert und den Samen eine Minoritätsstellung im Land zuerkannt. Viele junge Samen nehmen inzwischen wieder die Namen ihrer Urväter an, und es wächst eine neue Gruppe junger Samen heran, die das kulturelle Erbe mit Stolz aufrechterhalten und weitergeben.

38. GRUND

Weil die Schweden im Winter alle Warnwesten tragen

So als Schwedentourist ist man ja eher im Sommer hier. Zwischen November und März, wenn es draußen schweinekalt, dunkel und grau ist, sieht man viel weniger Besucher in warmen Kleidern

Schweden im Sommer: überwältigende Farben

Zeit für Reflektionen

Schwedische Briefkästen am Straßenrand

»Gärdesgård«, traditioneller schwedischer Zaun

Arboga

Der Herbst mit seinen wunderschönen Farben

Das Schloss in Örebro

1884

Närkes Landschaftsblume: Schlüsselblume

Typisch schwedische Osterdekoration

Selbstgewürzter Schnaps zu Mittsommer

»Smörgåstårta«, die leckere schwedische Butterbrottorte

Typisches »Raggarauto« auf einem Oldtimer-Treff

Das schwedische Licht: unbeschreiblich schön

Verzauberte Stimmung im Wald

Verlassenes Haus irgendwo auf dem Land

Wadköping in Örebro

am Stortorget stehen und versuchen, mit Fausthandschuhen eine 10-Kronen-Münze in den Schlitz vom Parkticketautomaten zu stecken oder warme Würstchen essend an den Straßenecken herumstehen und das niedliche kleine Örebro bestaunen.

Da ist es auch gar nicht weiter verwunderlich, dass der normale Schwedenreisende keine Ahnung von den hiesigen Modetrends hat. Im Winter laufen wir hierzulande mit dicken Stiefeln, Daunenjacken und langen Unterhosen durch die Gegend, und man sieht eigentlich nur dick eingepackte Pakete auf zwei Beinen durch den Schnee stapfen, die in regelmäßigen Abständen weiße Atemwolken aus dem Schlitz zwischen Schal und Mütze herausblasen. (Mir ist übrigens bis heute die fantastische Fähigkeit der Schwedinnen ein Rätsel, auch in Winterkleidern chic und modern auszusehen. Wie machen die das bloß? Ich selbst schaffe es einfach nicht, mit elektrisch aufgeladenem Haar, zwei Paar Wollsocken an den Füßen und einer roten Nasenspitze auch noch Chic zu versprühen. Und glauben Sie mir, ich habe es probiert.)

Aber zurück zu den Trends. Neulich las ich in einer Facebookgruppe die verwunderte Frage einer Deutschen, die wissen wollte, warum wir Schweden denn nun winters immer in neongelbe Warnwesten gekleidet seien – das sei doch nun wirklich nicht chic und sie könne sich beim besten Willen nicht vorstellen, warum wir das schön fänden.

Liebe Leser. Ich kann Sie beruhigen. *Niemand* in Schweden findet das auch nur im Geringsten chic. Wir tragen Neonwesten, weil uns unser Leben lieb ist. Denn der schwedische Winter ist dunkel, sehr dunkel. Die meisten Landstraßen sind nicht beleuchtet, und wenn man abends noch mal mit dem Hund ums Eck geht, nach 15 Uhr zum Briefkasten geht, um die Post hereinzuholen, oder sich einfach am frühen Abend noch mal die Beine vertreten will (natürlich in langen Unterhosen und mit elektrisiertem Haar unter der Mütze) – dann ist man als Fußgänger auf einer schwedischen Landstraße etwa so auffällig wie ein Tourist mit Stadtplan am Kai für die

Ausflugsboote in Stockholm an einem Donnerstagnachmittag im Juli. Nämlich gar nicht.

Im Zweifelsfall wird man also von den Autofahrern übersehen, und das ist auf einer dunklen Landstraße ja eher nicht so lustig.

Deshalb ist so eine Warnweste ein notwendiges Übel. Wir streifen uns die Dinger über, so wie wir uns die Zähne putzen oder den Rasen mähen.

Und wie es sich gehört, schaffen die Schwedinnen es sogar, in Warnweste irgendwie chic auszusehen.

Ich leider nicht.

39. GRUND

Weil die Schweden Geschmack haben

Ich weiß bis heute nicht, woran es liegt. Aber wenn ich auf einem Flohmarkt eine Jeans für 20 Kronen kaufe, sie mit einem übergroßen Mohairpullover, den meine Mutter 1982 gestrickt hat, und einer Schiebermütze kombiniere, sehe ich, egal wie sehr ich mich anstrenge, einfach nicht hip aus, sondern einfach nur wie jemand, der seine Sachen auf dem Flohmarkt gekauft hat.

Die Schwedinnen dagegen haben eine Leichtigkeit im Umgang mit Mode, als wären sie alle mit übergroßen Trenchcoats, niedlichen Handtaschen und den perfekten Schuhen auf die Welt gekommen. Ein Gang durch die Fußgängerzone einer schwedischen Stadt ist wie in der ersten Reihe bei einer internationalen Modenschau zu sitzen: junge, hübsche Menschen in trendigen Klamotten, die sie mit einer Selbstverständlichkeit vorführen, die jede Gigi Hadid vor Neid erblassen lassen würde.

Ich muss immer wieder den Drang beherrschen, nicht einfach hinterherzurennen, die Person am Ärmel zu zupfen und zu fragen: »Entschuldigung, aber wie *machst* du das?«

Egal, wie vielen schwedischen Modeblogs ich folge, wie sehr ich versuche, die Trends auf den Stockholmer Straßen aufzusaugen, Magazine lese oder einfach nur bei Instagram gucke – ich bevorzuge bequeme Kleidung, und die sieht eben irgendwie nicht besonders trendig aus. Wenn ich arbeite, dann in einer übergroßen Latzhose (kneift nicht) oder in meinen heiß geliebten schwarzen Stretchjeans, die ich immer so lange trage, bis sie auseinanderfallen – um dann in das gleiche Geschäft zu gehen und mir ein neues Paar zu kaufen. (Ich bin jetzt bei meinem dritten oder vierten.) Dazu besitze ich fünf identische graue T-Shirts, die zu allem passen und die ich reihum trage.

Die Schweden dagegen tauchen in hautengen Tops auf Shootings auf, verschwenden keinen Gedanken daran, dass ihre Designerhemden vielleicht Schwitzflecken bekommen könnten oder dass man Blasen von hochhackigen Schuhen bekommen könnte, wenn man den ganzen Tag auf einem Betonboden im Studio steht. Sie tragen das Zeug mit Eleganz und verbissener Ausdauer, die mich stinkig vor Neid macht.

Das Einkaufen bei schwedischen Modeketten ist ein bisschen wie *Elle* lesen: Überall hängen die neusten und aufregendsten Trends, es gibt Hüte, Handtaschen und Unterwäsche, die direkt aus New York oder London zu kommen scheinen, und offenbar weiß jeder außer mir, wie man das trägt oder kombiniert.

Und so bleibe ich bei meinen Latzhosen, meinen grauen T-Shirts und den schwarzen Jeans. Immerhin kneifen sie nicht.

Weil in Schweden jeder Einwohner ein Anrecht auf BAföG hat

Sie kennen das bestimmt auch: Man schleppt sich morgens zur Arbeit, und es fühlt sich so an, als wenn Sie auf dem Weg in einen Schützengraben seien. Ihre Kollegen sind ein Haufen Idioten, Sie würden Ihrem Chef furchtbar gerne mal so richtig die Meinung geigen, und die Kunden, ach, über die reden wir einfach gar nicht. Kurz, Sie wünschen sich nichts sehnlicher, als Ihren Job an den Nagel zu hängen und etwas ganz anderes zu machen.

Wenn Sie jetzt ganz, ganz großes Glück haben, sind Sie schwedischer Staatsbürger oder wohnen schon ein Weilchen hier. Dann heißt die Lösung: CSN. Das ist die Abkürzung für »Centrala Studiestödsnämnden« und die schwedische Behörde, die für die finanzielle Unterstützung von Schülern und Studenten zuständig ist.

Jeder Schwede hat nämlich, unabhängig von seinem Hintergrund, ein Anrecht auf staatliche Unterstützung zur Fortbildung. Dabei ist es völlig egal, ob es sich um eine Berufsausbildung oder ein Studium handelt. Der Staat bezahlt eine kleine Summe (ca. 250 Euro) monatlich, die steuerfrei ist. Darüber hinaus kann man sich eine weitere Summe als Darlehen auszahlen lassen – man zahlt sie später zurück, wenn man dann mit seinem neuen Job ein Einkommen erzielt. Ganz anders als in Deutschland wird diese Unterstützung unabhängig davon ausbezahlt, ob die Eltern des Studierenden vermögend sind oder nicht – jeder hat ein Recht, »studiestöd« zu bekommen. So ist es für jeden Schweden möglich, sich im Laufe seines Berufslebens um- oder völlig neu zu orientieren.

Diese staatliche Unterstützung ist nicht nur eine Möglichkeit, sich eine Ausbildung zu finanzieren. Sie ist gleichzeitig auch ein Ausdruck für den schwedischen Gedanken des lebenslangen Lernens. Es gibt zwar eine Altersgrenze nach oben (56 Jahre, schließlich wollen die Behörden ja auch nicht, dass plötzlich die Unis von älteren Herrschaften ohne langfristige Berufsaussichten geflutet werden), aber dieses Modell ist einer der Grundpfeiler des Systems. Anders als in Deutschland wird man in Schweden nicht komisch angeguckt, wenn man sich in etwas fortgeschrittenem Alter für einen Berufs- oder Karrierewechsel entscheidet. Ganz im Gegenteil: So eine Umorientierung wird nicht als Wankelmütigkeit oder Schwäche, sondern als etwas ganz Normales und als Teil der persönlichen Entwicklung angesehen. Der vom Staat bezahlte Betrag ist relativ klein, und große Sprünge kann man als Student in Schweden wie überall auf der Welt nicht machen.

Und gerade deshalb wird man von seiner Umgebung als Student des etwas älteren Semesters (Achtung, Wortwitz!) mit viel Hochachtung und Respekt betrachtet. Niemand würde auf die Idee kommen, ihn oder sie abfällig zu behandeln. Sondern umgekehrt: Jemand, der mitten im Leben noch einmal die Richtung wechselt und die damit verbundenen finanziellen Abstriche in Kauf nimmt, hat automatisch die Achtung seiner Mitmenschen verdient.

Auch auf dem Arbeitsmarkt hat eine Person mit einer eher ungewöhnlichen Karriereentwicklung und Richtungsänderung gute Chancen. Man geht einfach davon aus, dass jemand, der sich im Erwachsenenalter noch einmal umorientiert, eine ganz ganz große Motivation in sich trägt. Denn schließlich gehört schon einiges dazu, auf den Komfort eines Einkommens zu verzichten und sich noch einmal über einen längeren Zeitraum von billigen Fertignudeln und Fleischbällchen mit Ketchup zu ernähren.

Kurz: Schweden fördert Engagement, Hingabe und Fleiß. Und das liebe ich an diesem Land. Von ganzem Herzen.

4. KAPITEL

TRADITIONEN

41. GRUND

Weil viele schwedische Häuser mit Schreinerfreude verziert sind

Ich bin ja ein großer Freund des umweltbewussten Bauens. Ein Niedrig-Energiehaus gehört zu meinen heimlichen Träumen. Am besten so eins, das sich völlig selbst versorgt und komplett aus recyceltem Material gebaut ist. Ich habe jahrelang von einem Earthship (ein autonomes Haus, das aus alten Autoreifen gebaut ist) geträumt, Baupläne studiert, technische Details bestaunt und in meiner Fantasie Fassaden gestaltet, Fußböden verlegt und Mosaike in meine imaginäre Duschwand integriert.

Doch mit Häusern ist es wie mit Märchenprinzen: Man entdeckt irgendwann, dass es nicht der große blonde Ritter auf dem weißen Ross ist, der einen glücklich macht. Sondern der kleine Dunkelhaarige von nebenan. Und so kauften wir unser kleines graues Häuschen mit Eternitplatten an der Fassade, fanden Gefallen an seinen inneren Werten, strichen seinen Eingang neu und machten es uns wunderhübsch.

Denn es braucht manchmal gar nicht viel, um aus einem ganz normalen, langweiligen Haus etwas Besonderes zu machen. Ein schönes Beispiel dafür ist Snickarglädje. Das bedeutet in etwa »Schreinerfreude« und ist die Bezeichnung für diese wunderhübschen Eingangsverzierungen, die man hier in Schweden allerorten an den Hauseingängen entdecken kann.

Die Snickarglädje war früher die einzige Möglichkeit der einfachen Menschen auf dem Lande, ihren Häusern etwas Persönlichkeit zu verleihen. Denn die Architektur war nicht besonders variationsreich: Häuser waren aus Holz gebaut, in Blockbauweise. Das ließ keinen großen Spielraum für architektonische Spielereien. Quadratischer Grundriss, mal ein-, mal zweigeschossig, ein Spitzdach (an Flachdächer war wegen der winterlichen Schneelast nicht zu denken) und aus Kostengründen rot gestrichen, denn Falurot war billig und einfach selbst herzustellen.

Die Hochzeit der Snickarglädje war zur Jahrhundertwende 19./20. Jahrhundert. Auch in Schweden breitete sich die Kultur der Badeorte aus, man fuhr zur Sommerfrische an die Westküste. Genau wie im übrigen Europa trafen sich die Reichen und die Schönen im mondänen Bohuslän, um Seetangbäder zu nehmen und die neueste Mode vorzuführen. Die Häuser der Noblesse waren reich mit Snickarglädje ausgeschmückt, und von dort aus verbreitete sich die Mode über ganz Schweden.

In den 30er- und 40er-Jahren des 20. Jahrhunderts wurde Snickarglädje dann plötzlich ganz unmodern. Der »Funkis-Stil« (von Funktionalismus) breitete sich rasant aus, und plötzlich sollten alle Häuser so schmucklos, quadratisch und einfach wie möglich sein. Viele rissen damals die Snickarglädje von ihren Häusern, und es dauerte einige Jahrzehnte, bis man sich wieder darauf besann. Heute ist das alte Handwerk wieder sehr beliebt, und man findet allerorten herrliche Ausschmückungen.

Mit etwas handwerklichem Geschick lassen sie sich recht einfach selbst herstellen. Man braucht dazu gutes, dicht gewachsenes Holz (am besten Kiefer aus Nordschweden), eine Säge und eine Schablone. Schablonen für die unterschiedlichsten Muster kann man sich entweder selbst zeichnen oder für einen kleinen Unkostenbeitrag kaufen. Es gibt eine herrliche Webseite über Snickarglädje, wo man gute Anleitungen findet: www.snickargladje.se Dort gibt es auch jede Menge Bilder für alle, die noch nach dem richtigen Muster suchen oder einfach nur ein bisschen schwelgen wollen.

So können Sie sich ganz einfach ein bisschen schwedische Schreinerfreude ins (oder besser gesagt: ans!) Haus holen.

42. GRUND

Weil die Schweden keine Funktionskleidung brauchen

Wir haben ja alle so einiges mitgemacht im Leben. Ich zum Beispiel denke mit Schmunzeln an die Zeit zurück, in der ich mit einem Mann zusammen war, dessen Motto lautete: »Frauen können nicht dünn genug, Röcke nicht zu kurz und Absätze nicht zu hoch sein.« Ich stöckelte in der Mittagspause auf 12-Zentimeter-Absätzen über den Hamburger Rathausplatz, um in einem schicken Bistro zwei Salatblätter mit einem Spritzer Zitrone für 18 Euro zu essen, und steckte mein Erspartes in einen Sportwagen aus Stuttgart. Ich gab am Gänsemarkt ganz ungeniert mit meiner irre teuren italienischen Designerhandtasche an und ging in englischem Karo zu meinen Kundenmeetings.

Das Verrückte daran ist: Ich fand das zu der Zeit alles völlig normal.

Ebenso muss es wohl den gefühlten 30 Millionen Einwohnern Deutschlands, die sich täglich in Funktionskleidung schmeißen, um im Dschungel der deutschen Innenstädte zu überleben.

Wann immer ich in Deutschland bin, komme ich aus dem Staunen nicht heraus: Jacken aus Allwetterfaser, mit Reißverschlüssen und Klettband in drei Teile geteilte Hosen und dazu atmungsaktive Schuhe mit Dreiwettersohlen. Und jedes Mal frage ich mich: *Wozu braucht man das?* Um in der Wildnis einer deutscher Innenstadt den brandgefährlichen Weg zwischen GALERIA Kaufhof und Karstadt Sport zu überleben? Oder wegen des Überlebenskampfes an der Schlussverkaufstheke für Herrensocken bei Peek & Cloppenburg? Haben diese Innenstadtabenteurer heimliche Depots mit Wasserflaschen, Wüstenzwieback und wasserfeste Streichhölzer in den vielen Innentaschen ihrer Nasa-getesteten Westen mit eingebauten Belüftungsschlitzen versteckt? Und wovor fürchten sie sich? Vor einem Meteoriteneinschlag, der auf einen Schlag sämtliche Mövenpicks in Mitteleuropa auslöscht? Oder sind sie eigentlich auf dem Weg zu einem Wildnisweekend und wollten nur kurz noch mal am Hauptbahnhof vorbei, um sich mit Mückenschutz, Campingstühlen und Trockenmahlzeiten einzudecken?

Hier in Schweden ist das irgendwie anders. Hier, wo die wirklichen Urwälder direkt hinter den selbst gezogenen Mohrrüben anfangen, trägt kaum jemand Funktionskleidung. Oder besser gesagt: nicht extra dafür angefertigte. Geht man hier in den Wald, trägt man Clogs, ein paar alte, ausgeleierte Jeans und nimmt sich ein belegtes Brot mit Ei mit. Im Winter, wenn es kalt ist, zieht man sich ein paar von der Schwiegermutter selbst gestrickte Wollsocken über die Strümpfe und dazu ein Paar Gummistiefel mit hohem Schaft, damit einem der Schnee nicht oben reinfällt.

Statt Thermohandschuhen, Mützen aus recycelten Colaflaschen und batteriebetriebenen Wärmeeinlegsohlen trägt man die abgenutzten Klamotten auf, mit denen man sich in der Stadt nicht mehr zeigen mag. Gerne in vielen Schichten, gerne aus Naturmaterialien und gerne ein bisschen angeschmuddelt. Selbst gestrickte Pullis aus Wolle findet man für kleines Geld auf jedem Flohmarkt, und dicke Jacken und Handschuhe hat jede Familie einen ganzen Schrank voll.

Schließlich sieht einen ja keiner, wenn man im Wald unterwegs ist.

43. GRUND

Weil in Schweden der Rasen etwas über persönliche Hygiene aussagt

Hier in Schweden gibt es, wie überall auf der Welt, ein paar Verhaltensregeln, die zu guter Nachbarschaft beitragen. In Deutschland, daran kann ich mich noch erinnern, gehört es ja in einem Mietshaus zum guten Ton, das Treppenhaus regelmäßig zu putzen, die Fußmatte schön sauber zu klopfen und die drei Eier, die man sich am letzten Kuchenbacktag bei der netten Dame in Etage 3 geliehen hat, rechtzeitig wieder zurückzugeben.

Hier in Schweden gehört es sich als Hausbesitzer, den Rasen ordentlich kurz zu halten. Der Rasen ist das Aushängeschild der persönlichen Reinlichkeit, er ist das Synonym für eine Gesellschaft, in der Schmutz und Ungepflegtheit nicht geduldet werden. Einen langen, ungeschnittenen Rasen zu haben ist etwa so, wie ein Plakat im Garten aufzustellen, auf dem steht: »Wir haben Bettwanzen und schneiden unsere Fußnägel nur einmal im Jahr«.

Deshalb bemühen mein Mann und ich uns sehr, unseren Rasen kurz und akkurat zu halten. Wir haben einen kleinen Traktor für das Mähen angeschafft, ein leuchtend gelbes Zugeständnis an die schwedischen Werte und Normen, an die wir uns (jedenfalls was den Rasen betrifft) um des nachbarschaftlichen Friedens willen anpassen.

Wir schneiden unseren Rasen einmal in der Woche und dachten bisher, unseren nachbarschaftlichen Verpflichtungen damit ausreichend nachzukommen. Doch dabei haben wir scheinbar etwas übersehen: die *Rasenkanten*. Mit unserem Aufsitzrasenmäher kommt man nämlich nur bis circa 15 Zentimeter an die Kanten heran, und die haben wir bisher eben einfach wachsen lassen. Ein großer Fauxpas, wie ich vor ein paar Tagen schmerzlich erfahren musste.

Ich sammelte gerade ein bisschen Fallobst auf, als unser Nachbar Bosse an den Zaun trat. Bosse ist Rentner, und sein Garten ist sein Hobby. Er verbringt den Sommer mit Unkrautjäten, Blumenbewässern und Rasenkantenstutzen. Bosse winkte mich vertraulich an den Zaun heran und wisperte etwas von Unkraut. Ich verstand zuerst nicht recht, was er meinte. Ein langer Blick in das Blumenbeet jenseits unseres gemeinsamen Zauns entblößte Astern, Dahlien und … Erde. Kein Unkräutchen weit und breit. Ausgerupft, unschädlich gemacht, vollkommen abwesend.

Doch Bosse murmelte weiterhin etwas von Unkraut, und ob wir etwas dagegen hätten, wenn er es mit Chemie bekämpfen würde. Ich sagte erst mal nichts (generell eine gute Taktik, wenn man unsicher ist), bis ich verstand, dass er auf *unsere* Seite des Zauns zeigte. Auf die langen Wiesenbüschel, die sich leise im Wind wiegten. Auf die verdammte Rasenkante, an die unser Rasenmäher nicht herankommt. Und wusste gleichzeitig, dass Bosse und Linnea, unsere Nachbarn, nun ganz arg an unserer persönlichen Hygiene zweifeln würden.

Ich gab Bosse selbstverständlich die Erlaubnis, das Ergebnis unserer fast unverzeihlichen Schlampigkeit mit Gift zu besprühen. Drei Tage später sah es schon ganz verwelkt und traurig aus unter dem Gartenzaun.

Aber wenigstens stehen wir jetzt als ordentliche, reinliche Nachbarn mit akkuraten Rasenkanten da. Was für eine Erleichterung.

44. GRUND

Weil in Schweden das Jedermannsrecht gilt

Als ich fünf Jahre alt war, schrie mich ein Bauer furchtbar an, weil ich mit meinen Freundinnen Bettina und Susanne Eicheln auf seinem Feld sammelte. Wir wollten die Eicheln an den nächstgelegenen Pferdehof verkaufen, der zehn Pfennig pro Tüte bezahlte und an seine Tiere verfütterte. Der Bauer schrie etwas von Hausfriedensbruch, und so waren wir nicht nur unsere wichtigste Einnahmequelle, sondern auch ein bisschen von unserer Unbefangenheit los.

Hier in Schweden würde das so nicht passieren, denn hierzulande gilt das »Jedermannsrecht«. Davon hat fast jeder Deutsche schon mal gehört, aber nur die wenigsten wissen, was es eigentlich im Detail bedeutet.

Das »Allemannsrätten«, wie es auf Schwedisch heißt, ist eigentlich ein Gewohnheitsrecht, der Begriff besteht aber erst seit den 40er Jahren, als die schwedische Bevölkerung eine zweite Urlaubswoche bewilligt bekam. Man versuchte damals, den Arbeitern aus den Städten den Aufenthalt in der Natur schmackhafter zu machen.

Im Gesetz verankert ist das Ganze jedoch erst seit 1994, und das ziemlich vage: »Jedem steht der Zugang zur Natur in Verbindung mit dem Jedermannsrecht zu.«

In der Praxis bedeutet das, dass jeder Zugang zur Natur hat und sich dort aufhalten darf. Man darf Beeren und Pilze pflücken, alles sammeln, was nicht unter Naturschutz steht, und auch wenn das Land in Privatbesitz ist, alles betreten, was nicht näher als 200 Meter von einem Haus entfernt ist. Es gibt in Schweden also theoretisch keine Privatstrände, man kann über jeden Acker laufen und zelten wo man möchte. Vorausgesetzt, dass man nichts zertrampelt, niederbrennt oder jemanden anderweitig stört.

Leider wird das Jedermanns*recht* gerne von den Jedermanns*pflichten* losgekoppelt gesehen. Denn die Freiheiten gehen mit einer Pflicht des Einzelnen einher, nach der man die Natur auch schützen muss und nicht nur nach Gutdünken ausnutzen darf. Wussten Sie zum Beispiel, dass Felsen zerbersten können, wenn man ein Feuer darauf anzündet? (Von der Waldbrandgefahr im Sommer ganz zu schweigen. Im vorletzten Jahr brannten um Sala herum 14.000 Hektar Wald ab und starb ein Mensch – ausgelöst durch einen einzigen Funken von einer Waldmaschine.)

Generell gilt: nicht stören, nicht zerstören!

Aber mit ein bisschen Fantasie und gesundem Menschenverstand erklärt sich das von ganz alleine: Hund an die Leine, nicht mit Quads durch den Wald donnern und nur das mitnehmen oder pflücken, was man für den eigenen Verzehr braucht. Kleiner Tipp: Angeln und Jagen fallen NICHT unter das Jedermannsrecht!

In diesem Sinne: genießen Sie die schwedischen Wälder. Sie sind wunderschön. Und sollen es auch bleiben.

45. GRUND

Weil in Schweden sogar die Küchenschubladen genormt sind

Sie dachten, in Deutschland gäbe es für alles eine Norm? Dann versuchen Sie doch mal, ein deutsches Salatbesteck in einer schwedischen Küchenschublade unterzubekommen.

Das schwedische Heim ist nämlich nicht, wie landläufig angenommen wird, von IKEA mitgeprägt. Sondern von den Sozialdemokraten zwischen 1930 und 1940. Damals wurde der Begriff »Folkhemmet« (Volksheim) geprägt und steht bis heute für das Wohl und die allgemeine Zufriedenheit des schwedischen Bürgers.

Während sich im übrigen Europa im Zuge der Industrialisierung auch der Lebensstandard der Menschen langsam verbesserte, hinkten die Umstände in den schwedischen Großstädten weit hinterher. Die schwedische Arbeiterklasse wohnte in ungezieferverseuchten Holzbaracken mit miserabler Hygiene und hoher Säuglingssterblichkeit. Fließendes Wasser, ausreichende Toiletten oder Waschmöglichkeiten waren für die Bewohner etwa so ungewöhnlich wie ein Besuch der Königsfamilie in den Arbeiterquartieren des südlichen Stockholm. Als die Sozialdemokraten in den 30er-Jahren an die Macht kamen, prägte der Vorsitzende der Sozialdemokratischen Arbeiterpartei Per Albin Hansson den Begriff des »Folkhemmet«, mit dem er die Ziele der sozialdemokratischen Politik umschrieb.

In der Praxis hieß dies: das Abschaffen der sozialen Unterschiede, der Abschied von der Klassengesellschaft und die Verbesserung der Lebensumstände der Menschen in den Städten und auf dem Land.

Um dies zu erreichen, musste unter anderem der Wohnstandard dramatisch verbessert werden. Und damit alles auch gerecht zuging, wurden architektonische Normen entwickelt, die bis heute in den schwedischen Durchschnittsküchen zu finden sind.

Es wurde exakt festgelegt, wie viele Quadratmeter die schwedische Küche haben sollte, welche Abstände zwischen Arbeitsbänken und Sitzgelegenheiten herrschen, welches Format und welche Anzahl Küchenschubladen da sein müssen und (wie konnte ich in meinem früheren Leben nur ohne klarkommen?) wo das obligatorische ausziehbare Schneidebrettchen platziert ist.

Bis heute finden sich viele dieser Standards in schwedischen Häusern und Wohnungen wieder. Und genauso ist es mit der Benutzung: Die allgemeine Normung von Küchen hat dazu geführt, dass auch die Benutzung fast überall identisch ist. Man kann also in eine x-beliebige Küche in einem x-beliebigen Haushalt in einer x-beliebigen schwedischen Stadt gehen und die unterste Küchenschublade aufziehen.

Darin befinden sich die Plastiktüten. Fein säuberlich zu kleinen Paketen geknotet, denn das gehört sich in Schweden so.

Noch heute fühle ich mich wie die Müllretterin unseres Dorfes. Auch wenn es keiner weiß.

46. GRUND

Weil Schweden das beste Land der Welt ist

Treffen sich zwei Schweden. Sagt der eine: »Also, die Steuern, die Steuern. Ich weiß nicht, wo das noch hinführen soll. Bald kann man ja seine Kinder nicht mehr ernähren.« Sagt der andere: »Ich weiß. Furchtbar. Es geht bergab mit Schweden.« Und beide stoßen einen einvernehmlichen Seufzer aus, in stiller Übereinkunft darüber, dass es ziemlich schlecht um das Land bestellt ist.

Dann kommen Sie als Ausländer dazu. Eifrig darauf bedacht, neue Freunde zu machen. Und stimmen in das Klagelied ein. »Ja, ihr habt recht. Schweden ist wirklich auf dem Weg in den Abgrund!«

Und schon sind Sie gerade bis über beide Knie in das tiefste Fettnäpfchen, das die schwedische Kultur zu bieten hat, gesprungen. Sie fühlen, wie das Fett sich von den Knien in Richtung Oberschenkel saugt, während sie von eisigen Blicken ihrer schwedischen Mitmenschen getroffen werden.

Es ist nämlich so: Als Schwede darf man meckern, maulen, das Land, die Politik und die Kultur so richtig mies finden. Als Ausländer dagegen nicht. Da könnte es passieren, dass sie plötzlich zu hören bekommen: »Also, wenn du wirklich alles so scheiße findest, warum ziehst du dann nicht zurück in dein Land?« Schweden zu kritisieren ist ein Vorrecht der Schweden.

Fragt man zum Beispiel eine Gruppe Schweden, wie sie sich selbst beschreiben würden, dann fallen Worte wie »leise«, »reserviert«, »unsozial«, »schüchtern« oder »eifersüchtig«. Obwohl sie stattdessen auch »gleichberechtigt«, »solidarisch« oder »ehrlich« hätten sagen können – alles Attribute, die mindestens genauso gut passen.

Und so kann man als Ausländer ganz schnell den Eindruck bekommen, dass es gesellschaftlich akzeptiert ist, kritisch über Schweden zu sprechen.

Fallen Sie bloß nicht darauf rein! Stimmen Sie auf gar keinen Fall in das Klagelied ein. Schweden erwecken leicht den Eindruck, schlecht über ihr Land zu denken, aber es ist eine kulturelle Falle, die Sie vorsichtig und mit viel Fingerspitzengefühl umschiffen müssen, wenn Sie im Land dauerhaft Anschluss finden wollen.

Kein Schwede denkt wirklich negativ über sein Land, auch wenn dieser Eindruck leicht entstehen kann. Diese Art der Äußerungen hängt vielmehr mit der schwedischen Geschichte zusammen, die man sich einfach mal ein bisschen näher beschauen muss, um dieses Phänomen zu verstehen:

Gegen Ende des 19. Jahrhunderts gab es stark nationalistische Strömungen im Land. Man gründete Skansen (ein riesiges Freiluftmuseum in Stockholm, gehen Sie mal hin, wenn Sie dort sind!), überall bildeten sich Heimatvereine, und die Nationalromantik erlebte ihren Höhepunkt. Aber während des Zweiten Weltkrieges merkte man, was ein übertriebener Nationalismus, Fahnenwinken und Stiefeltrampeln hervorrufen konnte. Schweden befand sich schon damals lange in einem Friedenszustand und war von keiner fremden Macht besetzt – und daher brauchte man eigentlich keinen Nationalstolz. Außerdem gibt es kulturelle Tendenzen, wie zum Beispiel »Jantelagen« (siehe Grund 24) und zum Teil religiöse Strömungen, die das Herausstellen von sich selbst geißeln.

Und so entwickelte sich eine Kultur, in der das eigene Erbe heruntergespielt wurde – und das Meckern und Schimpfen auf Schweden allgemein akzeptiert. Obwohl man eigentlich das Gegenteil meint.

Das ist für Außenstehende schwer zu verstehen. Ich meine, woher soll man denn als Ausländer wissen, dass »Ach, hier ist doch alles Scheiße!« eigentlich »Unser Land ist das tollste!« bedeutet?

Glauben Sie mir, noch heute gehe ich manchmal beschämt und mit eingezogenem Schwanz nach Hause, wenn ich wieder mal drauf reingefallen bin.

Merken Sie sich einfach: Niemals, unter keinen Umständen, über Schweden meckern! Ganz egal, welche Tiraden Ihr Gegenüber loslässt. Nicken Sie dann und wann etwas vage mit dem Kopf, brummen Sie in Gottes Nahmen irgendwas Unbedeutendes, aber pflichten Sie niemals bei – oder, noch viel schlimmer, stimmen Sie in das Klagelied mit ein. Es ist eine Falle!

Gehen Sie einfach mit folgender Attitüde durchs Leben:

»Schweden ist das beste Land der Welt!«

Weil man in Schweden nur einmal für seinen Kaffee bezahlt, aber soviel nachschenken kann wie man möchte

In jedem schwedischen Café werden Sie, neben den leckeren Blaubeer-Pies und Krabbenbroten, auch immer eine Warmhalteplatte mit Kaffee und Wasser finden. Sie steht meist an einer zentralen Stelle mitten im Raum und lädt die Besucher zum Nachfüllen ihrer Tassen ein.

Und das soll sie auch: Es ist nämlich üblich, dass man für seinen »Påtår« gleich mitbezahlt. Übersetzt heißt das so viel wie »Extraträne« und ist eine hübsche Bezeichnung, die viel über die schwedische Zurückhaltung aussagt. Die erste Tasse Kaffee bezeichnet man nämlich als »Kaffetår«, Kaffeetränchen. Also ein Schlückchen. Ein klitzekleines. Man trinkt also ein Schlückchen Kaffee, dann noch eins. Und ein drittes.

In der Praxis sieht das also so aus, dass man am Tresen für seinen Kaffee bezahlt und sich später aus den Warmhaltekannen nachfüllt. Meistens liegen auch noch ein paar Kekse bereit, von denen man sich gerne einen oder zwei genehmigen darf.

Was mich jedes Mal aufs Neue erfreut ist die Tatsache, dass es keinem Schweden einfallen würde, das System auszunutzen. Also zum Beispiel für einen Kaffee zu bezahlen und dann sein Påtår an einen Begleiter weiterzugeben. Das ist völlig undenkbar, und das ungeschriebene Gesetz der genehmigten Kaffeemenge wird ohne Wenn und Aber erfüllt.

Das erinnert mich an einen weiteren schönen schwedischen Brauch: Selbstbedienungsläden auf dem Land. In vielen Gegenden haben die lokalen Landwirte eine Scheune eingerichtet, in der sie den saisonalen Überschuss anbieten. Das kann von Kartoffeln über Möhren, Eier, Honig, selbst eingelegte Gurken bis zu frisch gefangenem und geräuchertem Fisch fast alles sein. Sogar selbst gestrickte bunte Wollsocken. In diesen Geschäften gibt es kein Personal und keine Kameraüberwachung. Stattdessen findet man auf einem Tischchen ein Buch, in das man selbst einträgt, was man einkauft. Also »1 Sack Kartoffeln, 2 Gläser Honig und ein paar gestrickte Socken in Hellrot, Größe 42«. Daneben notiert man den Preis und benutzt bei Bedarf den bereitstehenden Taschenrechner, um die Gesamtsumme auszurechnen. Den Betrag legt man dann in eine kleine Dose und nimmt sich sein Wechselgeld heraus.

Niemand kontrolliert, niemand überwacht. Allerdings findet man manchmal einen Zettel an der Tür. Auf dem steht: »Dieses Geschäft wird von deinem guten Gewissen bewacht.«

Und ich bin mir ganz, ganz sicher, dass hier jeder für seine Eier bezahlt. Genauso wie beim Påtår. Das ist irgendwie schwedische Ehrensache.

48. GRUND

Weil Einsamkeit ein Teil der schwedischen Seele ist

Ein wichtiges Jahr in der schwedischen Kultur ist 1827. Alle Geschichtskenner werden jetzt vermutlich ganz hektisch, aber ich kann Sie beruhigen: kein König enthauptet, kein Aufstand in Stockholm, kein neues Parlament.

Sondern die Umverteilung des Landes. Bis zu diesem Zeitpunkt war die Landverteilung in Schweden völlig wirr. Durch jahrhundertealte Erbschaften, in denen kleinste Äcker noch weiter aufgeteilt und weiter vererbt wurden, war das Landeigentum in winzigste Teile zersplittert. Das Resultat war das reinste Chaos: In einem Dorf in Västergötland gab es im Jahr 1700 nicht weniger als 400 Grundstücke, die von rund 15 Familien besessen wurden. Also hatte ein Besitzer mehr als 90 Grundstücke! In der Praxis stellte dies ziemlich große logistische Herausforderungen dar: Man musst seinen Pflug über den Acker des Nachbarn frachten, um überhaupt auf sein Land zu kommen.

Eine Rationalisierung war also wirklich nötig, und 1827 wurde das dann in die Tat umgesetzt. Die Landvermesser legten die Äcker zusammen, und sie wurden nach einem gerechten System neu unter den Besitzern aufgeteilt. Das Ergebnis war allerdings nicht nur eine Neuverteilung des Landes, sondern auch ein Auseinanderreißen der gewachsenen Dorfstrukturen. Die Bauern waren gezwungen, kilometerweit umzuziehen, und plötzlich wohnten alle auf Ödehöfen weit voneinander entfernt.

Und auf einmal waren alle irgendwie auf sich gestellt. Man war weit von Freunden, Familie, Handwerkern, Kirche und Schule entfernt und musste alleine mit seinem Hof klarkommen.

Im Zuge der Industrialisierung verstärkte sich dieses Phänomen noch weiter: Mit der Urbanisierung zogen immer mehr Menschen vom Land als Lohnarbeiter in der Industrie in die schnell wachsenden Städte. Die Gehälter waren winzig, die Lebensumstände katastrophal, denn das Geld reichte oft fast nicht aus, um die eigene Familie zu ernähren – und schon gar nicht Oma und Opa noch dazu. Also ließ man die ältere Generation alleine auf den Höfen auf dem Land.

Diese harten Zeiten kommen in einigen Sprichwörtern gut zum Ausdruck:

»Ensam är stark« = »Einsam ist stark«

»Bra karl reder sig själv« = »Ein guter Mann kommt alleine klar«

»Sköt dig själv och skit i andra« = »Kümmer dich um dich selbst und scheiß auf andere«

Die Landumverteilung und die Industrialisierung sind wohl die wichtigsten Faktoren, die dazu geführt haben, dass man sich als Schwede als Individuum betrachtet – und als sehr unabhängig von der Außenwelt.

Einer der Lieblingsausdrücke der Schweden ist »att få vara i fred«, »in Ruhe gelassen werden«. Deshalb wird ein Schwede zum

Beispiel ziemlich irritiert reagieren, wenn Sie zu einem unangemeldeten Spontanbesuch vorbeikommen. Auch wenn niemand es zugeben würde (und auf gar keinen Fall zeigen!), so wird doch jeder denken »Äh, ausgerechnet jetzt? Ich wollte mir doch gerade die Fußnägel neu lackieren!«. Oder so ähnlich.

Jeder Schwede ist der Meinung, dass er ein Anrecht darauf hat, in Ruhe gelassen zu werden. Man drängt sich nicht auf, man spricht nicht mit Menschen, die man nicht kennt, und man respektiert die Privatsphäre.

Wenn Sie zum Beispiel an einem Badestrand ein sonniges Plätzchen suchen, wird ein Schwede es als extrem unhöflich auffassen, wenn Sie sich in seiner Nähe niederlassen. Schließlich hat er ein Recht darauf, in Ruhe gelassen zu werden – und schließlich ist der Badestrand ja groß genug, um entsprechend Abstand zu halten.

Jeder Schwede, der die Möglichkeit hat, zieht sich in die Einsamkeit zurück. Die meisten würden, wenn es zu ihrem Lebensstil passen würde, lieber in einer kleinen Hütte im Wald wohnen als im 13. Stock einer Hochhaussiedlung in einem Stockholmer Vorort. Leider ist das in einer modernen Gesellschaft nicht immer möglich.

Auch in Schweden ist man gezwungen, im Team zu arbeiten, U-Bahn zu fahren, Nachbarn im Treppenhaus zu treffen. Aber Sie werden schnell feststellen, dass auch ein moderner Schwede Methoden hat, um im Gewimmel seine Einsamkeit sicherzustellen. Am frühen Morgen in der U-Bahn in einer schwedischen Großstadt verschanzt sich jeder hinter einer Zeitung, seinem Telefon oder Kopfhörern. In einem Aufzug voller Leute können Sie beobachten, wie es eine Ansammlung von fremden Menschen mit meisterlichem Können schafft, sich gegenseitig vorzumachen, dass sie eigentlich gar nicht da sind. Sie werden merken, dass, auch wenn Sie in einem 30-Parteien-Haus wohnen, auch nach Jahren keinen einzigen Nachbarn zu Gesicht bekommen haben. (Die stehen nämlich hinter der Tür, gucken durch den Spion und warten, bis die Luft rein ist. Also keiner da. Erst dann kommen sie raus.)

Und so schaffen es die Schweden, mitten in einer Gemeinschaft völlig allein zu sein.

Irgendwie bewundernswert.

49. GRUND

Weil es nur in Schweden ein Gerät gibt, mit dem man Kopfkissenbezüge verschönert

Ich gehe leidenschaftlich gerne auf Flohmärkte und sammele Kuriositäten, über die ich mich später ärgere, weil sie in den Wohnzimmerregalen den Staub magisch anziehen.

Hier in Schweden ist die Flohmarktkultur ausgeprägt, denn die Schweden sind sehr umweltbewusst und kaufen gerne aus zweiter Hand. Es gibt an fast jeder Ecke einen »Loppis« (»Lopp« bedeutet Floh), und es man kann dort fantastische Dinge finden. Von anatomischen Kunststoffmodellen des Menschen über Trachtenhüte bis zu Eispickeln, die man im Winter bei sich haben sollte, für den Fall, dass man auf dem zugefrorenen Meer bei einem Schlittschuhausflug ins Eis einbricht. Es gibt nichts, was man auf einem schwedischen Flohmarkt nicht finden kann, und ich musste mich schon manches Mal zügeln, als ich gerade dabei war, Herrlichkeiten wie ein handgeschmiedetes Ofenrohr oder elegante Tanzschuhe in Größe 36 (ich habe Größe 40) zur Kasse zu tragen.

Was ich jedoch immer und gerne mit nach Hause nehme, sind Kopfkissenbezüge. Die schwedischen Kopfkissen sind kleiner als die deutschen, nur 50 x 60 cm, und man findet auf fast jedem Loppis herrliche, handgenähte Bezüge in weißem Leinen, die oft mit Monogramm bestickt und mit wunderschöner Häkel- oder Klöppelspitze verziert sind.

Diese Kissenbezüge stammen meist aus alten Aussteuerkisten und sind von so herrlicher Qualität und mit so viel Liebe zum Detail gefertigt, dass es mir die Tränen in die Augen treibt. Dass sie dazu meistens nur zehn oder 20 Kronen kosten, ist natürlich auch nicht schlecht.

Eine Besonderheit dieser alten Kissenbezüge ist es, dass sie mit Bändern statt mit Knöpfen ausgestattet sind. Man bindet sie zu einer hübschen Schleife, das sieht sehr ordentlich und irgendwie altertümlich aus.

Eines Tages, als ich, beladen mit einem Stapel Kissenbezügen, an der Kasse eines gemeinnützigen Flohmarktgeschäftes stand, sah mich die Kassiererin, eine ältere Dame, lächelnd an. »Wie schön«, sagte sie, »dass jemand diese alten Bezüge wertschätzt.« Dann kramte sie aus einer Vitrine ein Gerät hervor, eine Art Zange mit oben angebrachter Schraube, die mich an Zahnärzte oder die spanische Inquisition denken ließ. »Hast du denn auch so eins?«, wollte sie wissen. Ich hatte nicht den blassesten Schimmer, was das sein konnte.

Die Kassiererin lächelte noch breiter, nahm einen der Kopfkissenbezüge, die ich gerade käuflich erworben hatte, und zeigte mir, warum ich unbedingt 60 Kronen für dieses Dingsda ausgeben musste.

Die gute schwedische Hausfrau vertrieb sich nämlich ihre knapp bemessene Freizeit nicht nur mit dem Besticken von Kopfkissenbezügen. Nein. Sie wollte auch, dass sie im Wäscheschrank schön hübsch aussehen, und man benötigt dazu oben gezeigtes Instrument, *um die Schleifenbänder zu kräuseln.*

Ich kaufte das Ding ohne zu zögern. Heute liegt es, von Besuchern oft misstrauisch beäugt, zwischen einem ziemlich zerschrammten Dalapferd und einem Porzellanreh im Wohnzimmerregal.

Und sammelt Staub.

Weil man an der E18 gratis Fika bekommt

Ich habe mich immer schon gefragt, was der Sinn von Zwang und Verboten sein soll. Ein Beispiel: Man steht als Teenager in der Diskothek Checkers in Hannover, hat eine ganze Flasche Haarspray verbraucht, damit die Frisur auch wirklich sitzt, und plötzlich, wenn man gerade seinen Schwarm antanzt, geht das Licht an und die Polizei schmeißt alle raus. Karfreitag. Tanzverbot.

Wundert es irgendwen, dass man da richtig schlechte Laune kriegt? Allein das Haarspray hatte drei Mark gekostet.

Ich frage mich, warum noch nie jemand auf die Idee gekommen ist, mit Anreizen statt mit Verboten zu arbeiten. Einfach einen Tisch mit Freigetränken draußen vor der Disco aufgebaut, alle rausgebeten, freundlich den Abend abgeschlossen, alle glücklich.

Einfach alle, die einen Fahrradhelm benutzen sollen, mit billigeren Krankenkassenbeiträgen locken. Oder Kindern, die ihr Zimmer aufräumen sollen, eine bunte Tüte Süßigkeiten versprechen. (Gibt es die bunte Tüte eigentlich noch? Oder ist sie vom gleichen Schicksal eingeholt worden wie »Grünofant« und »Brauner Bär« und existiert nur noch in meinen verklärten 70er-Jahre Kindheitserinnerungen?)

Aber zurück nach Schweden. Wer schon mal die Hauptroute Stockholm–Oslo gefahren ist, weiß, dass sie sich ziemlich hinzieht. Man fährt über Land, sieht kilometerlang nichts anderes als Wald und ab und zu ein paar Seen (dazu mehr in Grund 4 über das Autofahren in Schweden). Da ist es nicht verwunderlich, wenn einen irgendwann die große Müdigkeit überfällt. Aber anstatt die müden Autofahrer zu einer Zwangspause zu verdonnern, werden die Dinge in Schweden viel freundlicher geregelt: an der Raststätte Stora Villingen zwischen Örebro und Karlskoga wird man stattdessen zu einer Gratis-Fika eingeladen. Das heißt, jeder, der vorbeikommt, kann sich eine Tasse Kaffee umsonst abholen. Und die, die keinen Kaffee mögen, bekommen Saft. So bekommt man müde Autofahrer ganz freiwillig zum Anhalten und dazu, eine kleine Pause einzulegen.

Verantwortlich dafür sind verschiedene Motororganisationen, die sich mit diesem Service abwechseln. Den ganzen Sommer über stehen Freiwillige rund um die Uhr in einem kleinen Häuschen am Kiosk und heißen Menschen aus den unterschiedlichsten Ländern willkommen. Deutsche, Norweger, Italiener, Niederländer, Letten – ganz gleich woher, jeder ist eingeladen.

Zwar hat das schwedische Verkehrsamt die großen Plakate, die früher am Rand der Autobahn standen und Werbung für den Gratis-Kaffee machten, aus Sicherheitsgründen abmontiert, und deshalb ist die Aktion ein bisschen zu einem Geheimtipp geworden. Aber trotzdem finden Hunderte müde Autofahrer täglich die Anlaufstelle – nur über Mundpropaganda.

Halten Sie doch einfach mal an, wenn Sie in der Gegend sind. Ein bisschen auftanken und frischer weiterfahren. Ganz ohne Verbote.

51. GRUND

Weil es sich in Holzhäusern einfach besser wohnt

Wer in einem schwedischen Haus mal hinter die Fassade guckt, wird möglicherweise erstaunt sein: Es besteht aus Brettern, Isolierung, Balken und – Luft.

Als ich noch in Deutschland wohnte, ging gerade die Isolierungswut um. Alle waren scharf auf die staatlichen Subventionen, und plötzlich klebte sich jeder eine dicke Schicht Styropor auf die Außenwände. Mir war das damals schon ein Rätsel. Ich meine, in Hamburg sinken die Temperaturen ja nicht direkt auf arktisches Niveau. Mal rein logisch betrachtet, hätte ich eher etwas gegen die Feuchtigkeit als gegen die nicht vorhandene Kälte unternommen. Aber mich fragt ja keiner.

Hier in Schweden dagegen ist die traditionelle Bauweise eine Holzkonstruktion. Früher wurden die Stämme mit der Axt bearbeitet und zu fantastischen Blockkonstruktionen zusammengefügt, deren Fugen man mit Moos abdichtete. Das klingt vielleicht vorsintflutlich, ist aber wieder ganz groß im Kommen. Die Menschen besinnen sich auf alte Traditionen, und eine ganze Industrie, die sich »byggnadsvård«, also »Baupflege«, nennt, versorgt die traditionsbewussten Renovierer mit Eiertempera, Leinölfarben, handgeschmiedeten Nägeln und Staubwedeln aus schwedischem Flachs.

Alte Blockhäuser sind heute heiß begehrt, und da sie sich relativ einfach ab- und wieder zusammenmontieren lassen, wählen viele junge Schweden heute diese Variante, anstatt in einen Neubau zu ziehen. Man markiert die einzelnen Stämme mit Nummern, nimmt sie auseinander und baut sie an einem neuen Standort wieder auf. Isoliert wird mit Leinen, verputzt mit Lehm, das Dach mit Gras gedeckt.

Doch auch neue Häuser werden nach wie vor aus dem nachwachsenden Rohstoff Holz gebaut. Da rund 80 Prozent Schwedens mit Wald bedeckt sind, ist das ja auch die logische Wahl. Zwar wählt die Mehrzahl der Schweden Fertighäuser (man muss nur mal durch ein Neubaugebiet gehen), aber auch die werden aus holzbasierten Elementen zusammengesetzt. Die Fassade besteht ebenfalls aus Holz, das in Paneelen einfach draufgenagelt wird.

Dabei spielt der Luftschlitz, der die Außenfassade von der Grundkonstruktion trennt, eine tragende Rolle: Die zirkulierende Luft hält die Feuchtigkeit fern und das Holz trocken und gesund. Außerdem isoliert der Luftspalt ganz wunderbar gegen Kälte – ganz ohne Styropor.

Überhaupt ist Luft ein ganz wichtiger Faktor in einem Holzhaus: Ein Neubau bekommt immer ein ganz ausgeklügeltes Ventilationssystem, das für den Luftaustausch im Haus sorgt.

Ältere Häuser dagegen sind oft ein bisschen zugig. Unser Haus zum Beispiel wurde 1924 erbaut. Wir haben alte Fenster mit zweifacher

Einfachverglasung, die bei kräftigem Wind in ihren Rahmen klappern und die Gardinen zum Wehen bringen.

Doch wenn wir sie gegen moderne Fenster austauschen würden, wäre die Wahrscheinlichkeit groß, dass wir uns Feuchtigkeit und Schimmel ins Haus holen. Und das will ja nun wirklich keiner. Also pflegen wir unsere alten Fenster hingebungsvoll, streichen sie alle paar Jahre neu und halten das Holz (tolle Qualität, würde heute ein Vermögen kosten!) frisch und gesund.

Unser Haus hat sowieso eine ganz eigene Persönlichkeit: Es wurde in den 20er Jahren von einem Mann namens Gustav erbaut, der hier bis zu seinem Ableben 1968 wohnte. Er hatte einen Ganztagsjob in der nahe gelegenen Kartonfabrik, betrieb auf seinem Grundstück eine Gärtnerei und verkaufte am Wochenende das geerntete Obst und Gemüse auf dem Markt. Und so ganz nebenbei baute er auch noch dieses Haus. Selbst.

Manchmal gehe ich durch die Räume und denke an Gustav, den ich nie kennengelernt habe. Freue mich an den liebevollen Details, an handdekorierten Schwellen aus Messing, an hübschen Fensterleisten und dem schönen Schwung des Treppengeländers.

Und bin glücklich darüber, in einem Holzhaus zu wohnen.

5. KAPITEL

FESTE

Weil Mittsommer wichtiger als Weihnachten ist

Ganz im Vertrauen: Der schwedische Winter ist nichts für Weicheier. Er ist lang, dunkel und verdammt deprimierend. Kein Wunder, dass es diverse Studien gibt, in denen der Zusammenhang zwischen Lichtmangel, Alkoholkonsum und Selbstmord beleuchtet wird. Die Melancholie eines schwedischen Winters ist nichts, was man beschreiben kann – man muss ihn erleben. In Mittelschweden, wo ich wohne, geht in der dunkelsten Jahreszeit die »Sonne« (das bleiche Ding am Himmel, das sich gerne wochenlang hinter grauen Wolken versteckt) morgens gegen zehn Uhr auf und setzt die Dämmerung schon 14 Uhr wieder ein. Dabei haben wir es hier noch gut, nur ein paar Hundert Kilometer nördlich scheint zwischen November und Februar die Sonne gar nicht. Das ist anstrengend, es zehrt an der Gesundheit (Ein Hoch auf Vitamin D in Dosen!) und kann auch den härtesten Charakter mit düsteren Gedanken plagen. Das ist allerdings nichts, worüber man klagt, denn schließlich lässt es sich nicht ändern. Man zieht sich eben warm an und träumt vom Sommer.

Wenn der dann kommt, so im Mai (während ich dies schreibe, ist es Ende April, und gestern tobte draußen ein ordentlicher Schneesturm), dann wird der durchschnittliche Schwedenbewohner von einem Rausch erfasst, der circa bis September dauert. Sobald die erste Wärme kommt, die die Birken erst zartrosa und dann langsam hellgrün färbt, wenn der erste Huflattich blüht und die Bären aus dem Winterschlaf erwachen, dann wird man von einem Hochgefühl erfasst, das sich mit einem ordentlichen Drogenkick vergleichen lässt.

Es ist, als würde der Körper Amphetamin produzieren, Schmetterlinge im Magen umherfliegen und die Schwere und Müdigkeit des Winters einfach wie eine warme, schwere Haut abfallen.

Der wunderbare, kurze und intensive schwedische Sommer gipfelt Ende Juni in dem Mittsommerfest. Es ist ein Feiertag, der wichtiger als Weihnachten ist. Es ist der Tag, in dem die ganze Schönheit und die uralte Mystik des Nordens kumuliert. Das Mittsommerfest ist ausschweifend, extrem und ganz, ganz wunderbar.

Das Fest wird schon Wochen vorher eingeläutet, wenn der erste Schnaps gewürzt wird. Ein ordentlicher Klarer mit selbst gezogenen Kräutern und exotischen Gewürzen wird im Mai angesetzt und ist dann pünktlich Ende Juni trinkbar.

Ein paar Tage vor dem großen Fest wird die Mittsommerstange im Garten und auf den kommunalen Festplätzen aufgestellt. Das ist ein großes Kreuz, mit Laub und Blumen dekoriert und mit blumengeschmückten Ringen verziert, die ein Fruchtbarkeitssymbol aus uralten Zeiten sind.

Am Mittsommertag kleidet man sich hübsch, gerne in seine Volkstracht, und bereitet den festlichen Abend im Freien vor. (Dass es an Mittsommer oft wie aus Eimern schüttet und saukalt ist, das gehört schon fast dazu. Es wird draußen gefeiert, wenn nötig eben mit Fausthandschuhen und Ohrenschützern.) Im Garten wird eine Tafel festlich gedeckt und mit schwedischen Mittsommerleckereien beladen: Traditionell gibt es eingelegten Hering, Frühkartoffeln mit Sauerrahm und ganz, ganz viele Erdbeeren. Man lädt die Familie und Freunde ein und feiert, bis die letzte Heringsflosse verzehrt, der letzte Schnaps getrunken ist und selbst der härteste Abstinenzler singend auf dem Tisch Foxtrott tanzt.

Der Mittsommernacht werden magische Kräfte nachgesagt. Es ist die Nacht, die nie zu Ende geht, in der sich die Mädchen sieben verschiedene Blumen unter das Kopfkissen legen, um von ihrem zukünftigen Mann zu träumen, in der Nachbarschaftsstreitigkeiten beigelegt und viele, viele kleine Schweden gezeugt werden. An Mittsommer braucht man keinen Schlaf. Der Tag dauert 24 Stunden, und die Sonne verschwindet nur kurz am Horizont, versteckt sich hinter einem goldenen Streifen am dunkelblauen Himmel und geht sofort wieder auf. Es dämmert morgens um halb drei, und wer in dieser Stimmung schlafen geht, ist selber schuld.

Mittsommer ist die Belohnung dafür, dass man den dunklen, langen Winter überlebt hat, die Entschädigung für den Lichtmangel, die Düsterkeit und die Tristesse. Es ist ein magischer Tag, eine magische Nacht und der Höhepunkt des schwedischen Sommers.

Feiern Sie mit, wenn Sie mögen!

53. GRUND

Weil das Krebsfest den zweiten großen Höhepunkt des Sommers markiert

Da hat man gerade Mittsommer überlebt, den Kater des Jahres auskuriert und merkt, dass die Nächte langsam wieder länger werden, und schon steht das nächste große Fest auf dem Programm: das jährliche Krebsfest.

In Schweden durften früher ab dem ersten Mittwoch im August Fluss- und Signalkrebse gefischt werden, und daher fiel das Krebsfest ganz natürlich in diesen Zeitraum. (Inzwischen ist der Großteil der schwedischen Krebse von einer Krebspest dahingerafft worden, daher importiert man sie inzwischen das ganze Jahr über aus China oder der Türkei. Trotzdem feiert man das Krebsfest gerne im Spätsommer oder Frühherbst.)

Die Krebse werden in einer Lake aus Salzwasser, Bier, Dillkronen und jeder Menge anderer Gewürze gekocht und im Ganzen serviert. (Jede Hausfrau hat ihr eigenes Spezialrezept, das sie in der Regel von ihrer Mutter geerbt hat. Fragen Sie nie einen Schweden nach diesem Rezept! Es ist geheim. Sie könnten genauso gut fragen, ob Sie der Dame des Hauses mal an die Brüste fassen dürfen.)

Gefeiert wird, wie immer, draußen. Auch wenn die Temperaturen für einen Mitteleuropäer empfindlich niedrig sein können (beim schwedischen Sommer weiß man ja nie), im Notfall werden die Krebse eben mit Fausthandschuhen gepult.

Man hängt bunte Papierlampions an die Markise (Sie wissen schon, diese bunten Dinger, mit denen man in Deutschland in den 70ern noch »Laterne, Laterne« gegangen ist. Die, die gerne mal abgebrannt sind und man dann heulend mit den verkohlten Überresten am Holzstäbchen nach Hause rannte), setzt sich lustige Papphütchen auf und hängt sich ein Lätzchen um den Hals. Denn so ein Krebs ist nichts, was man mit Eleganz verspeist. Sondern eine fürchterliche Sauerei. Man dreht dem Krebs den Kopf ab und saugt dann, mit lautem Schmatzen, die Reste der Lake heraus. (Dabei rinnt einem die Hälfte der Soße über das Kinn, abhängig von der Anzahl der Schnäpse auch schon mal über das Hemd und die Hose, in die Ärmel, und überall sonst hin.) Die Beine werden entfernt, der Schwanz abgezogen, und dann hat man ein klitzekleines Stückchen Krebsfleisch übrig, etwa so groß wie eine neugeborene Maus. An Krebsen wird man nicht satt, und das soll man auch gar nicht. Stattdessen serviert man Brot, Käse und die eine oder andere Pastete dazu.

Getrunken wird zum Krebsfest traditionell schwedisches Bier und gerne der eine oder andere Schnaps. Für hartgesottene Schweden gilt: ein Krebs, ein Schnaps. Mit den Papphütchen, den Servietten und den Lampions werden für die Gäste kleine Zettel mit Trinkliedern verteilt – für den Fall, dass man nach ein paar Krebsen (lies: Schnäpsen) etwas textunsicher wird.

Und so sitzt man in geselliger Runde, singt, trinkt, isst und lacht. Stellt plötzlich fest, dass die Nächte wieder dunkler werden. Und so wird jedes Krebsfest auch von einem kleinen Hauch Wehmut begleitet. Der Winter kommt auch in diesem Jahr.

Ganz bestimmt.

54. GRUND

Weil man in Schweden gerne vergorenen Hering isst

Sie haben gerade Mittsommer und das Krebsfest hinter sich, fühlen sich wie ein Kandidat für eine Lebertransplantation und überlegen, demnächst mal ein 12-Punkte- Programm zu absolvieren? Dann ist es höchste Zeit, das Surströmmingsfest vorzubereiten.

Surströmming (auf Deutsch: saurer Hering) ist eine Spezialität aus Nordschweden, der, ganz zu Unrecht, wie ich finde, ein furchtbar schlechter Ruf vorauseilt. Es kursieren die schlimmsten Geschichten um Surströmming. In einer davon wird von einer Schwedin berichtet, die in ihrer Münchner Mietwohnung eine Dose Surströmming öffnete und ihre deutschen Nachbarn zu einer richtigen schwedischen Surströmmingsskiva (Saurer-Hering-Fest) einladen wollte. Ihr Vermieter kündigte ihr wegen des Gestanks fristlos und bekam später vor Gericht recht, nachdem der Richter vor dem Gerichtsgebäude eine Dose sauren Hering geöffnet hatte.

Aber was ist denn nun eigentlich so furchtbar am Surströmming? Nichts, wie ich finde.

Das Vergären von Lebensmitteln war früher eine beliebte Konservierungsmethode und funktioniert ganz wunderbar auch mit Fisch. Man fing den Hering und legte ihn in Tonnen mit Salzwasser, wo der Gärungsprozess begann. Heute legt man ihn kurz vor dem Verkauf in Dosen, wo der weiter gärt. Das führt dazu, dass die Dosen unter Druck stehen und bei falscher Handhabung gerne mal ein wenig von der Lake, gemischt mit verschiedenen Faulsäuren, durch die Gegend spritzt. Das Ganze riecht etwa wie ein nasser Pups, und man möchte das natürlich nicht so gerne in seiner Küche haben.

Deshalb öffnet man die Surströmmingsdose auch nicht drinnen, sondern draußen. Und zwar in einem mit Wasser gefüllten Eimer. So kann nichts spritzen, und man braucht sich auch nicht zu ekeln. Ist die Dose dann geöffnet und man selbst aus der Gefahrenzone, fällt zunächst ein stark schwefelhaltiger Geruch auf, gemischt mit etwas Petroleum. Ein bisschen wie Furz mit Lampenöl. Um diesen Duft etwas abzumildern, wird der Hering dann kurz gewässert.

(Und vergessen Sie bloß nicht, den Hund anzuleinen, bevor Sie die Lake irgendwo im Garten hinter die Rabatten kippen! Unserer liebt den Geruch und hat sich im letzten Jahr ausgiebig darin gewälzt. Parfümiert und stolz verstand er die Welt nicht mehr, als er die Nacht frisch geduscht vor der Schlafzimmertür verbringen musste.)

Es gibt ganze Heringe zu kaufen, die man dann selbst filettiert, oder fertige Filets. Ich bevorzuge Filets, weil mir das Gepule mit den Flossen und den Innereien zu lange dauert – für den echten Surströmmingsliebhaber ist das aber Anfängerkram.

Gegessen wird der Hering dann in einer »Surströmmingsklämma«, der »Saure-Hering-Klammer«: eine Scheibe dünnes, weißes Brot aus Nordschweden, belegt mit Heringsstücken, ein paar Mandelkartoffeln, etwas gehackte rote Zwiebeln und nach Geschmack noch Tomate oder Sauerrahm. Das Ganze wird zu einem festen Wrap gerollt und gegessen.

Runtergespült wird der Hering dann mit, Sie ahnen es schon, Schnaps.

Der Geschmack des Surströmmings ist etwas ganz Besonderes, das sich mit nichts vergleichen lässt. Ein bisschen salzig, ein bisschen säuerlich, eine deutliche Fischnote und durch und durch schwedisch. Probieren Sie es mal, wenn Sie zu Besuch kommen.

Und vergessen Sie all die YouTube-Videos mit Menschen, die sich beim Öffnen einer Surströmmingsdose übergeben. Weicheier, allesamt.

55. GRUND

Weil es in Schweden Delikatessen gibt, die seit 500 Jahren unverändert sind

Hand aufs Herz, gibt es Lebensmittel, die Ihnen so richtig Grausen verursachen? Na? Leber? Blutwurst? Schlecht geschälter Spargel?

Bei mir sind es der schwedische Blutpudding, Messmör und Lutfisk. Alles traditionelle schwedische Gerichte und das schon seit rund 500 Jahren: der berühmt-berüchtigte Lutfisk (Laugenfisch) hatte schon um 1470 so viele Liebhaber, dass er schriftlich vom Bischof von Linköping erwähnt wurde, der ihn den Aufzeichnungen nach gerne mit Mandeln, Rosinen und Erbsen verspeiste. (Während der Fastenzeit, wohlgemerkt.)

Nennen Sie mich Banause, aber ich bekomme diesen Fisch nicht mal mit viel Aquavit runter. Ich habe immer das Gefühl, ich würde in eine Qualle beißen, die zu lange mit einem Büschel Seetang gekuschelt hat.

Der Lutfisk ist eigentlich ein Trockenfisch, Dorsch oder Seelachs, der in Lauge gelegt und gewässert wurde, bevor man ihn verzehrt. Das ist eine wochenlange Prozedur und nichts für Ungeduldige. Früher läutete man die Weihnachtszeit mit dem Wässern des Trockenfisches um den 9. Dezember herum ein, denn es dauerte fast zwei Wochen, bis er fertig war. Zunächst wird der Fisch für rund eine Woche gewässert, wobei das Wasser täglich ausgetauscht wird. Danach wird er in Lauge eingelegt und anschließend wieder fünf, sechs Tage gewässert. Dann kann er vorsichtig gekocht und serviert werden.

Der Fisch hat während dieser Prozedur eine geleeartige Konsistenz angenommen – stellen Sie sich Wackelpudding mit Fischgeschmack vor. Dazu ein paar Kartoffeln und weiße Soße – fertig ist das Abendessen.

In Schweden ist der Lutfisk ein traditionelles Gericht, das auf das *julbord* gehört (»Weihnachtstisch«, Bezeichnung für das Weihnachtsbuffet, das zu Weihnachten angerichtet wird), und dort hat er seit Ewigkeiten eine wichtige Funktion: Er fördert die Verdauung. Denn da der Fisch so stark basisch ist, hilft er überschüssige Magensäure zu neutralisieren, die durch große Mengen fettiges Essen entsteht.

Aber probieren Sie doch den Lutfisk selbst einmal, wenn Sie in Schweden sind. Wer weiß, vielleicht finden SIE ihn ja ganz wunderbar lecker?

56. GRUND

Weil an Mittsommer alle den Tanz mit den kleinen Fröschen ohne Ohren tanzen

Das Schöne am Älterwerden ist die Tatsache, dass einem viele Dinge nicht mehr so furchtbar peinlich sind wie früher. Ich erinnere mich noch mit Grausen an meine Teenagertage. Als meine Mutter mich bei −10°C dazu zwang, in WINTERSTIEFELN in die Schule zu gehen, sah ich meine Street-Credibility für immer zerstört und dachte, ich könnte nie wieder auf dem Pausenhof stehen, ohne dass alle Jungs aus der 11B sich über meine wetterangepassten Schuhe kaputtlachen würden.

Heute sind mir zum Glück nur noch wenige Dinge peinlich. Das geht unter anderem mit dem Vorteil einher, dass ich im Winter warme Füße habe. Ich stehe sogar dazu, dass meine Frisur aussieht wie ein Wischmop, weil ich mir lieber eine Mütze aufsetze, anstatt mir auch noch die Ohren abzufrieren.

Und so habe ich heute auch keinerlei Hemmungen, an Mittsommer den Tanz mit den kleinen Fröschen zu tanzen. Dieser Tanz ist nämlich ein fester Bestandteil der schwedischen Kultur und wie geschaffen dafür, sich völlig zum Affen, äh Frosch, zu machen. Dieser Tanz gehört zu Mittsommer wie die Blumenkränze, die Mittsommerstange und der selbst gebrannte Schnaps aus dem Kanister. Er ist ein fester Bestandteil der schwedischen Kultur, und wer ihn nie getanzt hat, wird Schweden nie richtig verstehen.

Als mein Mann und ich uns gerade getroffen hatten, feierten wir Mittsommer in Hamburg. Wir klauten Zweige und Blätter an einer nahe gelegenen Tankstelle in Hamburg-Wandsbek und bastelten uns eine eigene Mittsommerstange. Und ich lernte, was es mit dem Froschtanz so auf sich hat: Jung und Alt stellen sich im Kreis um die Mittsommerstange auf und singen dazu das Lied von den kleinen Fröschen. Es wird in der Hocke um die Stange herumgetanzt, dazu wedelt man im Takt mit der Musik am Kopf oder am Hinterteil herum – abhängig davon, ob man gerade über Ohren oder Schwänze singt.

Hier kommt der Text:

Små grodorna, små grodorna
Die kleinen Frösche, die kleinen Frösche
är lustiga att se.
sind lustig anzusehen.
Små grodorna, små grodorna
Die kleinen Frösche, die kleinen Frösche
är lustiga att se.
sind lustig anzusehen.
Ej öron, ej öron,
Keine Ohren, keine Ohren,
ej svansar hava de!
keine Schwänze haben sie!
Ej öron, ej öron,
Keine Ohren, keine Ohren,
ej svansar hava de!
keine Schwänze haben sie!
Ko-ack-ack-a, ko-ack-ack-a,
Ko-ack-ack-ack-ack-a.
Ko-ack-ack-a, ko-ack-ack-a,
Ko-ack-ack-ack-ack-a.

Man kann den Text dann nach Belieben mit kleinen Schweinen, kleinen Gänsen oder kleinen Kühen fortsetzen, wobei man einfach die Frösche und das Gegacker am Ende gegen »nöffnöff«, »urkurk«, oder »koffkoff« ersetzt.

Besonders intensiv und urtümlich wird der Tanz übrigens nach dem Genuss von alkoholischen Getränken, insbesondere des bei Festivitäten gerne servierten Aquavits. Mit steigendem Promillegehalt steigt nämlich die Improvisationsfreude der Tänzer, und so kann man ganz neue, kreative Versionen dieses Mittsommerklassikers zu sehen bekommen.

Das Allerwichtigste ist jedoch: Lassen Sie ihr Schamgefühl zu Hause. Wer Angst hat, sich lächerlich zu machen, sollte beim Froschtanz nicht mitmachen. Es ist kein bisschen peinlich, sondern eine wirklich wunderschöne und fröhliche Tradition.

Einfach mal mittanzen!

57. GRUND

Weil in Schweden das Luciafest gefeiert wird – und dabei keiner Angst vor Veränderungen hat

Eine ebenso lange Tradition wie den Luciazug hat die jährliche Wahl zur Lucia hier in Schweden. Sie wissen schon: das Lichterfest, nach einer katholischen Heiligen aus dem 13. Jahrhundert. (Was die hier in den durchweg protestantischen schwedischen Bräuchen eigentlich zu suchen hat, kann leider auch kein Schwede so richtig erklären.)

Lucia wird am 13. Dezember gefeiert, und dem Volksglauben nach war dies eine Nacht, in der übernatürliche Kräfte herrschten. Im 14. Jahrhundert, als der Julianische Kalender galt, fiel die Lucianacht mit der Wintersonnenwende zusammen. Die Vorbereitungen für Weihnachten sollten am besten bis Lucia abgeschlossen sein, und am Luciatag aß und trank man ein bisschen extra. Sogar die Haustiere bekamen eine Extraration Futter.

Zu Beginn des 20. Jahrhunderts ist die Tradition des Luciafestes über fast ganz Schweden gleich: Der Luciazug besteht aus einer Schar Kinder, die Lieder singen und traditionelles schwedisches Weihnachtsgebäck (Lussekatter oder Lussebullar – Hefegebäck mit Safran und Rosinen) verteilen. Der Zug wird von einer Lucia angeführt, gekleidet in ein weißes Gewand mit einem roten Band um den Bauch und der traditionellen Luciakrone: ein Kranz mit vier Kerzen. Lucia wird von einem Gefolge aus anderen Mädchen, die ebenfalls in weiße Gewänder gekleidet sind, ihren sogenannten Sternenjungen, sowie ein paar als Pfefferkuchenjungs und Wichtel verkleideten Jungen begleitet.

Früher wurde die Lucia nach nahezu mittelalterlichen Kriterien ausgewählt: Zur Wahl durften nur blonde, hübsche Mädchen antreten. Lucia zu sein war etwa so, wie in einer amerikanischen Highschool zum beliebtesten Cheerleader gewählt zu werden. Als ich nach Schweden zog, fragte ich mich: Welche Signale setzt das eigentlich? Im liberalen Schweden, Erfinderland des geschlechtsneutralen Pronomens »hen« (eine Mischung aus »han« und »hon« = »sie« und »er«), wird Mädchen also auch heutzutage noch ernsthaft beigebracht, dass man es mit hübschem Aussehen problemlos an die Spitze schafft.

Warum ist das so? Warum wird nicht diejenige Lucia, die die besten Noten in Mathematik, Physik oder Heimwerken hat? Oder das größte soziale Engagement an den Tag legt? Diejenige, die sich durch Gerechtigkeit, Ehrlichkeit oder besonderen Mut ausgezeichnet hat? Warum wird eine archaische, diskriminierende Tradition aufrechterhalten, die ein völlig überholtes Weltbild vermittelt? Und wenn wir schon dabei sind: Warum dürfen Jungen nicht zur Lucia gewählt werden?

Und wie so vieles hat sich dies inzwischen auch geändert – im Laufe von wenigen Jahren. Nach kurzen, heftigen Debatten in überregionalen Zeitungen, in denen die Traditionen stark infrage gestellt wurden, ist es heute an der Tagesordnung, dass jeder, unabhängig von seiner Hautfarbe oder Herkunft, Lucia werden kann. Mädchen dürfen Wichtel oder Pfefferkuchenjungs sein, Jungs als Sternmädchen auftreten.

Schweden ist wunderbar, das zeigt sich fast jeden Tag. Denn egal, wie alt eine Tradition hierzulande ist – sie ist nie zu alt, um dem Zeitgeist angepasst zu werden.

So trifft man hierzulande inzwischen nicht nur die verschiedensten Lucias im Dezember. Sondern auch jede Menge Hexeriche im April.

Aber dazu später mehr.

58. GRUND

Weil das schwedische Abitur mit dem wichtigsten Fest eines jungen Lebens gefeiert wird

Mal so ganz unter uns: Wann waren Sie in Ihrem Leben zum ersten Mal so richtig betrunken?

Ich war damals 15, auf einem Schüleraustausch in einem Bergdorf in den französichen Pyrenäen und unsterblich in einen Franzosen namens Cyril verliebt. Er hatte dunkelbraune Haare und Augen und war der schönste Junge, den ich je gesehen hatte. Ständig lauerte ich auf dem Flur herum und hoffte, ihm ganz *zufällig* über den Weg zu laufen, während er vollauf damit beschäftigt war, mit irgendeiner Susanne Händchen zu halten.

Zum Abendessen servierte man uns Rotwein und Wasser in wunderschönen Karaffen, weil sich das in Frankreich so gehörte, und alle Franzosen beherrschten den Umgang damit ganz hervorragend. Meine Freundinnen Betty, Britta und ich dagegen kippten uns die Reste aus den Karaffen hemmungslos hinter die Binde, und ich verbrachte den Rest des Abends damit, mich in den Papierkorb in unserem Sechsbettzimmer zu übergeben.

Den darauffolgenden Kater werde ich nie vergessen. Und es ist dieser hämmernde Kopfschmerz, diese brausende Übelkeit und die fürchterliche Endzeitstimmung, die hier in Schweden Jahr für Jahr im Frühsommer von schwedischen Abiturienten in all ihrer Elendigkeit aufs Neue durchlebt wird.

Und zwar, wenn sie mit der Schule fertig sind und dies gebührend mit einem Fest feiern, das ganz einfach »Studenten« heißt. »Studenten« ist das Äquivalent zum deutschen Abitur. Und neben Abschlussball und Familienfeier ist der Tag des Schulabschlusses irgendwann im Juni das größte und feuchtfröhlichste Fest, das ein junger Schwede so erleben kann.

Für die Mädchen geht schon im März die Kleidersuche los, denn der Dresscode ist einfach und doch so kompliziert: ein weißes Kleid, gerne kurz. Dazu bestellt man für jeden Schüler im örtlichen Hutgeschäft eine »Studentmössa«, das ist eine spezielle Mütze, die mit etwas Fantasie an eine Matrosenkappe erinnert: weiß mit schwarzem Kunststoffschirm. Auf das Vorderteil wird der Name des Schülers sowie seine Fachrichtung (die meisten Gymnasien in Schweden haben eine berufliche Orientierung) in schnörkeligen Buchstaben gestickt.

Wenn dann der große Tag gekommen ist, vibriert die ganze Stadt ein kleines bisschen vor Aufregung. Hunderte Jugendliche, die nach zwölf Jahren in der Schule darauf hinfiebern, endlich in die große Freiheit entlassen zu werden, stürmen nach dem letzten Pausenklingeln aus den Schulgebäuden. Die Mädchen, unabhängig vom Wetter und auch bei den meist obligatorischen 10°C Vorsommerwärme, in ihren kurzen, schulterfreien Kleidchen. Die Jungs dazu, ganz feierlich, in schwarzen Anzügen.

Draußen vor der Tür wartet die Familie auf die Schüler: bewaffnet mit einem Plakat an einem Stiel, auf dem ein Foto des ehemaligen Kindes und jetzigen Fast-Erwachsenen zu sehen ist. Jeder

Schüler wird dazu mit Geschenken begrüßt, die an blau-gelben Schnüren um den Hals gehängt werden: Blumen, Piccoloflaschen, Teddybären, Süßigkeiten.

Und dann geht der Spaß erst richtig los: Flak-Fahren! Flak ist das schwedische Wort für Ladefläche und Flak-Fahren der Inbegriff der Studentensause. Lkw und Traktoren werden mit Transparenten und Birkenzweigen geschmückt, und ein DJ steht und spielt Musik. Dann beginnt ein gigantischer Umzug, bei dem die Studenten auf den Ladeflächen zu ohrenbetäubender Musik tanzen, schreien und sich, genau wie ich damals mit 15, bis zur Besinnungslosigkeit volllaufen lassen.

Die Eskorte geht einmal durch die ganze Stadt, die Hauptstraßen rauf und wieder runter, bis allen, auch im weit entferntesten Vorort, von der Musik, den Bierdämpfen und der ausgelassenen Stimmung ganz schwummerig wird.

Ist der frischgebackene Student nach dem Flak-Umzug noch bei Besinnung, wird zu Hause weitergefeiert: Die ganze Familie ist eingeladen, und es wird, zu Ehren des Schülers, ausgiebig geschlemmt und mit schäumenden Getränken angestoßen, bis auch der letzte Gast dankend abwinkt oder irgendwo heimlich mit dem Papierkorb schmust.

Und jedes Jahr, wenn ich die Freude und den Übermut der Studenten sehe, wenn ich zufällig beim Einkaufen in den Umzug gerate, muss ich mit Schaudern an meinen grauenhaften Kater von damals denken. Und dann fällt mir ein, dass der auch wieder vorbeigeht.

Nur die Kopfschmerzen, die vergisst man nie.

Weil in Schweden noch so schön altmodisch getanzt wird

Mit 15 Jahren wurde ich von meinen Eltern zur Tanzschule geschickt, das gehörte sich so für eine Mittelstandstochter in Hannover. Dort lernte ich – in hübschen neuen Lackschuhen – nicht nur, wie man ein Weinglas richtig hält und Foxtrott tanzt, sondern auch, dass ich vollkommen tonblind bin und keinen einzigen Takt halten kann. Das hat sich bis heute nicht geändert, und mein Mann, der Musiker ist, kann sich vor Lachen kaum halten, wenn ich dann doch mal versuche, zu einem guten Lied im Takt mit dem Fuß zu wippen, und immer eine Note daneben liege.

Leider sind die Tanzschulentänze inzwischen ja irgendwie aus der Mode gekommen. Getanzt werden Walzer und Co. in Hannover nur noch auf dem Presseball, und da gehe ich nicht hin.

Hier in Schweden dagegen sind Paartänze noch allgegenwärtig. Es wird »gebuggt«, was das Zeug hält, und die Bands, die Tanzmusik spielen, sind hierzulande Superstars.

Diese Bands, auf Schwedisch »dansband«, haben Namen wie Lasse Stefanz, Lars Kristerz, Glennarz, Martinez oder Jannez. (Man beachte das Z in diesen Namen, das ist etwa so wichtig für eine Tanzband ist wie die Tattoos für eine Punkband.)

Diese Musikrichtung entstand in den 70er-Jahren, als das Interesse für Jazz langsam abnahm und der Pop immer wichtiger wurde. Seitdem sind an den Sommerwochenenden die »Folkets Park« (auf Deutsch »Volkspark« eine Art Freiluftversammlungs- und Festeinrichtung, die es in fast jedem schwedischen Dorf gibt) überlaufen mit tanzenden Menschen jeder Altersklasse, die das Tanzbein zu traditioneller Musik schwingen.

Das Schöne daran ist, dass bei einem »Dansbandsafton« (Tanzbandabend) das Alter oder die soziale Zugehörigkeit keine Rolle spielt. Da tanzt der Opa mit der Nachbarin, junge Frauen mit jungen Frauen, Landwirte mit Stadtmännern, und man sieht sogar mal den einen oder anderen Rollator auf dem Parkett.

Die bevorzugten Tänze sind Foxtrott oder Bugg, also genau die Tänze, die ich nie richtig hinbekommen habe.

Diese Tanzbandabende sind hier in Schweden richtige Volksmagneten und vermutlich eine der wenigen Veranstaltungen, bei denen man mit Musik abseits des Mainstream noch richtig Geld verdienen kann.

Mitglieder der Bands sind Superstars, die in ihren eigenen, oft wild mit gigantischen Porträts dekorierten Tourneebussen umherfahren und auf Parkplätzen von Hunderten Fans umlagert werden. Es gibt Tanzbandshows und Wettbewerbe im Fernsehen, und manche Bands sind so populär, dass sie die großen Hallen füllen.

Aber richtig Spaß machen solche Bands eher auf dem Land, in einer herrlichen, alten Rotunde mit Holzparkett, über das schon Tausende Tanzende geschlurft sind und unter deren Dach das Lachen und die Freude vieler glücklicher Tänzer widerhallen.

Und zum Glück kann man bei einem Dansbandsafton auch einfach nur am Rand der Tanzfläche stehen, an einem Bier nippen und mit dem Fuß den Takt falsch mitwippen.

Also genau richtig für mich.

6. KAPITEL

SPRACHE

Weil es schwedische Wörter gibt, die man im Wörterbuch vergeblich sucht – Teil 1

Es gibt in der schwedischen Sprache eine ziemlich große Anzahl Wörter, die in keinem Wörterbuch zu finden sind. Davon sind mindestens zwei im schwedischen Alltag absolut unentbehrlich: »hap« und »hfsyp«.

»Hap« ist eine Vokabel, die in *abschließenden* Zusammenhängen verwendet wird. Folgendes Beispiel: Man trifft auf der Straße jemanden, den man kennt. (In Örebro trifft man ständig jemanden auf der Straße, denn es ist eine sehr kleine Stadt.)

Man bleibt stehen, plaudert ein bisschen über das Wetter, und ganz plötzlich, mitten im Satz, dreht sich der andere um und geht. Eben noch ist man in eine tiefe Diskussion über das lokale Wetter oder die nicht weggeräumte Hundekacke auf dem Bürgersteig vertieft, und in der nächsten Sekunde steht man alleine da und redet mit sich selbst.

Aus Deutschland ist man ja eher längere Abschiede gewohnt. Das Weggehen wird ausführlich eingeleitet, erst kommt eine kleine Pause, dann ein »Ich muss dann auch mal weiter ...«, ausgiebige Wangenküsse, Händeschütteln, Gewinke, bis man dann endlich seines Weges gehen kann.

Hier in Schweden wird der Abschied dagegen nonverbal eingeleitet, nämlich mit einem Schritt rückwärts, einem kleinen Füßescharren und dem Wörtchen »hap«. Das wusste ich anfangs nicht und habe eine Zeit lang immer versucht, diskret in meinen Pulli zu schnuppern, um festzustellen, ob ich vielleicht schlecht rieche und die Leute deshalb die Flucht ergreifen.

Dabei ist es mir einfach nur entgangen, wenn meine schwedischen Gesprächspartner den Abschied einleiteten, um es noch rechtzeitig vor Ladenschluss zu Systembolaget zu schaffen. Also diskret mit den Füßen gescharrt hatten, einen Schritt rückwärts gemacht und mit einem kleinen »hap« höflich »Tschüß, ich muss dann mal weiter« gesagt hatten.

Das funktioniert übrigens auch in anderen Zusammenhängen, z.B. wenn man mit jemandem einen Kaffee trinkt und Aufbruch signalisieren will. Einfach den Löffel neben die Tasse legen, »hap« sagen, und schon greift das Gegenüber nach seiner Handtasche/Hut/Jacke.

Einmal war ich zu Besuch in Deutschland und stand mit meiner Mutter am Kröpcke in Hannover, wo sie eine Bekannte getroffen hatte. Die beiden quatschten und quatschten, und mir wurde immer langweiliger. Da ich zu dem Zeitpunkt schon ein paar Jahre in Schweden wohnte, scharrte ich ohne groß nachzudenken kurz mit den Füßen, trat einen Schritt zurück und sagte leise »hap«. Niemand reagierte. Ich sagte noch einmal »hap«, diesmal lauter. Meine Mutter reichte mir ein Taschentuch. Sie dachte, ich wäre kurz vor einer Niesattacke.

61. GRUND

Weil es schwedische Wörter gibt, die man im Wörterbuch vergeblich sucht – Teil 2

Das andere, unentbehrliche Wort ist »hfsyp«. Das Wort enthält keinen einzigen Vokal und lässt sich am besten mit dem Laut vergleichen, den man ausstößt, wenn man sich den Mund mit Kartoffeln vollgestopft hat und plötzlich feststellt, dass sie kochend heiß sind: hfsyp!

Eigentlich bedeutet »hfsyp« soviel wie »ja«. Es kann aber auch »lass mich in Ruhe«, »geh weg« oder »ist mir doch egal« ausdrücken, je nach Zusammenhang. (Die Anwendungshäufigkeit des des Wort »hfsyp« nimmt zu, je nördlicher man im Land kommt.

Gleichzeitig nimmt die allgemeine Wortmenge gen Norden ab. Soll heißen, im Norden Schwedens wird generell weniger gesprochen – was von Ausländern manchmal als unhöflich interpretiert wird. Der Nordschwede ist jedoch keinesfalls ein ungehobelter Trampel, sondern einfach wortkarg und etwas unerfahren im Umgang mit Fremden. So lautet auch ein klassischer schwedischer Witz: »Sitzen zwei Norrlänningar im Wohnzimmer und unterhalten sich.«)

Das praktische mit »hfsyp« ist, dass man es auch als lebenswichtige Funktion, nämlich zum Einatmen benutzen kann. So schlägt der wortkarge Schwede dann zwei Fliegen mit einer Klappe.

Folgende Situation: Mein Mann und ich sitzen im Garten, die Sonne scheint, der Rasen ist gemäht, die Vögeln zwitschern und ich sage »herrlich!«. Darauf antwortet mein Mann mit »hfsyp!«. Das bedeutet dann in diesem Fall »stimmt, wirklich herrlich«.

Sage ich aber zum Beispiel »Nächstes Mal bist du aber mit Rasenmähen dran, du Drückeberger!« und er antwortet mit »hfsyp«, dann bedeutet das Wort etwas ganz anderes. Was, können Sie sich bestimmt denken.

62. GRUND

Weil die Schweden so hübsch fluchen

Die schwedische Sprache klingt, besonders für deutsche Ohren, ein bisschen wie Musik. Sie hat einen leichten, beschwingten Rhythmus, der mich an meine Großmutter mütterlicherseits erinnert, wie sie in ihrem Schaukelstuhl hin und her wippte. Eine Rede zur Lage der Nation des schwedischen Staatsministers kann wie eine Sinfonie von Bach klingen, wenn man den Inhalt der Worte nicht versteht: ein melodisches Dahinplätschern ohne größere Höhen- oder Tiefpunkte.

In der schwedischen Sprache findet sich auch die Streitkultur des Landes wieder: Man hebt die Stimme nur sehr ungern und nur in extremen Ausnahmesituationen. Also zum Beispiel wenn man ein U-Boot vor den Stockholmer Schären sichtet oder Schweden beim Eurovisions-Contest gewinnt.

Sonst bleibt die Tonlage im Alltag gemäßigt, ganz gleich ob man der Liebe seines Lebens seine Gefühle gesteht, einen Kellner darauf anspricht, dass man eine Kakerlake in der Suppe gefunden hat, oder vor Gericht gegen einen unangenehmen Nachbarn aussagt, der jeden Abend ein halbes Schwein auf dem Balkon unter einem grillt.

Die Stimme zu erheben gilt als grob unhöflich, und wer es dennoch tut, hat die Diskussion schon verloren. Schreien oder lautes Fluchen in der Öffentlichkeit wecken große Befremdung, oder – noch schlimmer – Belustigung. Wer in Schweden im Alltag bestehen möchte, muss die Kunst des sachlichen Argumentierens beherrschen.

Allzu emotionale Themen werden gerne vermieden, und bestimmte Diskussionen, wie man sie aus Deutschland kennt, sind hierzulande tabu. Nehmen wir mal an, Sie fühlen sich von einem Freund oder Bekannten gekränkt. In Deutschland würde man, vorausgesetzt, dieser Freund oder Bekannte bedeutet Ihnen etwas, die Sache beim Namen nennen. Man würde zum Beispiel sagen: »Du Günther, neulich, als du mich einen verblödeten Vollidioten genannt hast, bist du wirklich zu weit gegangen! Ich war sehr gekränkt.« Günther würde dann selbstverständlich (falls ihm etwas an Ihnen liegt) mit einer Erklärung aufwarten: »Du, das tut mir leid. Ich hatte einen richtigen Scheißtag. Meine Frau hat mich verlassen, und dann ist mir noch so ein Idiot in mein nagelneues Auto gekracht. Sei mir nicht böse, kommt nicht wieder vor!« Und schon ist die Sache aus der Welt.

Hier in Schweden wird dagegen nur sehr ungern emotional argumentiert. Eigentlich ruft schon das Ansprechen eines Gefühls große Verwirrung oder Unbehagen hervor. Man legt eine gleichbleibende, freundliche Grundstimmung an den Tag. Egal in welcher Situation. Verachtung, Wut oder Ärger werden durch Schweigen ausgedrückt. Konflikte werden generell so weit wie möglich vermieden. In der Praxis bedeutet das: Wenn Ihre schwedischen Kollegen oder Freunde nicht mehr mit Ihnen sprechen, ist es meistens schon zu spät, die Sache aus der Welt zu schaffen.

Spricht man Gefühle dann doch mal an, werden die Worte gerne auf die Goldwaage gelegt. Es ist nicht üblich, sich wie in Deutschland mit Emotionen zu entschuldigen – die haben ja im schwedischen Alltag nicht viel zu suchen. Beschimpft ein Schwede einen anderen als Trottel, dann ist das eben nicht nur so aus einer Laune heraus dahingesagt, sondern auch so gemeint. Dies spiegelt sich zum Beispiel auch in der schwedischen Gesetzgebung wider: Droht jemand einer anderen Person in einer emotional aufgeladenen Situation, ihn oder sie umzubringen, dann wird das tatsächlich als realistische Todesdrohung aufgefasst. Und kann ohne Weiteres mit einer Anzeige oder sogar Gefängnisstrafe enden.

Doch auch ein Schwede kommt nicht durchs Leben, ohne hin und wieder mal einen saftigen Fluch loszulassen. Schaut man sich mal die meistgebrauchten deutschen Schimpfwörter an, so haben sie oft einen genitalen Zusammenhang. Nicht so in Schweden. Hier haben fast alle Flüche eine religiöse Anbindung. »Satan«, »Fan« (= Teufel), »Helvete« (= Hölle), »Djävlar« (= von »djävul« = Teufel).

Und das hat einen historischen Hintergrund: Die schwedische Kirche wurde von Gustav Vasa (1496–1560) reformiert. Er brach kurzerhand mit der katholischen Kirche, kassierte alles, was sie besaß, und führte den Protestantismus ein. Zu dieser Zeit war das Fluchen in Schweden bei Strafe verboten. Und wie alles, was tabu ist, eignet es sich hervorragend für Flüche.

Eine andere Theorie hat der Historiker Herman Lindqvist zum Thema Fluchen: Er glaubt, dass die Menschen heimlich mit ihren religiös geprägten Schimpfwörtern gegen den enormen Druck rebellierten, den die Kirche aufbaute. Es war in Schweden nämlich zwischen dem späten 17. bis ins 19. Jahrhundert hinein üblich, dass die Schäfchen einer Gemeinde regelmäßig über ihre Bibel- und Katechismuskenntnisse abgehört wurden. Dazu kam der Pastor einmal im Jahr zu jedem nach Hause und hielt das »husförhör« (= Hausverhör) ab.

Ein leiser Fluch, ausgesprochen hinter vorgehaltener Hand, war also die schwedische Art des Aufbegehrens gegen die Obrigkeit.

Mir persönlich fehlt jedoch manchmal die Poesie, die einer handfesten deutschen Schimpftirade innewohnt. *Zickzackscheißende Breitarschantilope* geht auf Schwedisch irgendwie nicht.

63. GRUND

Weil Schweden die lustigsten Ortsnamen hat

Na, haben Sie auch schon mal bei IKEA gestanden und über die lustigen Produktnamen gekichert? Äppelkaka, Gutvik oder Kackling sind ja schon fast Klassiker.

Aber noch viel lustiger als IKEAs Produktnamen sind schwedische Ortsnamen. Wer die Sprache beherrscht und durch das Land reist, hat viel zu lachen.

Odensbacken, ein Nachbarort heißt übersetzt »Odinshügel«, was ich wunderbar nordisch und romantisch finde.

Reist man jedoch etwas weiter weg, fährt man durch Trosa (Schlüpfer), Kåtaträsket (Geilenmoor), kommt vielleicht am See Stora Pungen (Großer Sack) vorbei, kann den Berg Snålkuk (Geizschwanz) besteigen, eine Pause in Mensträsk (Menstruationsmoor) machen oder in Fröslida (Samenscheide) anhalten.

Wir haben schon viele erheiternde Orte durchfahren, uns gefragt, ob wir nicht vielleicht nach Fyllinge (Sauferei) oder Rockhammar (Rockhammer) ziehen sollten, einfach weil die Namen so lustig sind und man so jeden Tag etwas zu lachen hätte.

Dabei haben die Namen ihren Ursprung in Ausdrücken, die erst im Laufe der Zeit anrüchig wurden. Das Wort »kåt«, das heute mit »geil« übersetzt wird, bedeutete früher »fröhlich« oder »glücklich«. Also wohnte in Kåtaträsket ja vielleicht eine besonders fröhliche Familie, die dem Ort ihren Namen gegeben hat?

»Pung«, heute Sack und meist als Bezeichnung für Hodensack benutzt, war früher das Wort für »rund«, und daher ist es eigentlich gar nicht so merkwürdig, dass es eine Bezeichnung für einen See wurde.

Mensträsk ist aus der Verschwedischung eines samischen Wortes entstanden, später hat man einfach die Endung »träsk« für »Moor« drangehängt.

Und »kuk«, heute der etwas derbe Ausdruck für das männliche Geschlechtsorgan, hat seinen Ursprung im finnischen »kukka« was ganz einfach »glücklich« bedeutet. (In Norrland findet man geografisch bedingt mehr Anknüpfungen an die finnische Sprache als im Süden Schwedens. Irgendwie logisch.)

So haben die meisten schlüpfrigen Namen eine ganz logische Bedeutung, die nur meist in Vergessenheit geraten ist.

Ich selbst wohne in Ormesta. »Orm« ist das schwedische Wort für »Schlange«. Und da Ormesta das letzte erhaltene einreihige Straßendorf Schwedens ist, finde ich den Namen sogar völlig logisch. Oder was meinen Sie?

64. GRUND

Weil die schwedische Akademie die Oberaufsicht über die schwedische Sprache hat

Bei uns in der Familie haben Bücher immer eine große Rolle gespielt. Sie waren überall: Gigantische Bücherregale füllten die Hälfte des Wohnzimmers meiner Großmutter mütterlicherseits, im Haus meiner Eltern gab es kaum eine Wandfläche, Nische oder Ecke, in der sich keine Bücher türmten. Ich wurde schon als kleines Mädchen mit ungewöhnlicher Literatur versorgt, und niemand wunderte sich, wenn ich in irgendeiner Ecke klebte und sich neben mir die »Geoanthropologische Petrologie« in 14 Bänden stapelte, während ich, tief versunken in meine Lektüre, die Fettflecken auf meiner Brille mit einem schmuddeligen Taschentuch verrieb.

Vielleicht bin ich deshalb irgendwann Texterin geworden. In der Werbung konnte ich meine breite Allgemeinbildung zu einem stattlichen Stundensatz verscherbeln, und ich war endlich nicht mehr die Einzige, die wegen ihrer merkwürdigen Sichtweise auf die Welt und den Lauf den Dinge für etwas absonderlich gehalten wurde. In der Branche gehört es dazu, nicht ganz normal zu sein und je merkwürdiger, desto besser wird man bezahlt. (Ein bisschen wie im Silicon Valley heutzutage, nur dass das Internet damals noch nicht erfunden war.) Und ohne, dass mir richtig klar ist, wie das alles kam, schreibe ich plötzlich ein Buch. Irgendwann rief ein Literaturagent an, und ich sagte Ja, weil ich nicht richtig wusste, was ich sonst sagen sollte. Die Chancen, dass mir dafür der Literaturnobelpreis verliehen wird, liegen jedoch bei Minus 1000, denn für lustige Reisebücher werden keine Nobelpreise verliehen. Und einen düsteren, deprimierten Generationenroman zu schreiben ist mir dann irgendwie zu anstrengend.

Das ist insofern ein bisschen schade, weil ich aus diesem Grund niemals einen Platz in der »Svenska Akademien« erhalten werde, und das wäre schon eine prima Sache. Denn die »Schwedische Akademie« ist nicht nur die Institution, die den Nobelpreis für Literatur vergibt, sondern auch die, die sich um die schwedische Sprache kümmert, und ich finde, dass das ein verlockender Gedanke ist. Sprachwärter zu sein klingt irgendwie furchtbar exotisch, und ich würde da echt gerne mitmachen.

Aber leider ist der Platz in der Akademie begrenzt. Es gibt nur 18 Plätze, und frei wird ein Stuhl nur, wenn jemand stirbt. Man sitzt also auf seinem nummerierten Stuhl, bis man umfällt, und dann wird in einem langen Auswahlprozess ein neues Mitglied bestimmt. Einer der 18 (auf Schwedisch »De Aderton«) zu sein, ist die höchste Auszeichnung, die man als Verfasser oder Sprachwissenschaftler bekommen kann. Der kleine, exklusive Klub ist einer der einflussreichsten im Land, und dort aufgenommen zu werden kommt einem Ritterschlag gleich.

Gegründet wurde die Svenska Akademien von König Gustav III. im Jahr 1786 nach dem Vorbild der Académie Française – mit dem Ziel, die schwedische Sprache und Literatur zu fördern, genauer gesagt, »die Reinheit, Stärke und Größe der schwedischen Sprache zu bewahren«. Ihr Wahlspruch lautet »*Snille och smak*«, was so viel wie »Talent und Geschmack« bedeutet.

So gibt die Svenska Akademien das regelmäßig überarbeitete Standardwerk *Svenska Akademiens Ordlista* (SAOL) heraus, ein Wörterbuch, das sich der Entwicklung der schwedischen Sprache anpasst. Die Mitglieder der Akademie bestimmen, welche neuen Wörter aufgenommen werden sollen und welche als veraltet gelten und gestrichen werden. Dieses Werk ist eine Standardlektüre für alle Texter, Schwedischlerner und Sprachnerds, und ich habe es immer auf dem Nachttisch liegen. Neue schwedische Wörter sind für mich kleine Schätze, die ich aufsauge, mit mir herumtrage, mich dran freue und ab und zu bei Gelegenheit hervorhole und damit angebe. Das Schöne an dieser Spracherneuerung ist, dass die Akademie immer prüft, ob es nicht ein schwedisches Wort statt eines Anglizismus gibt – schließlich gehört es zu ihren Aufgaben, die Sprache zu pflegen. So kommt es, dass viele Anglizismen direkt ins Schwedische übersetzt und erst dann in den Sprachgebrauch bzw. in das Wörterbuch aufgenommen werden.

So wird aus Software »Mjukvara«, was nichts anderes als *Weichware* bedeutet, oder aus Couch Potatoe »Soffpotatis«, also *Sofakartoffel.*

Und wer weiß, vielleicht schreibe ich ihn ja dann doch noch irgendwann, den großen Generationenroman. Und darin wird das

Wort *Weichware* mindestens 50-mal vorkommen. Ich finde es nämlich ganz, ganz wunderbar.

65. GRUND

Weil die schwedische Sprache jede Menge falsche Freunde enthält

Sie sind von Schweden fasziniert und wollen im nächsten Urlaub gerne Ihr Bier auf Schwedisch bestellen? Super Sache, die Schweden werden sich freuen und Ihre Bemühungen sehr zu schätzen wissen. Sie werden bald merken, dass Schwedisch und Deutsch eine Menge gemeinsam haben, schließlich sind beide germanische Sprachen.

In vielen Fällen kann man deshalb ganz einfach das deutsche Wort nehmen, schwedisch aussprechen, und jeder versteht, was man sagt.

Aber leider nicht in allen Fällen. Einmal saß ich mit ein paar Kollegen beim Mittagessen. Ich wollte sagen, wie lustig ich die Angewohnheit finde, dass alle Schweden, die in der Wohnung rauchen, sich unter die Dunstabzugshaube in der Küche stellen. Und jetzt mal ganz ehrlich, welcher Sprachanfänger weiß schon die Vokabel für »Dunstabzugshaube«? (Oder Kartoffelstampfer. Kabelbinder, Kreuzschlitzschraubenzieher oder Bleistiftanspitzer.) Egal. Ich versuchte es mit meinem alten Trick und benutzte das nächstliegende Wort. Das war »avsugningsmaskin«. Plötzlich wurde es sehr still im Raum. Ohne es zu ahnen, hatte ich laut und deutlich erklärt, wie lustig ich es finde, dass so viele Schweden ihre Zigarette zu Hause unter der Blowjob-Maschine rauchen. Das anschließende Gelächter werde ich nie vergessen.

Seien Sie also auf der Hut, wenn Sie Schwedisch lernen. Denn diese niedliche und melodische Sprache hält jede Menge falsche Freunde parat. Hier eine kleine Auswahl:

Alm = Ulme
Åsikt = Meinung
Slang = Schlauch
Blöt = nass
Krabba = Krebs
Bär = Beere
Halm = Stroh
Kappa = Mantel
Kind = Wange
Kopp = Tasse
Kostym = Anzug
Möglig = schimmelig
Ost = Käse
Semester = Urlaub
Snabel = Rüssel
Snäll = nett

Die lustigste Verwechslung hat doch eine Leserin meines Blogs zustande gebracht. Ich schrieb eines Tages darüber, dass es mit »Folköl« doch viel einfacher ist, ein bisschen zu heimwerken. Einfach ein paar Dosen öffnen, und schon flutscht alles wie geschmiert. Eifrig fragte sie nach, um welche Art Öl es sich denn handeln würde und wo man es kaufen könne.

In jedem Supermarkt, schrieb ich zurück. Denn »Folköl« ist Leichtbier mit 2,8 Prozent.

66. GRUND

Weil in Schweden die lustigsten Dialekte gesprochen werden

Ich bin in Hannover geboren und in dem Glauben aufgewachsen, das Hochdeutsch aller Hochdeutsche zu sprechen. Völlig frei von allen dialektalen Einflüssen, Oxforddeutsch, sozusagen. So dachte ich bis in die Pubertät, dass »Lüttje Lage« das Wort für »Bier« sei, und fand es völlig normal, dass meine Freunde und ich auf dem Schützenfest das Trinken mit Cola und Sprite aus zwei Gläsern übten.

Aber zurück zum Dialekt.

Ich habe mich mit deutschen Dialekten immer schwergetan. Als ich in meinen 20ern war, zog ich nach Düsseldorf um und war fortan täglich von breitem Rheinisch umgeben. Eines Tages war ich bei einer Klassenkameradin in Wuppertal zu Besuch. Sie war mit einem damals ziemlich unbekannten Schauspieler namens Dietmar Bär zusammen, und der wurde schrecklich wütend, als ich nach ein paar Bier herausgrölte, dass ich Ruhrpöttisch für den hässlichsten Dialekt der Welt hielte. Er redete nie wieder mit mir, und ich kann heute nicht damit angeben, mit einem *Tatort*-Schauspieler befreundet zu sein, sondern nur damit, dass er mich mit 21 richtig scheiße fand.

Als ich nach Schweden zog und gemeinsam mit 16 anderen Neuzugängen aus aller Welt im SFI-Unterricht saß (SFI: Svenska För Invandrare = Schwedisch für Einwanderer), um Schwedisch zu lernen, hatte ich keinen Schimmer von der Dialektvielfalt des Landes. Ich hatte einen tollen Lehrer namens Anders, der es tatsächlich schaffte, dass Grammatik Spaß machte, und da ich bekanntlich Sprachnerd bin, übte ich zu Hause fleißig die Aussprache. Bestimmte schwedische Laute sind furchtbar schwierig für deutsche Zungen. (Das »sj« zum Beispiel wird ausgesprochen, als hätte man eine heiße Kartoffel im Rachen, nur ohne das Gesabber.) Um noch besser zu werden, bestellte ich ein Buch mit zugehöriger Ausspracheübungs-CD, und mein Mann machte sich fast in die Hose vor Lachen, als ich ihn abends in breitestem Göteborgerisch begrüßte. Die Sprach-CD war nämlich von einer Göteborgerin entwickelt worden.

Anfangs hatte ich ein paar Tricks, die mir das Sprechen ein bisschen leichter machten: Ich drehte die Sätze einfach grammatisch so um, dass sie auf Deutsch völlig falsch klangen. Dann waren sie meistens auf Schwedisch richtig.

Und wenn ich ein Wort nicht wusste, dann nahm ich einfach die deutsche Entsprechung und sprach sie schwedisch aus. Die Chancen, dass es funktionierte, lagen bei 50:50.

Doch so langsam wurden mein Wortschatz und meine Aussprache besser. Und nachdem ich die Göteborg-Phase hinter mich gebracht hatte, nahm ich ungewollt das lokale Närkingska an. Das ist der Dialekt, der hier in Örebro gesprochen wird und den alle Schweden etwa so hässlich finden wie ich das Ruhrpottdeutsch. Man sagt den Närkingern nach, dass sie furchtbare Meckerfritzen sind, und so klinge auch ihr Schwedisch: nölig und breit.

Für mich hört sich das jedoch an wie Hochschwedisch, klar verständlich, überdeutlich und vertraut. Närkingska ist sozusagen das Schwedisch, in das ich (ziemlich spät) hineingeboren wurde, und wenn ich im Bus von Stockholm nach Örebro sitze, dann fühle ich mich geborgen und zu Hause, wenn hinter mir jemand aus Lindesberg lauthals telefoniert, während jeder Stockholmer wahrscheinlich heimlich mit den Augen rollt.

Ich liebe Norrländska, den Dialekt, der im Norden Schwedens gesprochen wird, weil er so langsam und gemütlich ist. Schonisch dagegen, der südschwedische Dialekt, ist schwer zu verstehen, besonders für einen Ausländer. Ungefähr so wie breitestes Bairisch für einen Schleswig-Holsteiner. Ich mag das Gotländische, das so schön altmodisch klingt, und habe aus unerklärlichen Gründen bis heute Schwierigkeiten mit Värmländisch. Obwohl ich die Filme *Smala Sussie* und *Bröllopsfotografen* des Regisseurs Ulf Malmros einfach großartig finde, kann ich sie bis heute nur schwer verstehen, da sie teilweise im tiefsten Värmland spielen und die Schauspieler den dortigen Dialekt sprechen. Värmländisch ist irgendwie so ein schwarzes Dialektloch für mich, und immer wenn ich einen Schweden kaum verstehe, dann weiß ich, dass er vermutlich irgendwo zwischen Sunne und Molkom geboren wurde.

67. GRUND

Weil es in Schweden geschlechtsneutrale Personalpronomen gibt

In Schweden gibt es, wie in allen anderen Ländern der Erde auch, Frauen und Männer. Sie unterscheiden sich nicht besonders von Menschen in anderen Erdteilen: Sie haben Brüste, Penisse oder Vaginen. Manchmal in unterschiedlichen Kombinationen. Und genau wie anderswo gibt es hier heterosexuelle, homosexuelle, transsexuelle, beidgeschlechtliche oder bisexuelle Leute. Das ist hierzulande alles völlig normal oder zumindest auf dem Weg, es zu werden. (Engstirnige und intolerante Menschen gibt es auch hier, aber auf die gehe ich jetzt nicht weiter ein.)

Was Schweden von anderen Ländern unterscheidet, sind die Bemühungen sowohl des Staates als auch seiner Bewohner, allen Formen der Sexualität und Geschlechtsidentität so offen wie möglich gegenüberzustehen. Es ist wichtig, nicht in spezifischen Geschlechterrollen zu denken und vor allem nicht in Verallgemeinerungen und Klischees stecken zu bleiben. Das merkt man viel im Alltag und oft an Kleinigkeiten. Große Warenhäuser verzichten inzwischen darauf, geschlechterspezifische Abteilungen für Kinderkleidung einzurichten – statt in einer Ecke nur rosa Bekleidung für Mädchen und graue, blaue oder braune Sachen für Jungs gibt es jetzt in vielen Geschäften Kinderkleidung, die ganz einfach nach Größen statt nach Geschlecht und Farbe sortiert ist.

In Stockholm wurden kürzlich die ersten geschlechtsneutralen Kindergärten eröffnet, wo die Betreuer die Kinder wie Kinder und nicht wie typisch »Junge« oder »Mädchen« behandeln. Und in der Presse kann man Artikel über Familien lesen, in denen die Kinder völlig geschlechtsneutral erzogen werden. Sie tragen neutrale Namen, und wenn die Eltern ihnen aus Kinderbüchern vorlesen, werden die Personalpronomen durch »es« ersetzt.

An Schulen ist es inzwischen an der Tagesordnung, dass es in den Sporthallen geschlechtsneutrale Umkleideräume gibt – für die Schüler, die sich als weder weiblich noch männlich, sondern als »genderfluid« also beidgeschlechtlich, identifizieren.

Toiletten in öffentlichen Räumen sind oft sowieso für sowohl Männer als auch Frauen, und damit braucht man sich dort auch nicht anzupassen.

Und inzwischen hat sich auch ein neues Wort im schwedischen Sprachgebrauch eingebürgert: hen.

»Hen« ist ein neutrales Personalpronomen, das man anstelle von »hon« (sie) oder »han« (er) benutzt. Anfangs wurde diese neue Wortkreation noch ein bisschen belächelt, sie hat sich aber rasend schnell im allgemeinen Sprachgebrauch eingegliedert und ist nach schon kurzer Zeit so normal wie »fika« oder »köttbullar«.

»Hen« ist der ultimative Ausdruck der schwedischen Toleranz, und auch wenn ich es anfangs ein bisschen albern und übertrieben fand, ist dieses kleine Wort inzwischen ein fester Bestandteil meines Vokabulars geworden.

Auch wenn ich ein Weilchen gebraucht habe – inzwischen sind wir richtig dicke miteinander. »Hen« und ich.

68. GRUND

Weil die schwedische Sprache wie Musik klingt

Ich bin Synästhetikerin. Das ist keine Krankheit sondern eine neurologische Disposition, die tatsächlich recht häufig anzutreffen ist. Kurz erklärt bedeutet das, dass die Sinne einer Person miteinander verknüpft sind. Ich kann zum Beispiel Farben riechen, Töne fühlen, mein inneres Alphabet ist bunt (jeder Buchstabe hat eine eigene Farbe), und ich kann mir Telefonnummern und Zugabfahrzeiten gut merken, weil sie in meinem Gehirn bunt gespeichert sind. Für mich ist die Uhr nicht halb acht, sondern lila vor dunkelgrün.

Deshalb ist es nicht weiter verwunderlich, dass die schwedische Sprache mit einer Art Gedankenbild in meinem Kopf verknüpft ist: Sie erinnert mich an eine alte Dame, die gemütlich in ihrem Schaukelstuhl hin und her wackelt.

Denn genau so klingt es: Schwedisch ist ein ruhiger Singsang, der sich wellenförmig durch die Sätze vorwärtsschlängelt. Im Vergleich zum Deutschen verhält sich Schwedisch etwa wie eine doppelt gestopfte Rosshaarmatratze zu einem Nagelbrett: weich und rund, gemütlich und freundlich.

Die Aussprache ist deshalb auch furchtbar schwierig zu lernen. Bei einigen Lauten habe ich Jahre gebraucht, bevor ich sie richtig aussprechen konnte und mir dabei nicht mehr auf den Kragen sabberte. Die meisten Ausländer schaffen es nicht, die Satzmelodie richtig hinzubekommen. Ein Sprachlehrer sagte mir einmal, Schwedisch seit phonetisch eng mit dem Japanischen verwandt, und daher sei die Aussprache für Japaner einfacher als für Westeuropäer.

Bis heute hat die schwedische Sprache für mich eine enorme Faszination. Ich liebe es, abends im Bett im Wörterbuch zu blättern und neue Wörter zu entdecken. »Vimmelkantig« finde ich zum Beispiel ganz wunderbar, das bedeutet »schwindelig« oder »benommen« vermischt mit einem Hauch »Verwirrung«. Ich habe verschiedene Laute lange geübt und glaube, dass ich die Satzmelodie inzwischen ganz passabel beherrsche (man gab mir den Tipp, alles ungefähr doppelt so langsam auszusprechen, wie ich glaubte, dass man es aussprechen müsse. Dann würde ich in etwa das richtige Tempo treffen.)

Ich liebe es, Schweden zuzuhören. Bei mir läuft fast immer das Radio im Hintergrund, und ich lasse mich von dem freundlichen, ruhigen Singsang durch den Tag lullen. Der Seewetterbericht hat etwa die Wirkung eines Glases Rotwein auf mich: Er stimmt mich rundum froh.

7. KAPITEL

NATUR

Weil der König des Waldes nicht an Altersschwäche stirbt

Hand aufs Herz. Der Elch ist ein faszinierendes Tier. Nur schön ist er nicht. Er ist riesig, hat ein unproportioniert kleines Hinterteil im Vergleich zu dem gigantischen Kopf, und ich habe schon Wildtiere mit schönerem Fell gesehen.

Meinen ersten Elch sah ich, kurz nachdem ich nach Örebro gezogen war. Bei einem Spaziergang in der Nähe von Hampetorp riss sich der Hund von der Leine und verschwand kläffend im Wald. Nach einigen Minuten völliger Stille begann plötzlich der Waldboden zu vibrieren. Ich dachte zunächst an ein Erdbeben, doch dann krachte ein gigantischer Elchbulle aus dem Gestrüpp hervor und galoppierte mit gefühlten 200 Sachen mit drei Metern Abstand an mir vorbei. Den Hund dicht auf den Fersen. Bellend.

Und plötzlich war mir klar, warum Touristen jedes Jahr Hunderte von Elchschildern in Schweden stehlen: Die Viecher sind toll. Sie sind groß. Sie sind unförmig. Sie sind graubraun. Und irgendwie ganz, ganz faszinierend.

Nach diesem ersten Treffen mit einem schwedischen Elch fingen sie ganz plötzlich an, überall zu sein. Ich sah Elche auf der anderen Seite des Wildtierzauns an der Autobahn nach Hallsberg stehen und die Autos anglotzen, eine junge Elchkuh spazierte seelenruhig auf der Überholspur zwischen Enköping und Eskilstuna entlang, und im Wald standen sie auf einmal in großen Haufen hinter den Fichten herum und guckten mich verwundert an.

Ich wollte mehr über Elche wissen und machte das Touristischste, was man hier in Schweden so machen kann (nach Skansen und einem Ausflug ins Glasreich): Ich meldete mich zu einer Elchsafari an.

Einen ganzen Abend fuhren wir mit einem Guide in den unberührten Wäldern des nördlichen Bergslagens herum und sahen nicht weniger als 15 Elche, eine Herde Rothirsche, diverse Kraniche und einen jungen Fuchs. Und dort erfuhr ich die traurige Sache, die mich bis heute nicht mehr loslässt: Elche sterben nicht an Altersschwäche.

Elche verhungern. Wenn sie älter werden, nutzen sich ihre Zähne ab, und ab einem gewissen Punkt können sie nicht mehr kauen. Und sterben dann an Unterernährung. Diese Tatsache lässt mich seitdem nicht mehr los. Jedes Mal, wenn ich einen Elch sehe, frage ich mich, wie alt er wohl ist. Ob ihm der Magen knurrt. Ob er wohl bald in den ewig grünen Wald umzieht.

Vor allem aber achte ich darauf, dass sich der Hund nicht mehr losreißen kann in einem schwedischen Wald. Alte Elche erschrecken.

70. GRUND

Weil im Frühjahr überall Ringelnattern und Kreuzottern rumliegen

Ich habe mal eine Ringelnatter zu Tode erschreckt. Da bin ich nicht stolz drauf. Sie lag am Wegesrand in der Sonne, und ich hätte sie fast platt getreten. Noch während ich einbeinig in der Luft hing und krampfhaft versuchte, nicht der Länge nach hinzuschlagen wie ein gefällter Baum, rollte sie sich auf den Rücken und stellte sich tot. Ringelnattern rollen sich immer auf den Rücken und stellen sich tot, wenn sie einen Riesenschreck kriegen, aber das wusste ich damals noch nicht. (Ich finde die Methode allerdings ausgesprochen logisch und würde wahrscheinlich das Gleiche machen, wenn ein Riesenflipflop von oben fast auf mich drauftreten würde.) Als ich das Gleichgewicht wiedergefunden hatte, lag sie unbeweglich dort, und ich musste sie einfach anfassen.

Das ist so wie mit Schokolade, Gummibärchen und Karamellwürfeln. Eine innere Stimme sagt: »Nein, stopf sie dir nicht in den

Mund!« Und dann tue ich es trotzdem. So war es mit der Schlange. Ich hörte mich denken: »Lass doch das arme Tier in Frieden.« Aber da war es schon passiert: Ich streichelte sie ganz vorsichtig mit den Fingerspitzen am Bauch und war überrascht, wie warm und weich sie sich anfühlte. Es war die erste Schlange, die ich je berührt habe, und ich hatte mir aus unerfindlichen Gründen vorgestellt, sie seien kalt und schleimig.

Und jedes Jahr im Frühling, wenn die ersten Sonnenstrahlen den kalten Winterboden wieder aufwärmen, wenn sich die Vögel die Kälte aus dem Gefieder schütteln und wir Schwedenbewohner uns die Wintermüdigkeit aus den Augen reiben, dann treffen sich auf dem Örby-Hügel, mitten im Naturschutzgebiet Kvismaren nicht weit von Örebro, Hunderte Ringelnattern und Kreuzottern, um den kommenden Frühling zu begrüßen. Die Schlangen kommen im Herbst in Scharen zu dem kleinen Hügel und überwintern in seinem Inneren von Frost und Kälte geschützt. Sobald die erste Wärme den Frost verscheucht, kommen sie hervor, um in großen Haufen ein kleines Frühlingstänzchen zu absolvieren. Sie schlängeln und verknoten sich, kriechen über- und untereinander, züngeln, zischeln und zwingen jeden Schlangenphobiker, einen weiten Bogen um Örebro zu machen.

Wer allerdings Schlangen genauso faszinierend findet wie ich, der muss einfach hinfahren und sich das fantastische Schauspiel angucken. Man merkt ihnen an, dass sie sich genauso nach Wärme und Sonne gesehnt haben wie wir anderen.

Und da ich oft Ringelnattern treffe, wenn ich mit dem Hund spazieren gehe, scheuche ich sie vorsichtig von den Fahrradwegen oder Bürgersteigen, um sie vor unvorsichtigen Flipflops oder Fahrradreifen zu retten.

Denn auch wenn ich vielleicht keine Schlange als Haustier haben möchte, so sind sie doch faszinierende und schöne Tiere, die man schützen und nicht töten sollte.

71. GRUND

Weil Schwanensee nicht in Konzerthäusern, sondern in Örebro stattfindet

An einem sonnigen klaren Aprilmorgen hört man jedes Jahr plötzlich ein durchdringendes Kreischen in der Luft. Es klingt, als würde jemand mit einem alten klapprigen Fahrrad mit rostigen Schutzblechen und schleifenden Bremsklötzen über den Himmel quietschen und dabei einen Regenschirm auf und zu klappen. Wenn dieses Geräusch über Örebro ertönt, dann weiß man, dass der Frühlingsball beginnt. Der große Jahrestreff der Singschwäne, die zurück aus dem Süden kommen und vor der Weiterreise in den Norden am See Tysslingen einen Stopp einlegen. Hier treffen sie sich Jahr für Jahr im Frühling, zu Tausenden. Ein wallendes, quietschendes, flatterndes und singendes Meer aus Schwänen, das ein paar Tage bei uns verschnauft, quatscht, tratscht, Neuigkeiten austauscht und dann weiterfliegt. Und uns ein Stück Frühling aus dem Winterquartier mitbringt.

Sie haben den Winter meistens in meiner alten Heimat Deutschland oder in Polen verbracht und sind jetzt wieder auf dem Weg nach Norden, um ihren Nachwuchs auszubrüten (vereinzelt sollen wohl auch Singschwäne dank der vielen Rapsfelder den Sommer über in Norddeutschland geblieben sein). In Nordschweden verbringen sie dann den Sommer damit, ihre Brut in den Mooren und der Einsamkeit Lapplands großzuziehen, die im darauf folgenden Herbst mit ihnen den Weg gen Süden antritt.

Jedes Jahr, wenn die Schwäne und die Gänse über unsere Köpfe hinweg entweder nach Norden oder in den Süden fliegen (das Gegacker der Zugvögel ist der Soundtrack der schwedischen Jahreszeiten), dann muss ich an das wunderbare Buch über Nils Holgersson von Selma Lagerlöf denken. Wussten Sie übrigens, dass das eigentlich ein Schulbuch war? Man bat Frau Lagerlöf, doch eine

Geschichte zu schreiben, die den schwedischen Schulkindern die Besonderheiten der schwedischen Geografie näher bringt. Für mich war das Buch genauso informativ wie für Hunderttausende schwedische Schulkinder: Ich habe die schwedischen Namen von unendlich vielen Vögeln und viel Interessantes über Schweden gelernt. Lesen Sie das Buch unbedingt, wenn Sie es in die Finger bekommen.

Und sollten Sie im Frühjahr zufällig mal in Örebro sein und der große Schwanentanz in vollem Gange: Fahren Sie nach Tysslingen. Es ist ein wunderbares, unvergleichliches Schauspiel.

72. GRUND

Weil es an jeder Ecke einen Badesee gibt und man dort ganz alleine ist

Da ich in Altwarmbüchen bei Hannover aufgewachsen bin, habe ich natürlich unzählige warme Sommertage am Altwarmbüchener See verbracht. Ich kann sogar behaupten, den Altwarmbüchener See schon gekannt zu haben, bevor er überhaupt existierte. Früher war an der Stelle nämlich mal ein Hochmoor (Niedersachsens letztes), bevor man eine Brigade Bulldozer losschickte, um eine Autobahn zu bauen. Man machte das Moor platt, und heute ist an der Stelle, an der wir in der Grundschule mit Frau Brackmann im Sachkundeunterricht fleischfressende Pflanzen beguckten, einer der größten Badeseen in der Region Hannover. Also jetzt mal abgesehen vom Steinhuder Meer.

Am Altwarmbüchener See war es immer voll. Es war ein Gedränge und Geschubse, und man musste schon früh kommen, wenn man einen wassernahen Platz für sein Handtuch ergattern wollte.

Es roch nach Gegrilltem und Grünofant-Eis (das gab es noch, als ich klein war. Mit Waldmeistergeschmack. Ich glaube, man fand später heraus, dass der Farbstoff krebserregend war, und ich warte seitdem auf eine schicksalsschwere Diagnose), und auf dem Wasser schaukelte Luftmatratze an Luftmatratze.

Als mein damaliger Freund und heutiger Ehemann mich zum ersten Mal in Deutschland besuchte, machten wir einen Ausflug an den Altwarmbüchener See, und er kam aus dem Staunen gar nicht mehr heraus. »Ist es hier immer so, äh, VOLL?« Es befand sich die gefühlte halbe Bevölkerung Niedersachsens am See und kleckerte den Rasen mit Mayonnaise und Pommesresten voll.

In Schweden dagegen gibt es an jeder Ecke einen Badesee. Verdammt viele. Ungefähr 100.000 Seen haben eine Grundfläche von über einem Hektar (also 10.000 Quadratmeter, ZEHNTAUSEND!), 80.000 Seen sind kleiner als einen Hektar, und so um 520.000 sind so um die 100 Quadratmeter groß. Mal zum Vergleich: In Schweden wohnen so um die 9,5 Millionen Menschen.

Insgesamt sind ungefähr 40.000 Quadratkilometer in Schweden Seen, das sind fast neun Prozent der Grundfläche. Und das merkt man natürlich, wenn man mal baden gehen will. Mal davon abgesehen, dass die Schweden ohnehin ziemliche Einzelgänger sind, braucht man hier beim Baden wirklich keine Menschenseele zu treffen, wenn einem gerade nicht danach ist. Wir fahren gerne zum Kalltjärn in Kilsbergen, da sind wir – abgesehen von einem Haufen Kaulquappen, Hechten und anderem Wassergetier – völlig alleine.

Sollte man wider Erwarten doch mal jemanden am Badesee treffen, gehört es sich, sich in gebührendem Abstand niederzulassen. Anders als in Deutschland wird man Sie nicht komisch angucken, wenn Sie sich so weit wie möglich von den anderen hinsetzen. Im Gegenteil: Es ist eine Frage der Höflichkeit, die Privatsphäre zu wahren. Auch wenn es für Sie ganz natürlich erscheint, an einem menschenleeren Strand Kontakt aufzunehmen, wird dies von den Schweden ganz und gar nicht geschätzt. Jeder hat seine eigene Thermoskanne mit Kaffee dabei, man fährt nicht zum Baden um gesellig, sondern um alleine zu sein.

Das Wasser ist in den meisten Seen furchtbar kalt. Das liegt daran, dass sie meist sehr tief sind und der kurze Sommer nicht ausreicht, um sie ordentlich aufzuwärmen. Die Wassertemperatur steigt deshalb oft nicht über 16°C – das merkt man dann schon recht ordentlich, wenn man unvorbereitet reinspringt. Zum Glück hängen an den meisten Seeufern (ja, auch an den einsamen Waldseen) Rettungsringe. Oft mit dem Logo einer Versicherungsgesellschaft bedruckt, das ist nämlich prima Werbung.

Übrigens ist die Freikörperkultur in Schweden weitgehend unbekannt. Anders als man glauben könnte, sind die Schweden furchtbar prüde. Sogar in der Sauna behält man seine Badekleidung an, außer man befindet sich im kleinsten Familienkreis.

Deshalb sollten Sie auch an einsamen Seen möglichst bekleidet bleiben. Denn man weiß ja nie, ob am Seeufer gegenüber vielleicht doch jemand mit seiner Thermoskanne im Gepäck auftaucht.

Auch wenn es meistens nur Rehe oder Elche sind.

73. GRUND

Weil es sogar in Stockholm manchmal Nordlichter gibt

Manchmal habe ich den Eindruck, dass die Hälfte aller Menschen, die ich kenne, schon nördlicher in Schweden war als ich. Okay, ich gebe zu: Ich bin bisher nur bis Ludvika gekommen. Keine Ahnung, woran das liegt. Vermutlich daran, dass ich in Schweden wohne und wenn ich Urlaub mache, lieber in den Süden fahre.

Wenn unsere deutschen Freunde zu Besuch kommen und mir begeistert von ihrem süßen Ferienhäuschen in der Nähe von Gnesta erzählen, dann ziehe ich sie fröhlich damit auf und witzele, ich würde vielleicht demnächst mal Urlaub in Peine oder Kleinburgwedel machen. (Lieber Peiner und Kleinburgwedler! Bitte nicht beleidigt sein! Ich bin in Altwarmbüchen aufgewachsen, und daher kenne ich Peine und Kleinburgwedel schon. Und deshalb ist es dort ein bisschen, äh, unexotisch für mich. Sonst ist absolut nichts falsch an Peine und Kleinburgwedel. Ganz ehrlich.)

Manchmal, meistens im Sommer, überkommt mich der spontane Wunsch, mal nach Nordschweden zu fahren. Mir Rentiere und Schlittengespanne anzugucken und rauszufinden, wie sich −38°C denn nun wirklich anfühlen. Aber wenn es dann so weit ist, also im Winter, dann liegen die Temperaturen hier in Örebro und Umgebung auch im zweistelligen Minusbereich, und der Gedanke verflüchtigt sich ziemlich schnell wieder.

Aus diesem Grund habe ich bisher noch nie Nordlichter gesehen. Und ich kann hier nicht mit spektakulären Fotos von gigantischen Aurora Borealis angeben. Auch wenn ich das liebend gerne würde.

Bis ich dann vor Kurzem in Stockholm zu Besuch bei Freunden war. Wir tranken ein paar Bier, saßen auf dem Balkon, und plötzlich schrie jemand auf dem Nachbarbalkon und fuchtelte mit den Armen in Richtung Himmel.

Und da waren sie, mitten in Stockholm. An einem Donnerstagabend: Nordlichter. Sie tanzten über dem Mälarsee, als wäre das ganz normal. Und ich? Ich hatte ausnahmsweise mal die Kamera dabei.

Und obwohl alle sagen, dass man Nordlichter nur in Norrland gut sehen kann, weil die Städte mit ihren Lichtern viel zu hell sind: Im Bildteil finden Sie den Gegenbeweis!

Aber in diesem Winter fahre ich dann vielleicht wirklich endlich mal nach Norrland. Richtige Nordlichter gucken.

Weil schwedische Landschaften ihre eigenen Blumen haben

Jedes Jahr im Frühling, wenn der Rasen gerade wieder anfängt zu wachsen und die Birken sich langsam grün färben, tauchen sie überall auf, und man muss mit dem Rasenmäher vorsichtig um sie herum fahren, weil sie nicht nur wunderhübsch sind, sondern auch unter Naturschutz stehen: die Schlüsselblumen.

Diese Blume ist nicht irgendeine Blume, sondern die Landschaftsblume von Närke. Denn hier in Schweden hat jede Region, genannt »landskap« (= Landschaft), nicht nur ein eigenes Wappen sondern auch eine eigene Blume als Symbol.

Aber fangen wir erst mal mit den Landschaften an, bevor wir zu den Blumen kommen. Die schwedischen Landschaften sind, anders als oft angenommen, keine offiziellen Verwaltungsbezirke, sondern Bezeichnungen für die jeweilige Region. Ähnlich wie die deutschen Bezeichnungen »Weserbergland«, »Sauerland« oder »Ruhrgebiet« haben die schwedischen Landschaften keine politische, sondern eine kulturelle und regionale Bedeutung. Das Wort »landskap« wurde zu Beginn des 13. Jahrhundert erstmalig erwähnt und bezeichnete damals ein Gebiet, das von einem lokalen Fürsten oder Klanführer regiert wurde.

Aber auch heutzutage identifizieren sich die Schweden sehr stark mit ihrer Region. Und so sagt man den verschiedenen Gebieten sogar unterschiedliche Charaktereigenschaften nach. Ob die Smålänningar nun aber wirklich furchtbar geizig sind, die Närkingar ständig nörgeln und die Norrbottnar den Mund nicht aufkriegen, das darf jeder selbst herausfinden.

1560, als Gustav Eriksson Vasa begraben wurde, ließ sein Sohn und Nachfolger Erik XIV. Wappen für die damals 24 verschiedenen Landschaften in Schweden und Finnland erstellen, die auf Seidenfahnen gemalt wurden und in der Prozession von Stockholm nach Uppsala hinter dem Sarg hergetragen wurden.

Um aber nun zur Schlüsselblume zurückzukommen: Die jeweiligen Landschaften bekamen 1908 jeweils eine Blume zugeordnet. Nach dem Vorbild der amerikanischen »state flowers« verteilten die führenden schwedischen Botaniker Schwedens an jede Landschaft eine Blume.

Aber damit nicht genug. 1988 entschied man, dass ein Wappen und eine Blume nicht so ganz ausreichend sind, und verteilte auch noch Landschaftstiere an die verschiedenen Regionen.

Wir hier in Närke bekamen die Haselmaus. Das, finde ich, ist eine gute Wahl. Denn die Haselmaus ist flink, nett anzusehen und überhaupt nicht nörgelig, wie man es den Närkingern sonst gerne nachsagt.

Und so haben wir jedes Jahr im Frühling den Garten voller Landschaftsblumen. Und um die mähen wir ganz sorgsam herum. Denn die närkische Landschaftsblume abzumähen, wäre ein echtes Sakrileg. Und schade, denn sie sehen wirklich wunderhübsch aus, die gelben Flecken im Rasen.

75. GRUND

Weil das skandinavische Licht einfach unvergleichlich ist

Beim Thema Schönheit gehen die Meinungen ja ziemlich weit auseinander. Und das ist auch gut so, es wäre ja sonst langweilig. Aber ganz gleich ob Sie Rot oder Blau lieber mögen, ob Sie die Mona Lisa für das ultimative Kunstwerk halten oder den Kubismus schätzen – ich wette das linke Ohr meines Hundes darauf, dass Sie mir recht geben, wenn ich behaupte, dass das Licht in Schweden (okay, im ganzen Norden) zu den schönsten der Welt gehört.

Ein schwedischer Sonnenuntergang oder Sonnenaufgang gehört zu den Dingen, über die man Oden schreiben sollte, und ich würde es sofort tun, wenn die Poesie Teil meines Repertoires wäre.

In Mittelschweden, wo ich wohne, ist es im Winterhalbjahr nur einige Stunden am Tag hell, und wenn der Himmel wolkenlos ist, an klaren Tagen mit viel Schnee, schimmert der Himmel in einem Pastellverlauf, der von Klarblau über Hellblau, Rosa, Orange und Weiß changiert. Man hat das Gefühl, dass die Kälte die Luft zum Glitzern bringt, und der Nordstern blinkt fast den ganzen Tag am Himmel wie der Funke einer Wunderkerze.

Im Frühjahr, wenn die Tage langsam länger werden und der Winter wie ein langer melancholischer Traum verblasst, verändern sich die Farben. In der hellen Jahreszeit ist Schweden grün und golden, und das Licht macht uns Nordbewohner trunken und ein bisschen verrückt. Die Sonne verbreitet eine Kraft, die wie ein Aufputschmittel wirkt – das Schlafbedürfnis nimmt ab, und der Körper lechzt danach, so viel Licht wie möglich in sich aufzusaugen. An Mittsommer, also Ende Juni, sind die Tage länger als die Nächte. Die Sonne geht nur noch kurz unter, verschwindet für einen Moment hinter dem Horizont, um gleich wieder aufzugehen. Der Himmel wird nicht mehr schwarz, nur noch dunkelblau, immer mit einem orangegoldenen Gürtel am Horizont.

In Nordschweden, wo es im Sommer wochenlang nicht dunkel und im Winter wochenlang nicht hell wird, soll das Licht ja noch atemberaubender sein. Ich selbst habe es bisher nicht weiter nördlich als bis nach Ludvika geschafft. Aber auch ich bin noch gerne Tourist im eigenen Land und hoffe, dass ich es bald mal weiter bis nach Lappland schaffe.

Rentiere und Sonnenuntergänge gucken.

Weil es in Schweden gesetzlich verbotenes Unkraut gibt

Es gibt eine Reihe von Dingen, die mir ziemlich peinlich sind. So peinlich, dass ich mich innerlich ein bisschen winde, wenn ich nur daran denke. Ich habe mich zum Beispiel mal während einer wichtigen Kundenpräsentation an meinem Kaffee verschluckt. In der ersten halben Sekunde dachte ich, ich könne es mit Luftanhalten kaschieren, und die Situation würde einfach vorbeigehen. Aber als ich langsam blau im Gesicht wurde, machte mir mein Atemreflex einen Strich durch die Rechnung. Ich hustete den verschluckten Kaffee quer über den ungefähr sieben Meter langen Konferenztisch in der Hauptniederlassung eines großen Schweizer Pharmaunternehmens – auf die Konferenzkekse und auf das Hemd des Produktmanagers, der mir gegenübersaß.

So peinlich wie mir das Kaffeedesaster ist es wohl jeder Mutter, wenn man ihr mitteilt, dass ihr Kind Läuse hat. Und einem schwedischen Bauern, wenn er erfährt, dass er Flughafer hat. Flughafer klingt ein bisschen wie Windpocken, finde ich. Und es ist fast genau so ansteckend: Flughafer ist ein Unkraut, das in Schweden so gefürchtet ist, dass man es kurzerhand per Gesetz verboten hat.

Als ich eines Abends mit dem Hund spazieren ging, am Rand eines Weizenfeldes gleich hinter unserem Haus, sahen wir, dass haferähnliche Ähren dazwischen standen. Circa 20–30 Zentimeter über dem Weizen, gleichmäßig verteilt, auf Tausenden von Quadratmetern. Mein Mann warf einen Blick darauf und sog die Luft zwischen den Zähnen ein, wie er es sonst nur tut, wenn er etwas sehr missbilligt. »Flughafer«, stellte er fachmännisch fest. Und schob noch ein »Uiuiuiui!« hinterher.

Ich hatte keine Ahnung, wovon er sprach. Für mich sah das Ganze aus wie normaler Hafer. So, als hätte der Bauer beim Säen einfach ein paar Körner in den Weizen gemischt. Kann ja mal passieren, dass da einer den Saatwagen nicht richtig sauber macht. Zu Hause habe ich dann mal ein bisschen recherchiert. Und stellte fest, dass Flughafer scheinbar eine richtige Pest ist. Man kann ihn nicht essen, nicht als Tierfutter verwenden und eigentlich nur verbrennen. Die Wurzeln werden bis zu einem Meter lang, und es ist ein Unkraut, das sich kaum richtig bekämpfen lässt. Und daher hat man hier in Schweden kurzerhand ein Gesetz eingeführt, das Flughafer verbietet.

Das schwedische Flughafergesetz schreibt vor, dass jeder sein Land frei von diesem Unkraut halten muss. Es ist auch diesem Gesetz zu verdanken, dass kein Getreidetransport in Schweden unabgedeckt stattfinden darf – denn wer (absichtlich oder unabsichtlich) Flughafer verbreitet, macht sich ebenso strafbar, wie wenn er mit Cannabis handeln würde.

Im Sommer haben dem Flughafer tausende von schwedischen Schülern ihren Sommerjob zu verdanken: Sie werden von den Landwirten angeheuert, um die Äcker nach Flughafer abzusuchen und ihn auszureißen.

77. GRUND

Weil ein schwedischer Mückenstich so groß wie der Kebnekaise wird

Wer nach Schweden fährt, besonders nach Norden, der muss sich auf die schwedischen Mücken einstellen. Ich bin kein Biologe, bin aber davon überzeugt, dass die Mückensorte hierzulande besonders bösartig und aggressiv ist. Die Biester werden groß, fett und vor allem wahnsinnig frech.

Merkwürdigerweise scheinen die meisten Schweden immun gegen diese Plage zu sein. Oder wir Ausländer riechen anders. Auf jeden Fall stürzen sie sich gerne und unverfroren auf uns, bis wir mit gigantischen Quaddeln übersät sind und unsere Tage kratzend, juckend und fluchend verbringen. Ich habe schon Mückenstiche gehabt, die mich nachts aufgeweckt haben und aussahen, als hätte ich mich nackt in einem Brennnesselfeld gewälzt.

Außer den fiesen Mücken gibt es noch eine Fliegensorte, die winzig klein ist und »knott« heißt – »Kriebelmücken« auf Deutsch. Sie stechen nicht, sondern ritzen mit ihren scharfen Mundwerkzeugen die Haut auf und saugen dann in aller Ruhe das Blut auf. Knott treten vorzugsweise in Schwärmen auf und sind der Albtraum ruhiger Sommernächte am Grill. Man sagt ihnen nach, dass sie sogar Kühe umbringen können, wenn sie als Schwarm angreifen.

Zum Glück gibt es aber ein paar Tricks, mit denen man sich gegen die Viecher schützen kann.

Waffe Nr. 1: Jungelolja (Dschungelöl) – wird in kleinen grünen Plastikflaschen in jedem Supermarkt verkauft. Stinkt nach Petroleum und ist vermutlich krebserregend, erbgutschädigend und macht dumm. Hilft aber.

Waffe Nr. 2: Wind. Freuen Sie sich über Sommerstürme, Gewitter und Hagelschauer! Auch die schwedischen Mücken können nicht gegen Windstärke 6 anfliegen. Also bevor Sie jetzt fluchen und den schwedischen Sommer verdammen und für nächstes Jahr schon einen Urlaub auf Mallorca planen, seien Sie dankbar. Je windiger, desto weniger Mückenstiche.

Waffe Nr. 3: Imkerkleidung. Hilft. Außer beim Braunwerden.

78. GRUND

Weil die schwedische Natur so üppig ist

Ist Ihnen schon mal aufgefallen, dass in einem deutschen Wald irgendwo immer eine Autobahn, eine Bushaltestelle oder eine Gastwirtschaft in der Nähe ist?

Also jedenfalls in den niedersächsischen Wäldern, in denen ich als Kind herumgestreift bin. Es waren überall Wanderwege, mit Schildern markiert, und als ich mal einen Nachmittag in einem Hamburger Forst zum Pilzesuchen verabredet war, kam ich mit 30 Mückenstichen, aber keinem einzigen Pilz nach Hause.

Die schwedische Natur hat mich dagegen von Anfang an durch ihre Ursprünglichkeit und Üppigkeit begeistert. Hier wachsen Sommerblumen in Hülle und Fülle am Straßenrand, braucht man nie lange zu laufen, um einen 10-Liter-Eimer mit Blaubeeren zu füllen, und geht man nicht in den Wald um Pilze suchen, sondern um Pilze zu holen.

Ein schwedischer Wald ist dazu noch voller Wildtiere. Wenn ich im Frühherbst mit unserem Hund abends eine letzte Gassirunde zum nächstgelegenen Acker gehe, höre ich in der Dämmerung die Füchse heiser bellen.

In jedem Gebüsch liegt ein Reh, das sich zur Ruhe begeben hat, und wenn ich ein bisschen weiter in den Wald hineinlaufe, sehe ich die Schlafplätze der Elche, die sich in dem hohen Gras gemütliche Nachtmatratzen getrampelt haben.

Man muss sich nur umdrehen, um Hasen, Fasane oder Eichhörnchen bei ihren täglichen Beschäftigungen zuzusehen, und die Dachse schlurfen gemütlich über die Landstraßen.

Von meinem Schreibtisch aus kann ich die Rehe sehen, die sich beim ersten Frost am restlichen Fallobst satt futtern, und bei Spaziergängen muss man aufpassen, damit man nicht versehentlich in einen Dachsbau oder Elchkacke trampelt.

An einem schwedischen See kann man ruhig am Ufer sitzen und sieht schon nach einigen Minuten, wie das Wasser von vielen Flossen fast schaumig aufgewühlt wird, an Wegesrändern stehen Kraniche wie Denkmäler, und die Wildgänse ziehen in riesigen Schwärmen über das Land. Im Frühling weiß man nicht, ob man lieber den berühmten Schwanentanz (Tausende Singschwäne, die sich alljährlich auf dem Weg von Europa hier an einem lokalen See treffen) oder das

Manchmal erscheint ganz Schweden wie eine Postkarte

Rotunde eines
verlassenen Folkets Park

Verfallene Scheune in der
Nähe von Odensbacken

Mittsommerstange

Noch ist der Frühling weit weg

Picknicken kann man auch im Winter

Klirrend kalter Wintertag auf dem Weg
zwischen Örebro und Norrköping

Junge Schwedin in einem Mix aus traditioneller Tracht und modernen Teilen

Winter, kalt aber wunderschön

50 Shades of Grey

Kuscheliges Häuschen in Närke

Klirrend kalter Wintertag am See Hjälmaren

Der Löwe von Gripsholm (Foto: Mona Skoglund)
Unten: Das schwedische Staatswappen

Kräuselzange für Kissenbezüge
(hier und rechts oben)

Trollkreuz

Polarlichter über Stockhom

Die Apfelblüte, ersehnter Frühlingsbote

Lupinen säumen die schwedischen Wege im Sommer

Buschwindröschen kündigen den bevorstehenden Frühling an

Fertiger Mittsommerkranz

Zu Tisch, bitte!

Sonnenuntergang über dem See Hjälmaren

Hjälmaren bei Dimbobaden

Am Göljestigen in Kilsbergen/Örebro Län

Erwachen der Kreuzottern auf dem Hügel im Nachbarort bestaunen (nichts für jeden, aber wirklich faszinierend) soll.

Die Natur ist in Schweden allgegenwärtig, sie ist überbordend und üppig, und ich habe manchmal das Gefühl, dass es von allem ein bisschen mehr als in Deutschland gibt.

79. GRUND

Weil sich Schweden jedes Jahr ein paar Zentimeter entknittert

Ich wohne ja, wenn Sie mich fragen, in einer der schönsten Gegenden Schwedens. Ganz in der Nähe von Örebro und ganz nah an der wunderschönen Gegend, die »Bergslagen« heißt. Aus irgendwelchen Gründen ist die Ecke hier nicht so bekannt und beliebt bei Touristen wie Skåne oder Småland. Dabei ist es hier meiner Meinung nach viel, viel schöner. Mit dem Auto raus aus der Stadt auf den Reichsweg 50 in nördlicher Richtung, und schon ist man inmitten unberührter, faszinierender Natur, wie man sie sonst eher in Norrland vermutet.

Gleich hinter Skärmarboda fängt ein Naturreservat an, das bis vor Kurzem noch gar keins war. Es war einfach eine wunderschöne Gegend, die kein Mensch außer den Anwohnern kannte. Und zum Glück haben wir Freunde, die dort wohnen und uns diese fantastische Umgebung zeigen konnten.

Es gibt keinen Parkplatz und keine Schilder, man fährt einfach einen kleinen Kiesweg entlang und stellt sein Auto am Wegesrand ab. Am besten zieht man feste Schuhe an, nimmt sich eine Thermoskanne mit Kaffee mit und – im Sommer ganz wichtig – Mückenschutz.

Dann stiefelt man los und kommt schon nach ein paar Metern zu mannhohen Granitklippen, die man mithilfe von wackeligen

Holzstiegen, verankerten Kletterseilen und aufgesprühten Markierungen an den umliegenden Bäumen besteigen kann.

Diese Klippen sind ein Überbleibsel der letzten Eiszeit und liegen in Skärmarboda in einem gigantischen Durcheinander aufgeschichtet. Sie bilden Höhlen, die »Thronsaal der Riesen« oder »Riesenspielhalle« heißen, und wenn man zwischen den majestätischen Felsblöcken steht, versteht man direkt, wie die Namen zustande gekommen sind.

Darum herum befindet sich ein ursprünglicher Wald, der seit Jahrhunderten von Menschenhand unberührt wachsen durfte. Kein Baum wird hier gefällt, kein Gewächs gepflanzt. Alles darf wachsen, wie es will, und ist von einer urwüchsigen Schönheit, die mir auch nach vielen Jahren in Schweden noch jedes Mal den Atem raubt.

Samtartiges Moos, das auf den Steinen wächst, wilde Blüten und der Geruch von feuchten Wurzeln, vermodernden Tannennadeln, von vielen Schichten Laub, die sich auf dem Waldboden zu einer weichen Decke geformt haben, die völlige Stille, die nur vom Brummen der Insekten, dem leisen Zwitschern von Vögeln und dem tiefen Brausen aus den Baumkronen unterbrochen wird.

Wenn man hier, gefühlte tausend Kilometer von der Zivilisation, auf einem sonnenwarmen Felsen seine belegten Brote isst, verschwinden Sorgen und Alltagskummer ganz von selbst. Plötzlich versinken Probleme in der Bedeutungslosigkeit, das Atmen der frischen Waldluft reinigt die Gedanken, und Kummer löst sich in nichts auf. Für mich ist ein Spaziergang in den Skärmarbodabergen wie eine Therapiestunde. Meine Gedanken ordnen sich, und Stress verfliegt von ganz allein.

Vor 11.000 Jahren, während der letzten Eiszeit, befand sich hier ein Strand. Alles südlich um Skärmarboda (also ungefähr das südliche Drittel Schwedens) lag unter Wasser. Das Meer nannte man Yoldiameer (nach einer Schneckenart, die dort auf dem Meeresboden lebte), und es reichte bis ans heutige Russland.

Als das Eis langsam schmolz und in die Meere abfloss, bildete sich in der Gegend um Skärmarboda eine kilometerlange Strandkante. Die Wellen schlugen mit Gewalt an die felsigen Küsten und stapelten die Felsblöcke zu ihren heutigen bizarren Formen auf. Geht man tief in den Wald hinein, findet man kilometerlange Überreste von Stränden. Ja, mitten im Wald! Auf einer Länge von mehreren Kilometern liegen rundgewaschene Steine in der Größe von Bowlingkugeln dicht an dicht – hier schlugen einst die Wellen des Yoldiameeres an die neu entstehende Küste.

Und mit dem Rückzug des Eises, das kilometerdick über dem Land gelegen hatte, begann die Landmasse langsam, sich zu entknittern. Ganz Schweden war durch das Gewicht der bis zu drei Kilometer dicken Eisschicht so zusammengedrückt, dass es sich bis heute jedes Jahr um bis zu sieben Millimeter erhöht.

So wächst Schweden bis heute ein bisschen in die Höhe.

Und wer in den Skärmarbodabergen auf einem Felsen sitzt und lauwarmen Thermoskaffee trinkt, der sollte genau hinhören. Mit ein bisschen Fantasie kann man nämlich den Felsen beim Wachsen zuhören.

80. GRUND

Weil man sich in einem schwedischen Wald noch richtig verlaufen kann

Auf mich hat der schwedische Wald die gleiche Wirkung wie Valium auf andere Menschen: Er macht mich glücklich, entspannt und zaubert ein dümmliches Grinsen auf mein Gesicht. Wenn ich mich gestresst oder angespannt fühle, muss ich nur für ein Stündchen in den Wald gehen, dann geht es mir gleich viel besser.

Ich stamme aus Niedersachsen, da gab es hauptsächlich Laubwälder, von Weiden und Feldern unterbrochen. Da gibt es Feldwege und Gatter und irgendwie immer eine Straße, eine Bushaltestelle oder ein lauschiges Waldhotel um die nächste Ecke. Meist trifft man auf andere Spaziergänger, und mir wäre nie auch nur der Gedanke gekommen, dass ich mich verlaufen könnte. Nicht mal mit Sonnenbrille mitten in der Nacht, denn dann muss man nur dem Geräuschpegel der nächsten Autobahnabfahrt entgegengehen, und schwups! ist man wieder in der Zivilisation.

Hier in Schweden ist das anders. Die Vegetation hier in Bergslagen, wo ich wohne, besteht hauptsächlich aus Nadelhölzern und Birken. Vielleicht sieht man mal die eine oder andere Espe, Eiche oder Ulme. Aber im Gegensatz zu Niedersachsen sind die Wälder hier dicht und mystisch und strahlen eine Urwüchsigkeit aus, die die Gedanken zu Trollen, Feen und Elfen führt.

Vor allem aber muss man wirklich aufpassen, dass man sich nicht verläuft. Ich meine, so richtig. Mit im Wald übernachten müssen und langsam, aber sicher durstig werden. Und hungrig. Frieren, seine Bedürfnisse hinter Blaubeersträuchern erledigen, kein Klopapier dabeihaben und das ganze Pipapo.

Geht man in einen schwedischen Wald, ist es daher ratsam, eine Karte mitzunehmen und vor allem immer auf die Markierungen zu achten. Das können bunte Punkte an den Bäumen sein oder kleine Pfeile, die die richtige Richtung anzeigen.

Ziehen Sie sich vernünftige Schuhe an, nehmen Sie einen Rucksack mit Wasser und ein paar belegten Broten mit und vergessen Sie die Regenjacke nicht, denn man weiß ja nie.

Aber wenn Sie dann unterwegs sind, tun Sie vor allem eins: Genießen Sie! Der schwedische Wald bietet Düfte und Geräusche, die Sie in Deutschland so nicht finden. Pflücken Sie ein paar Beeren, zerreiben Sie Kiefernnadeln zwischen den Fingern, und setzen Sie sich einen Moment in das weiche Moos, das die Felsen bedeckt. Atmen Sie durch und halten Sie die Augen offen. Sie werden vermutlich keine Wisente zu sehen bekommen.

Aber ein Elch oder zwei tut es ja auch.

8. KAPITEL

ESSEN & TRINKEN

81. GRUND

Weil die schwedische Hausmannskost an Donnerstagen immer gleich ist

In Schweden wird der Urlauber, der per Auto auf der Landstraße unterwegs ist, an vielen Wegesrändern große, oft handgemalte, oft mit viel grafischer Freiheit gedruckte Schilder sehen, auf denen das Wort »Dagens« seht. »Dagens« ist die Abkürzung für »Dagens rätt«, also Tagesgericht, und macht auf das Angebot eines naheliegenden Restaurants aufmerksam.

Das Schöne an diesen Schildern ist, dass man zu 99,9 % sicher sein kann, hier gute schwedische Hausmannskost serviert zu bekommen. Mit viel brauner Soße, Kartoffeln und zu allem, wirklich zu ALLEM, einen ordentlichen Klacks Preiselbeermarmelade.

Die traditionelle schwedische Küche ist facettenreich, geizt nicht mit Kalorien und hält viel mehr bereit, als man es aus dem IKEA-Restaurant kennt. Fisch und Fleisch, gebackene Wurzelgemüse, zart geschmortes Wild, Hering in allen denkbaren Variationen und viele leckere deftige Köstlichkeiten, die sowohl eine hungrige Touristenfamilie als auch eine Horde Bauarbeiter über den Tag bringen.

Isst man in einem Restaurant mit Mittagstisch, wird man dort meistens von einem Buffet empfangen. Das heißt: all you can eat – zu einem wirklich fairen Preis.

Dazu gehört in der Regel eine Auswahl von Salaten, oft mit verschiedenen Bohnen oder Sprossen gemischt, als Vorspeise. Der Hauptgang besteht meist aus einem Fisch- und einem Fleischgericht und folgt oft sehr traditionellen Rezepten: panierte Scholle oder Hering, Schweinespeck mit Kartoffelpuffern oder die heiß geliebten Fleischbällchen mit Kartoffeln und der unvermeidlichen braunen Soße. Was dem Besucher hier zunächst auffallen wird, ist die Geschmacksskala: Oft sind auch deftige Gerichte ein kleines bisschen gesüßt. Nehmen wir zum Beispiel Blutpudding, eine Speise, die an die deutsche Blutwurst erinnert: Schweineblut mit Getreide, der in Scheiben geschnitten und gebraten wird. Dieses Gericht wird hierzulande mit einer Gewürzmischung verfeinert, die an die deutschen Lebkuchen erinnert, um dann mit Preiselbeermarmelade und Kartoffeln verspeist zu werden. Gewöhnungsbedürftig, aber sehr typisch für die schwedische Hausmannskost.

Der Grund dafür liegt in der Geografie Schwedens: die langen, dunklen Winter und die harte körperliche Arbeit der Landbevölkerung setzte eine deftige, kohlenhydratreiche Kost voraus, um den Strapazen des Alltags gewachsen zu sein. Zucker war ein Luxus, den man sich nur selten leisten konnte und der so zu einem Statussymbol wurde, das sich nach und nach in die schwedische Küche eingeschlichen hat.

Und genau wie im übrigen Europa aß man auch in Schweden an Freitagen kein Fleisch, ein Relikt aus der Zeit vor der Reformation. Um jedoch den körperlichen Anforderungen gewachsen zu sein, brauchte man am Tag vorher eine ordentliche Mahlzeit, die lange vorhielt. Und so entstand die Tradition mit der Erbsensuppe. Man kochte die Erbsen in Fleischbrühe und gab der Suppe Schweinespeck bei – eine ziemlich deftige Geschichte, mit der es kein Problem war, auch bei harter Arbeit einen Fastentag zu überstehen.

Danach servierte man Pfannkuchen mit Schlagsahne und Erdbeermarmelade.

Und diese Tradition lebt bis heute weiter. Wer also an einem Donnerstag gegen 12 Uhr mittags auf einer Landstraße unterwegs ist, ein kleines Hüngerchen verspürt und an einem Schild mit der Aufschrift »Dagens« vorbeifährt: anhalten und Erbsensuppe essen!

Sie werden bis zum Wochenende satt sein, das verspreche ich Ihnen.

Weil die Schweden Gelee aus Vogelbeeren kochen

Sind Sie auch in dem Glauben aufgewachsen, dass Vogelbeeren giftig sind? Ich kann mich noch an die warnenden Worte meiner Mutter erinnern: Die Farbe der Vogelbeeren ist eine Warnfarbe! Nicht essen, die sind gaaaanz giftig. Ha, sind sie aber gar nicht! Hier in Schweden ist Vogelbeerengelee eine Delikatesse und wird zu Wild und Fleisch gegessen.

Ich habe es selbst schon gekocht und davon gegessen und bin nicht an anhaltenden Magenkrämpfen oder anderen schrecklichen Nebenwirkungen gestorben, wie ich meine ganze Kindheit hindurch geglaubt hatte.

Das Gelee ist ein bisschen herb, aber der Geschmack ist ganz wunderbar. Besonders wenn man es mit ein paar sauren, unreifen Äpfeln mischt. Und so wird es gemacht:

Zutaten:
2 Liter Vogelbeeren
0,5 Kilo saure unreife Äpfel
0,7 Liter Wasser
0,9 Liter Gelierzucker pro Liter Saft

Die Vogelbeeren ordentlich abwaschen und verlesen. (Wenn Sie, so wie ich, beim Säubern der Beeren ganz viele frisch geschlüpfte Schnecken entdecken, mit Häusern in der Größe von Stecknadelköpfen und langen Stielaugen – haben Sie ein Herz! Nicht einfach im Waschbecken runterspülen. Tragen Sie sie nach draußen und setzen Sie sie auf einem Grünstreifen ab.)

Die Äpfel in Stücke schneiden und zusammen mit den Vogelbeeren in einen großen Topf geben. Das Wasser dazugießen und ca. 15 Minuten ordentlich kochen. In ein Seihtuch geben und den

Saft über Nacht abrinnen lassen. Nicht drücken, sondern nur ablaufen lassen. Dann den Saft in einem Topf ordentlich aufkochen und den Gelierzucker dazugeben. Nach ca. 10 Minuten Gelierprobe machen: einen halben Teelöffel Gelee auf einen kalten Unterteller geben, einige Sekunden warten und dann mit einem Löffel durch das Gelee streichen. Bleibt eine sichtbare Rille zurück, ist das Gelee fertig. In gut gesäuberte, ausgekochte Gläser füllen, Deckel drauf und kurz auf den Kopf stellen. Danach wieder umdrehen und die Gläser nach Geschmack dekorieren. Die oben angegebene Menge Beeren reicht für ca. 1 Glas (500 ml) Gelee. Guten Appetit!

83. GRUND

Weil der Samstag in Schweden Süßigkeitentag ist

Der Begriff »lördagsgodis«, also Samstagssüßigkeiten, ist in Schweden so normal wie die gigantischen Selbstbedienungsbars für Weingummischnuller, Schaumpilze und saure Himbeer-Lakritz-Totenköpfe, die es in jedem Supermarkt, an jeder Tankstelle und manchmal sogar in eigenen Geschäften gibt. Süßigkeiten gehören hierzulande zum Wochenende wie der Nieselregen zu Mittsommer oder die Nordlichter zu Lappland.

Die Schweden sind das Volk, das weltweit am meisten Süßigkeiten isst, rund 18 Kilogramm pro Person und Jahr. Und es gibt sogar Schweden, die behaupten, dass die Wahl der Lieblingssüßigkeiten etwas über den Charakter von Menschen aussagt. Ich habe schon Magazinüberschriften mit dem Text »Schaumgebisse oder Salzlakritzautos – das verraten Süßigkeiten über deinen neuen Lover« gesehen – kein Scherz!

Aber zurück zum Samstag. Wenn man gemeinsam (noch ziemlich satt von der Erbsensuppe und den Pfannkuchen vom Donnerstag) zum Familieneinkauf fährt, ist die Wahl der Süßigkeiten ein wichtiges Ritual: Kinder dürfen hier ihr Taschengeld in harten Stoff umsetzen und Erwachsene sich getrost über Diäten oder Ernährungsratschläge hinwegsetzen. An der großen Selbstbedienungsbar sind alle gleich: Mit einem Plastikschäufelchen und einer hübsch bedruckten Papiertüte bewaffnet, schleicht man an den durchsichtigen Kunststofffächern vorbei und wählt seine Lieblingssüßigkeiten aus.

Ich fand diese Selbstbedienungsbars anfangs irgendwie unhygienisch und bin mir bis heute ziemlich sicher, dass sie bakterienverseuchter als eine Computertastatur in der öffentlichen Bibliothek sind, habe mich inzwischen jedoch assimiliert. Und tatsächlich wurde Süßigkeitenselbstbedienung in den 80er-Jahren aus *hygienischen* Gründen eingeführt. Hinter Plexiglasscheiben waren die Leckereien nämlich angeblich sauberer, als wenn sie von einem Kioskbesitzer einzeln mit der Hand aus den Schachteln gepult wurden. Aber warum denn nun eigentlich am Samstag? Ganz einfach: In den 50er- und 60er-Jahren war es nicht weither mit der schwedischen Zahngesundheit. Karies war sehr verbreitet, und zu der Zeit war das Gesundheitssystem, für das Schweden später so berühmt werden sollte, noch nicht vollständig entwickelt. Die schwedische Gesundheitsbehörde gab also einen allgemeinen Rat an die Bevölkerung: Kümmert euch um eure Zähne, esst nur am Samstag Süßigkeiten. Und dadurch, dass der Konsum auf einen Tag in der Woche beschränkt wurde, wurde die Zahngesundheit in Schweden schlagartig besser.

Wenn Sie also in einem Supermarkt an einer dieser Süßigkeitenbars vorbeikommen, schlagen Sie zu! Verdrängen Sie einfach den Gedanken an E-Coli oder Novoviren! Brechdurchfall? Ist was für Anfänger! Und denken Sie bloß nicht daran, was die Wahl von Toffeekugeln über Ihren Sinneszustand aussagt. Genießen Sie einfach. Schließlich ist Wochenende!

Weil an Weihnachten »Julbord« gegessen wird

Sie sind der Meinung, dass Hummer, Kaviar und Austern das Luxuriöseste ist, womit man sich den Bauch füllen kann? Dann haben Sie noch nicht das »Julbord« meiner Schwiegermutter probiert.

Vergessen Sie teure Weine, importierten Käse und Schalentiere, die mit der Flasche großgezogen wurden, Rinder, die morgens wachgeflötet werden und dann den Rest des Tages von zwei zartgliedrigen Jungfrauen den Lendenrücken massiert bekommen – all das ist nichts im Vergleich zu Lenas Weihnachtsbuffet.

»Jul«, also Weihnachten, wird in Schweden traditionell mit einer Auswahl des Leckersten, was Schweden so zu bieten hat, gefeiert.

Denn an Weihnachten wird hier traditionell geschlemmt, bis man kaum noch in der Lage ist, ein Stück Geschenkpapier zu falten.

(An alle Veganer, Vegetarier, Low-Carb-Diät-Anhänger, Antialkoholiker und Genussverweigerer: Bitte blättern Sie doch schon mal zum nächsten Kapitel weiter. Zu Ihrem eigenen Besten.)

Um das Julbord vorzubereiten, steht Lena tagelang in der Küche. Sie brät, rollt Fleischklößchen, schnippelt Kartoffeln, schält Krabben, mariniert, legt ein, gart und sautiert, bis die Küche in einem zarten Schleier aus Wasserdampf verschwindet und der Bevölkerung in der Südstadt von Örebro das Wasser im Mund zusammenläuft. (Meine Schwiegereltern wohnen in der Nordstadt.)

Traditionell wird hier in Schweden an Weihnachten alles auf den Tisch gestellt, was die schwedische Küche an Leckerbissen so zu bieten hat. Und dafür gibt es einen Grund: Schweden war bis in die 1950er-Jahre hinein ein bitterarmes Land. Gerade in den ländlichen Gegenden herrschte früher bittere Not (allein in den Jahren 1850–1920 flohen rund 1,5 Millionen Schweden vor der Armut nach Amerika), und es war ganz einfach nicht alltäglich, sich gut und reichhaltig ernähren zu können. Aber einmal im Jahr, an Weihnachten, gönnte man sich etwas richtig Gutes. Man schwelgte im Überfluss und zehrte danach (im wahrsten Sinne des Wortes) noch wochen- und monatelang von dem guten Weihnachtsessen.

Und diese Tradition hat sich bis heute gehalten. In der Weihnachtszeit bieten viele schwedische Restaurants Julbord an, und es ist eine beliebte Sache, mit der ganzen Firma zu einem Schlemmerabend zusammenzukommen.

Aber eigentlich wird das richtige Julbord zu Hause gegessen, im engsten Familienkreis. Man trifft sich am Heiligen Abend zu Hause, hübsch gekleidet, und deckt gemeinsam den Tisch.

Und dann wird aufgetischt, was Lena in den vorangegangenen Tagen vorbereitet hat: gegrillter Schinken, gebratene prinskorv (Prinzwürstchen, eine Art kleines Wiener Würstchen), Köttbullar (Fleischbällchen), gekochte Eier, halbiert und mit Eismeerkrabben und rotem Kaviar garniert, diverse Sorten eingelegter Hering, graved Lachs, Knäckebrot, Janssons Frestelse (ein Auflauf aus Kartoffelstreifen, Zwiebeln, Sahne und Anchovis), Lutfisk (Laugenfisch), Rote-Beete-Salat, gekochte braune Bohnen, Milchreis und, natürlich, jede Menge Aquavit.

Apropos Milchreis: Ein kleines Schälchen davon wird am Heiligen Abend auf den Hof gestellt. Für den Nisse, der Hof und Stall bewacht und den man gerne bei Laune halten möchte. Sonst sorgt er nämlich dafür, dass die Kühe keine Milch mehr geben, und das will ja nun wirklich niemand riskieren. Früher versteckte die Hausfrau übrigens eine (einzige) Mandel in der Schale mit dem Milchreis. Und wer sie mit seiner Portion serviert bekam, der wusste, dass er im darauffolgenden Jahr heiraten würde. Wir verzichten allerdings auf die Mandeltradition, wir sind ja alle schon in festen Händen.

Das Essen nimmt einen beträchtlichen Teil des Heiligen Abends ein. Man fängt irgendwann am Nachmittag an, hört am frühen Abend auf und macht dann nach dem Verteilen der Geschenke weiter. (Ich habe mir nach meinem ersten schwedischen Weihnachtsfest eine Schwangerschaftsjeans mit elastischem Bauchbündchen zugelegt. Sie leistet mir seither an jedem Heiligabend sehr gute Dienste.)

Das Weihnachtsbuffet ist so üppig, dass man sich locker den Rest des Dezembers über das Einkaufen von Lebensmitteln keine Sorge mehr machen muss. Man ernährt sich von kaltem gekochten Schinken, Fleischbällchen und braunen Bohnen, bis sie einem zu den Ohren hinaus kommen und man der Meinung ist, in seinem ganzen Leben nie wieder Weihnachtsbuffet essen zu können.

Zum Glück legt sich das bis zum Jahr darauf. Denn dann geht alles von vorne los.

Ich freu mich schon!

85. GRUND

Weil es in Schweden Mischmaschkäse und Mischmaschbutter gibt

Wir haben ja alle so unsere Vorlieben, und meine sind ganz klar Gummibärchen, Waldmeistereis und Süßlakritze. Mit Blodpudding (Blutpudding), geraspelten Möhren oder Mesost (in Norwegen auch Brunost genannt) kann man mich dagegen bis nach Kiruna und zurück jagen.

Diese in Skandinavien so beliebte Spezialität wird aus Molke hergestellt, die so lange gekocht wird, bis der Milchzucker karamellisiert. Das Ergebnis ist ein bräunlicher Käse, der irgendwie süßlich schmeckt und in Schweden wie in Norwegen sehr beliebt ist.

Es gibt Mesost in mehreren Varianten: fest, als Käse (der in Norwegen »brunost«, also Braunkäse, heißt) oder Messmör, eine streichbare Sache, die in Tuben verkauft wird. Mir persönlich ist jedoch die Konsistenz ziemlich egal – ich finde sie alle fürchterlich.

Ich vermute, das liegt an meiner persönlichen Abneigung gegen das Mischen von süßen und salzigen Dingen – in Schweden ist das an der Tagesordnung. Die Schweden essen gerne Marmelade auf Käse, Preiselbeeren zu Fleisch und eben Messmör auf Brot.

Und warum heißt dieses Produkt nun Mischmaschkäse oder Mischmaschbutter? Ganz einfach: Es ist eine Dialektform des Wortes »mesa« oder »misa« und bezeichnet das Mischen von Käse und Molke.

Keiner weiß so genau, wann Messmör oder Mesost das erste Mal hergestellt wurden. Seit Urzeiten gehört diese Spezialität auf den schwedischen Tisch und wurde früher auf jedem Hof selbst hergestellt. Und wenn man gegen Kuhmilch allergisch ist, gibt es eine gute Alternative, denn man kann es auch aus Ziegenmilch herstellen.

Der Legende nach war Carl von Linné ein ganz großer Fan von Messmör, und wer weiß, vielleicht ist er ja mit einem Messmörknäcke in der Hand herumspaziert und hat große Dinge entdeckt?

Eins ist sicher: Messmör ist so schwedisch wie saurer Hering, Blutpudding oder Pfefferkuchen mit Blauschimmelkäse. Einfach mal probieren, wenn Sie in der Gegend sind!

86. GRUND

Weil in Schweden bei jedem Wetter gegrillt wird

Sie dachten, es gäbe eine Temperaturgrenze für Grillabende? Falsch. Hier in Schweden ist man nicht nur hart im Nehmen, wenn es ans Baden in eiskalten Seen geht. Es wird gegrillt, auch wenn einem die Fingerspitzen an der Fleischgabel festfrieren und das Bier zum Wärmen im Haus neben den Kamin gestellt werden muss.

Die Schweden sind Weltmeister im Grillen (ha, und Sie dachten, das wären die Deutschen, stimmts!?) und ziemlich hart im Nehmen, wenn es um über Feuer gegartes Fleisch geht. Ich bin davon überzeugt, dass dies Hinterlassenschaften aus der Wikingerzeit sind. Das Grillen sitzt den Schweden in den Genen, und egal ob draußen ein Schneesturm tobt oder eine laue Sommernacht wartet: Wenn ein Schwede sich zum Grillen entschlossen hat, dann hält ihn nichts davon ab.

Steht gerade nichts Selbstgeschossenes zur Verfügung (Jagen ist hierzulande ein Volkssport), dann schmeißt man gerne gekaufte Fleischstücke in der Größe eines Wagenrades auf den Rost. Ordentlich mariniert und gerne durchwachsen, also mit dickem Fettrand, wird das ehemalige Tier bis zur Unkenntlichkeit zergrillt. Dabei darf auf keinen Fall das wichtigste Grillutensil fehlen: die Bearnaisesoße. Die Bearnaise ist den Schweden das, was des Deutschen Maggi ist und sie wird zu fast allem gereicht: zu Pizza, zu Pommes, aufs Butterbrot und natürlich zum Grillfleisch.

In den letzten Jahren hat sich außerdem der Trend zur Gartenküche auch in Schweden ausgebreitet. Auf jeder anständigen Terrasse steht heutzutage ein Profigrill, der Tim Mälzer vor Neid die Tränen in die Augen treiben würde. In jedem Neubaugebiet gehört das Ding zur Grundausstattung, und es ist dem Roboterrasenmäher als Statussymbol ziemlich dicht auf den Fersen. Die gasbetriebenen Profigrille sind doch in den Augen der mehr traditionsbewussten Schweden etwas für Anfänger.

Ein richtiger Schwede arbeitet mit Holzkohle und flüssigem Grillanzünder, der in üppigen Strahlen fröhlich in die Glut gegossen wird, und die entstehenden Feuerwerke sorgen auf jeder Grillparty für Stimmung.

Zu den in großen Mengen genossenem Fleisch gehört natürlich auch Hochprozentiges zur Verdauung. Zunächst spült man sich jedoch die Faserreste mit Folköl aus den Zähnen. Das ist das Leichtbier mit 2,8 oder 3,5 Prozent, das in den Supermärkten verkauft wird. Es schmeckt ein bisschen wie Pipi, das zu lange in der Sonne gestanden hat – bitte erwähnen Sie diese Tatsache jedoch nicht zu laut, wenn sich ein Schwede in der Nähe befindet, da er diese Feststellung als kränkend empfinden könnte.

Und für alle, die nicht in einem Neubaugebiet wohnen, so wie wir: Den Gang zur Toilette können Sie sich sparen. Bei Grillfesten geht es eher rustikal zu. Sie dürfen zwischendurch also gerne einfach mal kurz im nächstgelegenen Wald verschwinden.

Das gehört irgendwie dazu.

87. GRUND

Weil in der schwedischen Küche nichts ohne Preiselbeeren geht

Falls Sie sich schon mal gefragt haben, warum die schwedischen Wälder im Herbst von auf allen vieren kriechenden Menschen wimmeln, bekommen Sie heute endlich die Antwort: Die Preiselbeeren sind reif.

Diese kleinen roten Beeren sind ein Grundpfeiler der schwedischen Küche, und ich bin fest davon überzeugt, dass die schwedische Kultur an dem Tag untergehen wird, an dem die letzte Preiselbeere gepflückt wurde.

Die Preiselbeerernte findet im September/Oktober statt, und kein Schwede mit zwei gesunden Händen und einem Plastikeimer geht eher nach Hause, bevor nicht mindestens zehn Liter Preiselbeeren gepflückt wurden. Es ist ein schwedisches Ritual so wie die Fika oder das Umdrehen der Waren mit dem Strichcode nach oben an der Supermarktkasse: Man bewaffnet sich mit einer Thermoskanne Kaffee und belegten Ei-Schnitten und kriecht durch das Gestrüpp, bis der Eimer voll ist oder man von der ersten Zecke gebissen wurde.

Die Preiselbeeren werden anschließend zu Gelee verkocht, das das ganze Jahr über reichen muss. Und das bedeutet gigantische Mengen, denn Preiselbeeren werden zu fast allem gegessen: zum berühmt-berüchtigten »Blodpudding« (Blutpudding, eine schreckliche Sache aus Schweineblut, mit Nelken und anderen Weihnachtsgewürzen verfeinert, in Scheiben geschnitten und in der Pfanne gebraten), zu Fleischbällchen, zu Geflügel, zu Wild, zum Nachtisch und, natürlich, zur Fika.

Man kommt um Preiselbeeren einfach nicht herum, und für den deutschen Durchschnittsgeschmack kann es etwas gewöhnungsbedürftig sein, Salziges mit Süßem zu vermischen. Dabei ist das in der schwedischen Küche nichts Ungewöhnliches: In der Weihnachtszeit werden Butterkekse mit Schimmelkäse gereicht (saulecker, probieren Sie es mal aus!), Käsebrote werden gerne mit Marmelade aufgepeppt und eben Preiselbeeren zu fast allem gegessen.

Und es ist furchtbar einfach, die Preiselbeeren haltbar zu machen, ganz ohne Kochen: Man wiegt die Beeren und nimmt die Hälfte des Gewichts in Zucker. Gibt alles in eine Schüssel und rührt so lange darin herum, bis der Zucker sich aufgelöst hat. Das nennt man dann »Roh gerührte Preiselbeeren« (rårörda lingon) und hält sich im Kühlschrank circa einen Monat. Man kann die Beeren aber auch prima einfrieren und portionsweise hervorholen, wenn man sie braucht.

Guten Appetit!

88. GRUND

Weil der König des Waldes sehr gut schmeckt

Ich bin keine Vegetarierin und schäme mich auch nicht dafür. Allerdings esse ich kein »Industriefleisch«, sondern achte darauf, dass es aus der Nähe stammt und die Tiere aus artgerechter Haltung kommen. Dieses Fleisch ist zwar teuer, aber da ich meinen Konsum sehr eingeschränkt habe und höchstens zweimal im Monat Fleisch esse, funktioniert es so für mich.

Hier in Schweden wird viel Fleisch gegessen, und Wild hat einen festen Platz auf dem Speiseplan. Darunter auch Elch. Das Fleisch ist zart und hat einen feinen, nicht allzu starken Wildgeschmack. Elchfleisch bekommt man hier in Schweden in keinem Geschäft, sondern nur direkt vom Jäger. Zum Glück haben wir einen in der Nachbarschaft, bei dem wir manchmal etwas kaufen können.

Ungefähr einmal im Jahr lade ich Freunde zu einem leckeren Elchbraten ein, und das ist immer ein großes Fest. Das Rezept habe ich vor ein paar Jahren in einem deutschsprachigen Forum entdeckt und liebe es über alles!

Elchbraten
Zutaten für 4 Personen:
ca. 1,5 kg knochenfreies Elchfleisch
1 dl Sojasauce
1 Flasche dunkles Bier (z.B. Guinness)
1 dl unverdünnter Johannisbeersaft
1 TL Thymian
1/2 TL schwarze Pfefferkörner
10 ganze Wacholderbeeren
2 Lorbeerblätter
2 Brühwürfel
3 Knoblauchzehen, längs geschnitten
1 große Zwiebel, grob gehackt
Salz, Pfeffer
Soße:
ca. 8 dl entstandene Bratenflüssigkeit
2 El Maisstärke
2 dl Sahne

Das Elchfleisch von evtl. Häutchen oder Sehnen befreien. Rundum mit Salz und Pfeffer einreiben, dann in Butter rundherum ordentlich scharf anbraten. In einer ofenfesten Form das Bier, die Sojasauce, den Saft und die Gewürze vermischen. Das angebratene Fleisch hineingeben und bei 175°C in den vorgewärmten Backofen geben. Die Hitze nach circa 20 Minuten auf 150°C reduzieren und circa 1,5–2 Stunden im Ofen garen lassen. Nach der Hälfte der Zeit das Fleisch wenden, während des Garens immer mal wieder mit der Sauce übergießen. Wenn das Fleisch fertig ist, aus dem Ofen nehmen und die Flüssigkeit durch ein Sieb in einen Topf abgießen. Das Fleisch ohne die Sauce zurück in den Ofen stellen und in der Resthitze noch ca. 15 Minuten ruhen lassen.

Für die Sauce die abgegossene Bratenflüssigkeit mit etwas Maisstärke und circa zwei Deziliter Sahne verfeinern und kurz aufkochen. Eventuell mit Salz und Pfeffer nachwürzen.

In diesem Sinne: smaklig måltid!

89. GRUND

Weil man in Schweden Husten mit Tannenspitzensirup behandelt

Bei uns zu Hause war, obwohl eigentlich alle klassische medizinische Berufe wie Ärztin oder Krankenschwester hatten, Naturheilkunde immer die Behandlung erster Wahl. Meine Erkältungen wurden von klein auf mit Kamillendampfbädern, Senfwickeln oder Zwiebelsud behandelt. Die Teenager-Akne bekam ich mit einer Essenz aus Meerrettich in den Griff, und ich würde nie auf die Idee kommen, etwas anderes als Myrrhentinktur zur Behandlung von Schleimhautentzündungen zu benutzen. Wenn es mich im Magen kneift, esse ich ein Löffelchen Heilerde zum Frühstück, und wenn der Hund ein entzündetes Auge hat, wird es mit schwarzem Tee ausgewaschen. Naturmittel sind allgegenwärtig, und als ich nach Schweden zog, stellte ich fest, dass dies wohl eine deutsche Sitte sein muss. Tees, Abgüsse oder Kräutermischungen sind quasi nicht erhältlich, und so muss man sich das Wichtigste aus Deutschland mitnehmen oder sich irgendwie selbst behelfen. (Als ich mal in einer schwedischen Apotheke nach getrocknetem Hirtentäschel fragte, sah mich die Verkäuferin an, als hätte ich nach reinem Morphin verlangt.)

Eine der wenigen Ausnahmen ist Tannenspitzensirup. Den findet man mit etwas Glück manchmal hier in Schweden auf Märkten, und er ist nicht nur sehr lecker zu Müsli, sondern hilft auch ganz prima bei Erkältungen. Mein Mann bekommt ihn bei winterlichem Husten löffelweise von mir aufgezwungen, und ich bilde mir ein, dass er ganz prima hilft.

Und wenn die Tannen im Frühjahr gerade ihre jungen Triebe bekommen, kann man ihn ganz prima selbst einkochen. Dazu braucht man nur ein Körbchen voller Tannenschösslinge, Zucker und Wasser. Fichten- und Wacholderschösslinge eignen sich ebenfalls prima, man kann auch gerne mischen.

Die Tannenspitzen in einer Schüssel mit Wasser überdecken und circa 15–20 Minuten ziehen lassen, damit die Proteine herausgespült werden. Anschließend absieben, in einen Topf geben und gut mit Wasser überdecken. Aufkochen und dann bei schwacher Hitze circa 15-20 Minuten kochen.

Absieben und das Wasser auffangen. Die Flüssigkeit in einen Topf geben und die gleiche Menge Zucker abwiegen (vorher natürlich das Gewicht der Schüssel abziehen.) Das Zuckerwasser bei starker Hitze unter ständigem Umrühren zu einer dickflüssigen Konsistenz einkochen. Am besten einen Holzlöffel verwenden und daran denken, dass Zucker schnell anbrennt! Wenn das passiert, dann heißt es: neue Tannenspitzen sammeln gehen.

Wenn die Konsistenz dickflüssig genug ist, in Gläser umfüllen.

Hilft bei Husten. (Oder bei akutem Heißhunger auf Süßes, wenn nichts anderes da ist …)

90. GRUND

Weil bestimmte Bäckereiwaren in Schweden mit ihrem eigenen Tag gefeiert werden

Als ich gerade nach Schweden gezogen war, der Liebe wegen, saß ich mit meinem damaligen Freund und heutigem Ehemann und einigen seiner Freunde in einer Konditorei. Alle sprachen schwedisch, und ich verstand kein Wort. Hin und wieder, wenn alle in Gelächter ausbrachen, fragte ich nach, und irgendjemand übersetzte mir den Inhalt des Gesprächs ins Englische. So kam es, dass ich immer ein paar Minuten nach allen anderen in Gelächter ausbrach, was wiederum alle anderen am Tisch zum Lachen brachte.

Mitten in der allgemeinen Heiterkeit stand dann plötzlich ein Gebäckteilchen vor mir auf dem Tisch. Ich hatte gerade verpasst, dass die Qualität eines Gebäckteilchens diskutiert wurde, das mir als »wichtiger Teil der schwedischen Kultur« präsentiert wurde.

Fünf Augenpaare beobachteten mich genau, während ich versuchte, das *Ding*, einen tennisballgroßen Hefekloß mit leichtem Kardamomgeschmack und Füllung aus Sahne und einem Brei, der an Marzipan erinnert, zu verspeisen, ohne den Inhalt über mein Kinn zu verteilen. Ich fand die ganze Sache ziemlich trocken und ganz okay, keinesfalls aber eines größeren Aufstandes wert.

Aber damit lag ich völlig falsch. Ich hatte gerade meine erste Begegnung mit einem *Semla* gehabt, und das ganze Ausmaß wurde mir erst später bewusst.

Dieses sahnegefüllte Teilchen wird traditionsgemäß am »Fettisdag« verspeist. »Fettisdag« bedeutet »Fetter Dienstag« und nicht »Dickerchentag«, wie ich fälschlicherweise lange annahm, da meine Schwedischkenntnisse anfangs noch recht rudimentär waren. Ich trennte das Wort phonetisch jahrelang falsch und machte aus »fet-tisdag« – »fettis-dag« und assoziierte es mit dem übermäßigen Genuss des oben genannten Gebäcks.

Aber zurück zum Fettisdag, der traditionell am 47. Tag vor Ostern gefeiert wird. In Deutschland ist es der Fastnachtsdienstag, und der Name deutet ganz einfach auf die Tradition hin, an diesem Tag viel und vor allem Süßes zu verspeisen.

Jedes Jahr im Februar werden landesweit die ersten Semlor sehnsüchtig erwartet, und die Tageszeitungen sind voll mit Tests, in denen Fernsehköche, Gourmetjournalisten und andere Experten die besten Semlor bewerten. In einer Stadt das Prädikat »bästa Semla« zu erhalten, ist für eine lokale Bäckerei ungefähr so wie ein Stern im Guide Michelin.

Sollten Sie sich zufällig mal in diesem Zeitraum in Örebro befinden: 2016 hat Reiduns Café in der Järntorgsgatan den Preis für den besten Semla abgeräumt. Den sollten sie unbedingt probieren.

Und ganz wichtig: Bloß nicht an die Kalorien denken. Ist ja schließlich Fettisdagen!

91. GRUND

Weil die Schweden die Butterbrottorte erfunden haben

Im Leben soll es ja Notsituationen geben, in denen man ganz ungeahnte Talente in sich entdeckt. So habe ich, die eigentlich lieber einen Hammer als einen Kochlöffel in der Hand hat, hier in Schweden angefangen, Brot zu backen. Richtiges, echtes Sauerteigbrot.

Es ist nämlich so, dass man hier in Schweden nur Brotattrappen kaufen kann. Die liegen, säuberlich aufgereiht, im Supermarktregal und sehen täuschend echt aus. Mit Körnern drauf und Kruste. Nimmt man sie aber in die Hand, merkt man sofort, dass irgendwas nicht stimmt. Die wiegen nämlich nichts. Aus reiner Neugierde hab ich anfangs mal so ein schwedisches Brot gekauft. Zu Hause habe ich versucht, es aufzuschneiden – fast unmöglich. (Versuchen Sie doch mal, einen Badeschwamm mit einem Brotmesser zu zerlegen.)

Ein Blick auf die Inhaltsangabe hat dann die traurige Wahrheit ans Licht gebracht: Zuckersirup, Weizenmehl und – Luft. Seitdem backe ich also selbst. Oder kaufe finnisches Brot. Das liegt ab und zu mal in der Abteilung für exotische Delikatessen.

Aber genug gemeckert über schwedisches Brot, denn es taugt zumindest für eine prima Sache: Smörgåstårta! Das bedeutet Butterbrottorte und ist eine ganz leckere Sache, die man prima zaubern kann, wenn sich Besuch oder ein Fest ankündigt. Smörgåstarta besteht aus weißen Brotscheiben oder einer Art süßlichem Brotkuchen, die man übereinanderschichtet und mit köstlichen Füllungen bestreicht. Anschließend wird die Torte hübsch garniert, und es schmeckt einfach himmlisch. (Zumindest, wenn man nicht gerade Kalorien rechnen muss.) Bei uns kommt die Smörgåstårta traditionell an Silvester auf den Tisch. (Da sind mir Kalorien nämlich völlig egal.)

Hier ist mein Rezept:

(Mengenangaben sind schwierig, macht es einfach nach Gefühl und Anzahl der Personen, die satt werden sollen!)

Füllung 1:

Thunfisch aus der Dose mit einer Mischung aus Mayonnaise und Crème fraîche verrühren. Feingehackte Zwiebeln dazu, Kapern nach Geschmack dazu, mit Salz, Pfeffer und Senf abschmecken

Füllung 2:

Krabben, roten Kaviar, feingehackte rote Zwiebeln, frischen Dill mit Mayonnaise und Crème fraîche verrühren, mit Zitrone und Salz & Pfeffer würzen.

Toastbrotscheiben oder Hönökaka wie ein Pussel zu einem Viereck zusammenfügen. Darauf die erste Schicht Füllung verteilen. Eine weitere Schicht Toastbrot obendrauf legen und die nächste Schicht Füllung darauf verteilen. Ich mache meist drei Schichten Füllung. Ganz hilfreich kann es sein, ab der zweiten Schicht Brot die Scheiben etwas überlappend zu legen, also z.B. mit einer halbierten Scheibe anzufangen – dann wird das Ganze etwas haltbarer)

Die Smörgåstårta in Folie einwickeln und 24 Stunden im Kühlschrank ruhen lassen (dann schmeckt es besser, weil die Creme so richtig schön ins Brot zieht!).

Am nächsten Tag die Torte großzügig mit einer Mischung aus Mayonnaise und Crème fraîche bestreichen und an den Rändern mit frischer gehackter Petersilie garnieren. Oben drauf für die Dekoration der Fantasie freien Lauf lassen: Käseröllchen, Tomaten, »Blumen« aus geräuchertem Lachs, halbe Radieschen – erlaubt ist, was schmeckt und hübsch aussieht!

92. GRUND

Weil der Mittagstisch in Schweden so günstig ist

Es gibt hier in Schweden an jeder Ecke ein Lunchrestaurant. Dort kann man ganz wunderbare Studien in schwedischem Alltagsbenehmen durchführen.

So ein Mittagstisch kostet 59–149 SEK (wobei der Preis ausschließlich mit der Lage des Restaurants, nicht mit der Qualität des Essens zusammenhängt) und ist im ganzen Land zwischen 11.00 (Schichtarbeiter) und 14.00 Uhr (Büroangestellte) erhältlich.

Das Angebot ist ebenso reichhaltig wie vorhersehbar: Dem hungrigen Schweden steht zunächst ein Salatbuffet zur Verfügung, das aus einem am Morgen zubereiteten Krautsalat besteht, der durch extreme Bissfestigkeit besticht und den sonst in Schweden herrschenden Mangel an hartem Schwarzbrot wettmacht. Dazu stehen auch etwas Dosenmais und ein paar kleingehäckselte Salatblätter auf dem Tisch. Dressing wird man dagegen vergebens suchen, mit etwas Glück lässt sich aber auf Nachfrage ein Fläschchen Essig aus der Küche auftreiben. Hat man sich seine tägliche Vitaminration eingefahren, geht es direkt zu den Hauptspeisen. Diese bestehen in der Regel aus zu Tode gekochtem Weißfischfilet in einem Meer aus heller Mehlsauce (hat man das Glück, dass das Restaurant einen kreativen Koch beschäftigt, ist diese mit etwas Fischfond gewürzt), undefinierbaren Fleischstücken mit der Konsistenz von Handtaschenleder, die mit ein paar elastischen Champignons aus der Dose aufgepeppt sind, und, nicht zu vergessen, dem allseits gegenwärtigen Vegetariergericht: Broccoligratin.

Ist der schwedische Alltag sonst von »Bitte ziehen Sie eine Nummer«-Systemen gesteuert (in der Apotheke, bei der Lottoschein-Abgabe, am Zeitungskiosk, beim Einkaufen in der Delikatessenabteilung, der Notaufnahme, beim Reifenwechseln etc.), so entfällt dieses am Buffet, und dies macht den Schweden unsicher und aggressiv.

Eine Gruppe Schweden, bewaffnet mit Teller und Besteck, aber *ohne Nummer* an einem All-you-can-eat-Buffet, ist deshalb etwa so rücksichtsvoll und zivilisiert wie eine Wikingerhorde auf einem Eroberungsfeldzug. Der sonst so wortkarge, höfliche und zurückhaltende Schwede verwandelt sich in einen schubsenden und drängelnden Wilden, der sich Essensberge auf den Teller schaufelt, mit denen man problemlos eine Hungersnot in Afrika bekämpfen könnte. Rücksicht, Hilfsbereitschaft oder Höflichkeit? Fehlanzeige. Wer ein schwedisches Mittagsbuffet überleben will, braucht starke Ellenbogen – sonst wird man nicht satt.

Hat man sich erfolgreich eine Hauptspeise erobert und es ohne blaue Flecken zurück an seinen Tisch geschafft, kann man weitere schwedische Eigenarten bewundern. Das, was uns deutschen Mittelstandskindern als »Tischmanieren« beigebracht wurde, gilt hier in Schweden nämlich nicht. Die Gabel wird in der Regel mit der rechten Faust fest umklammert gehalten – vermutlich ist auch dies ein Relikt aus der Wikingerzeit, in der man jederzeit mit feindlichen Übergriffen rechnen musste. Die halb gekauten Speisen werden gerne mit offenem Mund präsentiert, und als Gesprächspartner muss man jederzeit darauf vorbereitet sein, dass ein paar Krümel über den Tisch gehustet werden.

Tun Sie in solchen Fällen bloß nichts Falsches! Reagieren Sie wie jeder Schwede: Ignorieren Sie es. Bürsten Sie sich einfach in einem unbeobachteten Moment das Revers mit einer Serviette sauber. Oder noch besser: Machen Sie es wie die Schweden. Stopfen Sie sich zu Beginn der Mahlzeit eine Papierserviette in den Kragen. Sie werden damit nicht unangenehm auffallen, sondern können dies als Tarnung benutzen: Man wird Sie für einen waschechten Schweden halten.

Nach der Mahlzeit wird das Besteck auf den Teller fallen gelassen (einfach dort, wo zwischen den Essensresten noch Platz ist). Wer Messer und Gabel parallel ausrichtet, wird dagegen verwunderte und fragende Blicke ernten.

Doch das schwedische Mittagessen ist noch nicht vorüber. Es fehlt noch der Kaffee. Dieser ist so stark, dass man damit Tote aufwecken könnte, und das muss nach dem fettigen Essen auch so sein. Schließlich hat man ja noch einen halben Arbeitstag vor sich. Kaffee ist im Preis inbegriffen. Dazu gibt es *einen* Keks. Denn ganz im Gegensatz zu allen anderen nicht-existierenden Regeln am Buffet gilt es als extrem unhöflich, sich mehrere Kekse zu nehmen. Und als unhöflich will man ja nicht dastehen. Wirklich nicht.

In diesem Sinne: guten Appetit!

93. GRUND

Weil schwedische Würstchen kaum Fleisch enthalten

Meine erste Begegnung mit schwedischer Wurst fand auf einem Bahnsteig in Hallsberg statt. Ich war zu Besuch bei dem Mann, der später mein Ehemann werden sollte, und nach einer langen Zugodyssee vom Flughafen in Arlanda war ich hungrig wie ein Wolf.

Mein Freund nahm mich mit ins Bahnhofsgebäude zu Pressbyrån (das sind Kioske, die man hier in Schweden an jeder Straßenecke findet) und kaufte mir eine täuschend echt aussehende Hotdogattrappe. Sie sah aus wie Wurst, roch wie Wurst und schmeckte wie Sägemehl.

Nach dem ersten Bissen war ich kurz davor, zu ersticken. Ich hatte das teigige Stück, das vorgab, Wurst zu sein, im Mund und wollte nicht unhöflich sein. Schließlich waren wir noch in der Kennenlernphase. (Das ist ungefähr so wie das Pupsen in der Gegenwart des anderen – das braucht ja auch eine Weile, bis man da ganz unbefangen ist.) Also rollte ich verzweifelt mit den Augen, bis mein Mann in Lachen ausbrach. »Du musst das nicht essen, wenn es dir nicht schmeckt!«, sagte er, und ich spuckte den Wurstbissen erleichtert in die nächste Mülltonne.

Uns Deutschen wird ja gerne eine gewisse Arroganz nachgesagt, wenn es um Autos, Bier, Brot oder Wurst geht. Aber im Wurstfall muss ich nun wirklich sagen: zu Recht.

Schweden können einfach keine Wurst. Kurz nach dem Zwischenfall in Hallsberg las ich in einem Supermarkt mal das Etikett auf einer Wurstverpackung etwas genauer: Fleischanteil: 9 %. Was der Rest war? Keine Ahnung. Vermutlich Sägemehl und Glutamat.

Ich habe die Hoffnung jedoch nie aufgegeben. Mutig und voller Tatendrang habe ich mich seither in das Wurstexperiment geschmissen und probiere tapfer alles, was lang und braun ist und einen Hoffnungsschimmer in Sachen Geschmack aufkeimen lässt.

Eine Wurst, die ich auf einem Markt in Nora aß, landete ziemlich weit oben auf der Skala. Es war eine Wildschweinwurst, und wäre der Darm nicht so hart gewesen, dass ich ein Taschenmesser zur Zerteilung brauchte (meine Zähne reichten nicht), dann wäre sie fast als die perfekte schwedische Wurst durchgegangen. Ich bin mir sogar ziemlich sicher, dass sie mehr Fleisch als Kartoffelmehl enthielt.

Was die schwedische Durchschnittswurst angeht, so empfehle ich sie gerne an Vegetarier und Veganer weiter. Die dürften das Zeug nämlich sehr schätzen. Wurst ohne Wurst. Ist doch super, oder?

Weil man mit schwedischem Kaffee Tote wecken kann

Ich bin der festen Überzeugung, dass das Riechsalz in Schweden an dem Tag unmodern wurde, als die erste Kaffeebohne von einem Schiff auf schwedisches Festland verladen wurde. Der Schwede, der sonst eher so leise daherkommt, hat aus dem harmlosen Getränk einen Höllentrank kreiert, mit dem man problemlos eine Wagner-Trilogie von der Ouvertüre bis zum Finale hellwach durchstehen kann.

Stark, schwarz und bitter wird er hier getrunken, ohne Milch und Zucker. Ich persönlich bin ja ein bisschen altmodisch und halte das Benutzen von Kaffeekapseln für eine Umweltsauerei. Deshalb koche ich meinen Kaffee in einer uralten, unmodernen Emaillekanne auf dem Herd. Mit grob gemahlenem Kaffee, den man hierzulande ganz einfach »Kochkaffee« nennt.

Nördlich von Schonen werden Sie auf ein weiteres kaffeebezogenes Phänomen stoßen: påtår. Wörtlich übersetzt bedeutet das »Extratasse« oder »Zweite Tasse« und bedeutet ganz einfach, dass man für eine Tasse bezahlt, sich aber eine zweite oder sogar dritte Tasse gratis nachschenken darf. Die Tischbedienung ist nördlich von Südschweden nämlich unüblich – stattdessen stehen in Cafés große Kaffeekannen auf Warmhalteplatten, aus denen man sich bedienen darf. Und kein Schwede würde je auf die Idee kommen, sich mehr als drei Tassen zu nehmen. (Oder sich gar die Taschen mit gratis Zuckertütchen vollzustopfen.)

Im nördlichen Schweden trifft man auf eine weitere schwedische Spezialität: den Kaffeekäse. Das ist ein spezieller Käse, der in kleine Stückchen geschnitten und im Kaffee aufgelöst wird. Anstelle von Kaffeesahne. Hab ich noch nicht probiert, hoffe aber, dass sich die Gelegenheit irgendwann ergibt. Die Samen in Nordschweden würzen ihren Kaffee dagegen mit einer Prise Salz.

Die ältere Generation Schweden kennt übrigens noch den Brauch, den Kaffee aus der Untertasse zu trinken. Der Grund dafür ist ganz einfach: Da man damals üblicherweise seinen Kaffee auf dem holzbefeuerten Herd kochte, war er zu heiß, um direkt getrunken zu werden. Goss man jedoch ein bisschen in die Untertasse ab und schlürfte ihn in kleinen Schlucken, so konnte der restliche Kaffee währenddessen auf trinkbare Temperatur abkühlen.

Das Kaffeetrinken ist in Schweden ein Ritual, das zum Leben dazugehört wie Mittsommer oder Alkoholvergiftungen. Sollten Sie mal zu Besuch kommen, probieren sie unbedingt eine gute Tasse schwarzen schwedischen Kaffee.

Aber vergessen Sie Ihre Herztabletten nicht.

95. GRUND

Weil in Schweden Weihnachten und Ostern ihre eigene Brause haben

Es passiert jedes Jahr, ganz von alleine: Weihnachten, Zeit der Süßigkeiten, Plätzchen und süßen Getränke, ist da. Hallo Speckröllchen, hallo Sodbrennen, hallo GENUSS!

Die schwedische Weihnachtszeit schmeckt für mich nach Pfefferkuchen (schwedisches Weihnachtsgebäck mit Nelken, Kardamom und Ingwer gewürzt), mit Blauschimmelkäse serviert – und Julmust. Das ist eine schwedische Brause, die wie Coca-Cola oder Malzbier aussieht. Das genaue Rezept ist so gut gehütet wie die schwedischen Kronjuwelen (der Legende nach kennen nur drei Personen die genaue Zusammensetzung), und der Geschmack ist ein bisschen gewöhnungsbedürftig. Es schmeckt süß, etwas würzig, mit einer Spur Säure. Stellen Sie sich Malzbier und Cola gemischt mit einem Hauch Maggi, ganz viel Zucker und einem Spritzer Hustensaft vor, und Sie sind schon ziemlich nah dran.

Erfunden wurde das Getränk von einem Chemiker, dem das deutsche Malzbier so gut schmeckte und der ganz dringend auf der Suche nach einer Alternative zu Branntwein und Bier war, die Anfang des 20. Jahrhunderts hierzulande die meistkonsumierten Getränke waren.

Die Produktion ging zunächst ziemlich schleppend voran. Als Schweden jedoch 1922 das Alkoholmonopol einführte, schossen die Umsätze in die Höhe. Und genau wie ihr Erfinder es sich erträumt hatte, wurde sein Julmust in der Weihnachtszeit zu einem beliebten Ersatz für alkoholische Getränke.

Inzwischen gehört Julmust bei jedem größeren Feiertag auf den Tisch. Zu Ostern werden die übrig gebliebenen Flaschen des Weihnachtsverkaufes umetikettiert und als »Påskmust«, also Osterbrause, verkauft (Sie kennen das aus Deutschland: die Schokoladenweihnachtsmänner kommen mit neuer Folie als Osterhasen verkleidet daher), und bei uns wird es auch an Mittsommer getrunken.

Nicht, dass es sonderlich figurfreundlich wäre. Aber lecker.

96. GRUND

Weil man sich in Schweden mit Birkensaft fit hält

Wenn der Frost aus dem Boden geht und die Birken noch keine Blätter haben, dann ist es an der Zeit, Birkensaft zu zapfen. Das macht man schon seit der Wikingerzeit so in Schweden. Birkensaft ist eine klare, wohlschmeckende Flüssigkeit, die die Birken im Sommer für die nächste Wachstumsperiode speichern und die im Frühjahr in den Stamm aufsteigt. Die Saftperiode dauert nur zwei bis vier Wochen und hört abrupt auf, wenn die ersten Blätter ausschlagen.

Man kann den Birkensaft pur trinken oder ihn zu Wein vergären. Ich habe im Netz irgendwo einen Bericht gefunden, in dem eine Frau davon berichtete, dass ihre Birkenpollenallergie durch das Trinken von Birkensaft deutlich gemildert wurde. Ob es dafür aber einen medizinischen Beweis gibt, weiß ich nicht, und ich würde als Allergiker lieber Vorsicht walten lassen – wer weiß, ob nicht schon der Saft eine allergische Reaktion auslöst.

Um Birkensaft zu zapfen, schneidet man einen fingerdicken Ast an und stülpt eine saubere Flasche darüber. Festbinden, warten, fertig. Der Saft schießt augenblicklich in den Ast und beginnt zu tropfen. Nach ein paar Stunden kann man die volle Flasche dann gegen eine leere austauschen. Man kann auch ein daumendickes Loch in die Birke bohren und den Saft mithilfe eines kleinen Röhrchens abzapfen – danach muss allerdings das Loch mit einem Holzzapfen verschlossen werden, weil die Birke sonst buchstäblich verblutet. Diese Methode sollte man also Profis überlassen.

(In Schweden ist das Zapfen von Birken kein Teil des Jedermannsrechts. Wenn man also andere als seine eigenen Birken melken möchte, bitte immer vorher den Grundbesitzer fragen!)

97. GRUND

Weil es in Schweden Schnaps aus dem Kanister gibt

Mögen Sie Schnaps? Ich persönlich habe in den letzten Jahren eine ziemlich steil verlaufende Rückentwicklung durchgemacht. Bevor ich meinen Mann traf, hatte ich eine kostspielige Vorliebe für edlen Whisky entwickelt. Das gehörte bei Werbern in Hamburg irgendwie zum guten Ton, so wie Prada-Handtaschen und Alfa Romeos.

Ich war Stammkunde bei einem sehr feinen Geschäft im Chilehaus, das teure Schnäpse und Zigarren führte, und ich bin mir sicher, dass der Inhaber auf dem besten Weg war, mir das Du anzubieten.

Dann zog ich nach Schweden. Für das Geld, das ich früher für einen Jahrgangs-Schnaps auf den Tisch gelegt hatte, bekam ich hierzulande einen halben Liter billigen Fusel aus Finnland. Hübsche Flasche zwar, mit Wikingerschiff drauf, aber für meine hochtrainierte Zunge eher eine Zumutung.

Als wir eines Abends bei unseren Freunden Morgan und Annicka zu Besuch waren, holte Annicka eine grüne, unbeschriftete Flasche mit Korken aus der Küche. Es war Selbstgebrannter von ihrem Vater. Der lebte schon ein paar Jahre nicht mehr, und die Flasche war eine Hinterlassenschaft, die sie mit großer Sorgfalt pflegte. Wir bekamen jeder ein Schlückchen, und ich war hin und weg.

Dieser eigentlich ziemlich geschmacklose Schnaps hatte eine Kraft, die mir fast die Schuhe auszog. Keine Ahnung, ob es an den Prozenten oder an der guten Stimmung lag – jedenfalls bin ich seither ein großer Fan von Selbstgebranntem.

Natürlich ist das Schnapsbrennen strikt verboten in Schweden. Ein Bekannter, der eine kleine Brennerei auf dem Dachboden seines Mietshauses versteckt hatte, wurde zu zwei Jahren überwachtem Sozialdienst verurteilt. In solchen Sachen versteht man hierzulande keinen Spaß.

Trotzdem wird gebrannt, was das Zeug hält. Mein Mann tat eines Tages eine todsichere Quelle auf, und ich lernte einen wichtigen schwedischen Begriff: dunk.

Das bedeutet Kanister und ist die Bezeichnung für den illegalen Schnaps, der meist in 5-Liter-Plastikkanistern geliefert wird. (Lustige Anekdote: Die »todsichere« Quelle meines Mannes lieferte die Kanister immer nur dreiviertelvoll ab. Der Rest verdünnisierte sich irgendwie auf mysteriöse Weise auf dem Weg zu uns. Wir lachten darüber und waren uns einig, dass das sogar ganz gut war. So konnten wir immerhin sicher sein, dass wir von dem Zeug nicht blind wurden. Schließlich konnte der Bote ja noch sehen …)

Dunk (oder auch Moonshine genannt) ist inzwischen leider auf dem Rückmarsch, da billiger Schwarzimport aus Deutschland,

Polen oder dem Baltikum den Markt überschwemmt. (Kleiner Tipp: das Zeug nicht direkt vom Lastwagenfahrer an der Autobahnraststätte kaufen!)

Trotzdem schätze ich die alte Kunst des Schwarzbrennens immer noch sehr. Und ein ordentlicher schwedischer Grillabend, im nachmittagshellen Licht der Mitternachtssonne, zu dem Schnäpse aus Kanistern gereicht werden, ist absolut einer der Höhepunkte jedes schwedischen Sommers.

Teure Whiskys? Braucht kein Mensch.

9. KAPITEL

GESCHICHTE

Weil die Schweden mal einen König hatten, der kein Wort Schwedisch sprach

Ich muss ja zugeben, dass ich eine Schwäche für schöne Dinge habe. Ich habe zwei handgefertigte Hobel, bin stolze Besitzerin eines herrlichen Stemmeisens und kann auf dem Flohmarkt nur sehr schwer an einem rostigen Fuchsschwanz mit verziertem Holzgriff vorbeigehen. Aber ich bin tief innen auch eine Frau und habe daher auch eine ganz große Schwäche für Schuhe und … Handtaschen. Deshalb führt mich auch, wann immer ich zu Besuch bei meinen Eltern in der Türkei bin (ja, sie sind auch Expats, das scheint irgendwie in der Familie zu liegen), der erste Weg geradewegs ins nächste Handtaschengeschäft.

Mit dabei habe ich meine Mama, deren jahrelange Türkischpaukerei sich jetzt auszahlt. Sie handelt und feilscht mit den Verkäufern, als hätte sie nie im Leben etwas anderes getan, und als ihr mal nach erfolgreichem Abschluss der Verhandlungen der Verkäufer anerkennend auf die Schulter klopfte und sagte, dass sie eigentlich einen türkischen Pass verdient hätte, bin ich vor Stolz fast geplatzt.

Dabei fiel mir der arme Jean Baptiste Bernadotte ein, der König von Schweden war, aber kein Wort Schwedisch sprach. Der muss es wirklich schwer gehabt haben.

Jean Baptiste Bernadotte, oder Karl der XIV. Johan, Ur-Ur-Ur-Ur-Urgroßvater des heutigen schwedischen Königs, ist eigentlich nur durch einen dummen Zufall König geworden. Der damalige amtierende König Karl XIII. hatte keine eigenen Kinder und musste daher dringend irgendwo einen Nachfolger herbekommen. Seine Wahl fiel auf einen dänischen Prinzen, der jedoch kurz vor seiner Adoption zum Königssohn vom Pferd fiel und sich das Genick brach.

Man hatte also wieder keinen Thronfolger und musste weitersuchen. Die Zeiten waren unruhig, und Schweden hatte gerade

Finnland an Russland verloren. Da es von großer politischer Bedeutung war, die Zustimmung des damals mächtigsten Mannes in Europa, nämlich Napoleon Bonaparte, zu bekommen, fand man in Jean Baptiste Bernadotte, Franzose und Marschall Napoleons, einen geeigneten Kandidaten.

Die Wahl zum Thronfolger fand aufgrund großer Unruhen und adelsfeindlicher Tendenzen in Stockholm (die französische Revolution war ja gerade einmal 20 Jahre her) in Örebro in der Nikolaikirche statt. Bernadotte war selbst nicht bei seiner Wahl anwesend, hatte aber den Schweden sein Privatvermögen versprochen, das etwa acht Millionen Reichstaler groß war. Da das Land durch den Krieg fast ruiniert war, gab dieses letztendlich den Ausschlag, und Bernadotte wurde zum König gewählt – obwohl nur einige wenige der Anwesenden ihn je persönlich getroffen hatten.

1812 versammelte sich der Reichstag erneut in Örebro, und Bernadotte, der nun den Namen Karl Johan angenommen hatte, fuhr dorthin, um vor seinem neuen Volk eine Rede zu halten. Die Stadt Örebro hatte zu dieser Zeit etwa 3000 Einwohner, aber um den neuen König zu begrüßen, reisten rund 10.000 Menschen an. Eine gigantische Volksmenge, besonders für damalige Verhältnisse.

Es gab allerdings ein klitzekleines Problemchen: Der nagelneue König konnte kein Wort Schwedisch. Und das schwedische Volk kein Französisch. Ein paar schlaue Hofleute hatten deshalb eine Rede für Karl XIV. Johan vorbereitet und zwar in einer Art Lautschrift. Die sollte er vorlesen, und man hoffte, dass dies wie Schwedisch klingen würde.

Leider funktionierte dies hinten und vorne nicht. Schon nach wenigen Sätzen war klar, dass der neue König unverständliches Kauderwelsch sprach, und im Publikum breiteten sich Lachsalven aus. Bernadottes Rede ging schließlich im allgemeinen Gelächter unter.

Der Arme war so gekränkt, dass er nie wieder ein einziges Wort Schwedisch sprach und alle am Hof in Stockholm zwang, Französisch zu sprechen.

Wer also nach Schweden reist und der Sprache nicht mächtig ist: keine Sorge. Konnte Karl Johan auch nicht, und er hat es trotzdem in die Geschichtsbücher geschafft.

99. GRUND

Weil die Schweden das Holzpferd zu einem Markenzeichen gemacht haben

Als mir neulich morgens beim Staubwischen mein Dalapferd auf den Fuß fiel, musste ich an früher denken. Ich hatte ein schwedisches Dalapferd zwischen meinen Spielsachen und nicht die leiseste Ahnung, wie es dort hingekommen war. Pflichtgemäß stellte ich es neben meine Gummipferde in ihren Milchkartonstall, störte mich aber immer daran, dass es keinen Schwanz hatte. Schlimmer noch, ich dachte, er sei abgebrochen und der weiße Strich an der Hinterseite des Pferdes sei blankes Holz. Ich versuchte immer wieder, den weißen Strich mit orangefarbenem Filzstift zu übermalen – ohne Erfolg. Mit der Zeit gewöhnte ich mich an den schrillen Kollegen zwischen meinen Spielzeugpferden. Und im Gegensatz zu den Gummitieren habe ich das Dalapferd über all die Jahre behalten und es sogar mit nach Schweden genommen, als ich hierher zog. Familienzusammenführung sozusagen.

Irgendwie mag ich das Tier bis heute gern. Auch wenn es mir beim Abstauben immer auf den Fuß fällt.

Man kann sich ja fragen, warum eigentlich ein Pferd so symbolisch für Schweden geworden ist. Warum nicht ein Elch? Oder ein Hund, der beste Freund des Menschen?

Schaut man sich ein bisschen in der schwedischen Geschichte um, kann man ein paar spannende historische Zusammenhänge entdecken: In der Gegend um Mora in der Provinz Dalarna (daher der Name »Dalapferd«) gibt es viele Spuren von Wikingersiedlungen. Und das Pferd war das heilige Tier im Glauben der Wikinger, dem Asaglauben. Als Schweden verchristlicht wurde, begann die Kirche das Pferd als unrein darzustellen – ein Trick, der fast überall funktionierte. Außer in Dalarna. Hier hielten die Menschen an ihren Symbolen fest.

Es gibt Dokumente über einen Hexenprozess in Mora aus der Mitte des 17. Jahrhunderts, in dem ein Priester bezeugt, dass die Hexen Holzpferde benutzt hätten, um heimlich die Kühe des Nachbarn zu melken. Die Holzpferde seien also vom Teufel besessen. Der zuständige Staatsdiener dichtete dazu, dass es der Teufel selbst sei, der den Kindern die Holzpferde zum Spielen gebe. Trotz dieser Angriffe konnte der Mythos um das Pferd nicht gebrochen werden. Man schnitzte sie an langen Winterabenden als Spielzeug für die Kinder. So verbreiteten sie sich über die Welt, und ein Exemplar hat es auf unbekannten Wegen sogar bis in mein Kinderzimmer in der Nähe von Hannover geschafft.

In Dalarna produziert man bis heute Holzpferde. Und auch wenn heute eine Souvenirindustrie daraus geworden ist – von ihrem Charme haben die Dalapferde dadurch nichts eingebüßt.

Und deshalb darf es weiter bei uns im Regal stehen. Und Staub sammeln.

100. GRUND

Weil in Schweden seit 202 Jahren Frieden herrscht

1814. Merken Sie sich diese Jahreszahl, denn sie ist wichtig. 1814 war das letzte Jahr, in dem in Schweden Krieg herrschte. Damals zwang man Norwegen zur Union, die bis 1905 andauerte. Im gleichen Jahr trat Schweden auch Schwedisch Pommern an Dänemark ab, das es seit dem Westfälischen Frieden von 1648 besessen hatte. (Viele Wismarer wissen das wegen der jährlichen Schwedenfeste, die in der Stadt jedes Jahr gefeiert werden. Aber das ist eine andere Geschichte.)

Seit 202 Jahren herrscht in Schweden also Frieden – zwar haben schwedische Truppen an Kriegshandlungen teilgenommen, wie zum Beispiel in Afghanistan, doch hat es auf schwedischem Boden seit jenem schicksalhaften Jahr keinen Krieg mehr gegeben.

Aber woran liegt das eigentlich? Zum einen ist Schweden schon lange nicht mehr so bedeutsam in internationalem Zusammenhang. In der zweiten Hälfte des 18. Jahrhunderts war Schweden noch eine regionale Großmacht im Ostseeraum. Doch mit dem Verlust von Finnland an Russland 1808/09 verlor es diese Stellung.

Friedensforscher glauben jedoch, dass auch die ökonomische Entwicklung zum lang andauernden Frieden beiträgt.

Doch natürlich hat auch die schwedische Neutralitätspolitik während des Zweiten Weltkrieges eine wichtige Rolle gespielt. Ein norwegischer Geschichtsprofessor ist der Auffassung, dass Schweden nicht nur aufgrund seiner Nachgiebigkeit gegen Nazideutschland so glimpflich davongekommen ist. Er glaubt vielmehr, dass Schweden durch die Okkupation Norwegens die Kontrolle über die Nordsee ausnutzte.

Über die schwedische Neutralität ist viel diskutiert und geschrieben worden, und ich habe mich entschieden, das Thema hier nicht zu vertiefen. Was jedoch überall im Alltag zu spüren ist, sind die langen Jahre des Friedens. Schwedische Städte sind voll von Baudenkmälern aus vielen Jahrhunderten, das Leben ist entspannt und politisch weit von Krisen europäischen Ausmaßes entfernt.

Die Bürger haben ein entspanntes und fast freundschaftliches Verhältnis zum Staat, etwas, was ohne diese lange Periode des Friedens nicht möglich wäre.

Für mich persönlich ist Schweden eine Enklave des Friedens, die mir die Möglichkeit gegeben hat, mir mitten in diesem friedvollen Land eine kleine Oase voller Ruhe aufzubauen.

Und dafür bin ich unendlich dankbar.

Weil es in Schweden Gärdesgårdar gibt – Zäune, die seit der Wikingerzeit unverändert geblieben sind

Ich habe vor vielen Jahren mal ein Gedicht geschrieben. Zu meiner Verteidigung kann ich hervorbringen, dass ich damals Teenager war – unglücklich verliebt und auf der Suche nach mir selbst. Ich las traurige Literatur, und vermutlich war ich gerade mit John Keats *Ode an eine Vase* durch, als ich mich entschloss, ein Gedicht über niedersächsische Zaunpfähle zu verfassen. Es war lausig. Ich hatte das mit dem Versrhythmus nicht richtig raus und fand kein Wort, das sich auf »Stacheldraht« reimte. Also gab ich auf. Es ist das einzige Gedicht, das ich in meiner literarischen Selbstfindungsphase beinahe verfasst hätte, und das ist auch gut so.

Geblieben ist ein Gefühl der Sehnsucht, wenn ich an niedersächsische Feld- und Weidenzäune denke. Sie sind aus krummen Stämmen, grau-grünlich verwittert und sind so typisch für Niedersachsen wie Pferde und Mettbrötchen. Wie kleine windgepeitschte Wachtposten stehen sie an den Weiderändern und verbreiten ein Gefühl von Zuhause und Unveränderlichkeit.

Hier in Schweden gibt es ebenfalls herrliche Zäune. Man sieht sie fast überall, und sie haben einen tollen Namen: Gärdesgård. Das wird hier bei uns in Närke »Järschgoard« ausgesprochen. Das kommt vom altschwedischen »gærþe« und bedeutet in etwa »eingegrenztes Gebiet«. Es gibt diese Art von Zäunen schon seit rund 1000 Jahren, und seit der Wikingerzeit hat sich an ihrer Bauweise nichts verändert:

Senkrechte Stützstreben aus Fichte (auf Gotland verwendete man Wacholder) werden paarweise aufgestellt und von Weidenbändern zusammengehalten. Darauf legt man die entästeten Spitzen von rund vier Meter langen Fichten und befestigt sie ebenfalls mit Bändern aus Weide. So entstehen sehr widerstandsfähige Zäune, die problemlos 40 Jahre oder länger halten. Ganz ohne Nägel, Draht oder Schrauben.

Es gibt hierzulande immer weniger Fachleute, die die Bauweise beherrschen. Wie viele alte Handwerksberufe ist auch das Bauen von Gärdesgårdar eine aussterbende Kunst. Denn auch wenn es recht einfach aussieht: Einen solchen Zaun mit stimmigen Proportionen zu bauen ist für einen Laien fast unmöglich.

Aber die Schweden sind ja zum Glück sehr traditionsbewusst und versuchen, alte Traditionen am Leben zu erhalten. Daher kann man bei verschiedenen Volkshochschulen und Heimatvereinen Kurse belegen, die die alten Techniken vermitteln, und lernen, wie es geht.

Ich selbst bin von alten Handwerkskünsten sehr fasziniert und habe schon einen Schmiedekurs und einen Kurs im Dachdecken mit Gras belegt. Mehr dazu im nächsten Grund!

102. GRUND

Weil in Schweden alte Handwerkstraditionen weiterleben

Ich gehöre zu den Frauen, die sich mehr über eine Kreissäge als über einen mitgebrachten Tulpenstrauß freuen. Das Heimwerken liegt mir im Blut, und für eine handgeschmiedete Axt kann ich schon mal ohne mit der Wimper zu zucken den Gegenwert eines Designerhandtäschchens auf den Tisch blättern. Da ich aber keine ausgebildete Handwerkerin bin, gehe ich hin und wieder zu Kursen und Seminaren und lasse mir Tricks und Kniffe von richtigen Profis zeigen. Und als sich irgendwann die Gelegenheit ergab, in Tiveden (ein großes Naturschutzgebiet in der Nähe von Askersund) an einem Kurs für das Legen von Grasdächern teilzunehmen, war ich natürlich dabei.

Dort stand eine alte Hütte aus dem 19. Jahrhundert, deren Torfdach auf der einen Seite abgerutscht und das dringend reparaturbedürftig war. Ein prima Übungsobjekt für uns.

Zuerst bringt man eine neue Folie aufs Dach auf, die vom Traufbalken gehalten wird. Und diesen Traufbalken muss man vorher mit dem Stemmeisen bearbeiten: Im Abstand von circa 15 Zentimetern werden kleine Kerben ausgestochen, damit das Wasser vom Dach ablaufen kann. Ganz wichtig dabei ist, mit dem Stemmeisen in Richtung der Holzmaserung zu arbeiten, damit die Fasern sich schließen. Arbeitet man dagegen, raut man das Holz auf, und es saugt das Wasser auf wie ein Badeschwamm. Will man ja nicht.

Zur Imprägnierung wendet man alte, erprobte Methoden an: Holzteer ist eine prima Sache, duftet wunderbar und macht Holz haltbar bis fast in alle Ewigkeit.

Unter den Traufbalken klemmt man längliche Stücke Birkenrinde. Früher hatte sie die gleiche Aufgabe, die heute die genoppte Plastikfolie übernimmt. Doch leider ist das Schälen von Birken nicht besonders gut für die Bäume: Wenn man es übertreibt, sterben sie ab. Und deshalb ist heute das Schälen von Birken in Schweden verboten. Stattdessen importiert man sie für horrendes Geld aus Litauen oder Weißrussland. Und weil es so teuer ist, klemmt man eben nur ein bisschen für die Optik unter den Traufbalken.

Dann ist es so weit: die erste Schicht Grassoden wird auf das Dach gelegt. Damit es so originalgetreu wie möglich aussieht, sticht man sie mit der Hand aus. Eine verdammte Knochenarbeit. Spatenstich für Spatenstich 30 Zentimeter ins Gras, ausheben, hochwuchten, auf die Schubkarre legen, zum Haus schieben und aufs Dach hieven. So eine Grassode wiegt locker ihre fünf Kilogramm, und nach den ersten 20 wünscht man sich, man hätte sich nie für altes Handwerk interessiert.

Die erste Schicht wird übrigens als Isolierung mit dem Gras nach unten aufs Dach gelegt. Der Legende nach kam es da früher schon mal vor, dass die eine oder andere Birke oder Tanne verkehrt herum durch das Dach ins Haus wuchs.

Auf diese Grundschicht legt man dann junge Tannen. Also genauer gesagt Stämme, die man von ihren Ästen befreit, allerdings noch rund zehn Zentimeter stehen lassen hat. So sind sie wie große Zahnstocher, die die nächste Grasschicht an ihrem Platz halten – die dann mit dem Grün nach oben auf dem Dach verlegt wird. (Wir Frauen, die an dem Kurs teilgenommen haben, haben darauf geachtet, ein paar hübsche Wiesenblumen mit auszustechen. Bisschen Deko muss sein.)

Jetzt nur noch die Firstbalken festnageln, und fertig ist das Grasdach. Kinderleicht eigentlich, man braucht nur ein bisschen Ausdauer und viel Muskelkraft.

Kleiner Tipp übrigens für alle, die jetzt auf die Idee kommen, ihre Garage zu begrünen: So ein Grasdach ist wahnsinnig schwer. Also am besten vorher einen Statiker zu Rate ziehen.

Ansonsten: Viel Spaß mit den Blumen auf dem Dach. Mit ein bisschen Glück finden Sie ja vielleicht im Herbst sogar den einen oder anderen Pilz. Und immer schön nachgucken, dass Ihnen nicht irgendwann eine Birke von oben reinwächst.

103. GRUND

Weil in Schweden noch Hexen unterwegs sind

Einmal im Jahr ist der Luftraum über Schweden ziemlich überfüllt. Und zwar in der Nacht vom Gründonnerstag auf den Karfreitag, denn dann sind hierzulande die Hexen auf ihren Besen unterwegs zum Blåkulla, das ist der schwedische Blocksberg.

Die schwedische Hexe reitet, genau wie ihre deutsche Kollegin, auf einem Besen oder einem Ziegenbock zu diesem jährlichen Treffen, wo sie sich mit dem Teufel vereint. Sie kann, mithilfe einer

Nadel, ein Loch in eine Wand stechen, groß genug, um mitsamt Besen oder Ziege hindurchzufliegen.

Auf dieser Reise nimmt sie manchmal ein Kind mit, das in Satans Dienst angeworben werden soll. (Berichte über geraubte Kinder waren oft der einzige Beweis in Hexenprozessen. Und der einzige, der gebraucht wurde, um die Angeklagte zum Tode zu verurteilen.)

Diese geraubten Kinder waren oft die einzigen Zeugen während der großen Hexenprozesse 1668–1676 in Schweden, und was sie vom *Blåkulla* berichteten, war wirklich haarsträubend:

Der Ort war ein einziger großer Festplatz, auf dem es zuging wie bei einer Bauernhochzeit. Es wurde gegessen und getrunken, man tanzte und hatte wilden Sex. Der Teufel lag auf dem Rücken unter einem Tisch und kicherte so laut, dass der Raum zitterte, und das Fegefeuer flackerte durch ein Loch im Boden, wo man die gepeinigten Seelen sehen konnte. Es wurde mit dem Rücken zueinander getanzt, und alles was man tat, tat man rückwärts im Gegensatz zum richtigen Leben: Man heiratete mehrere Personen gleichzeitig und hatte Sex mit Satan, der einen eiskalten Penis hatte und dessen Sperma Wasser war, aus dem Frösche geboren wurden, die man vom Boden auffegte und zu Butter mahlte. Wenn man aufwachte, schmerzte der Körper, das Essen war verschwunden, und die Gaben, die man erhalten hatte, waren zu Sägespänen geworden.

Ein interessantes Phänomen war, dass die Kinder aussagten, sie hätten nicht nur Satan und Dämonen auf dem *Blåkulla* gesehen, sondern auch Engel. Wand an Wand mit Satans Festsaal lag die Kammer der Engel, *Vitkulla.* Sie war eingerichtet wie eine Kirche, mit Bänken und schneeweiß von der Decke bis zum Boden. Von dort aus rief Gott, in einem grauen Mantel und mit grauem Bart: »Kommt her, alle meine Kinder!« Die Engel hatten Vogelklauen statt Händen und Füßen und flogen umher. Sie waren ganz in Weiß gekleidet, schlugen den Kindern das Satansmahl aus den Händen, weinten Tränen so groß wie Erbsen und baten die Kinder zu beichten, damit die Hexen ausgerottet werden könnten. Außerdem schickten sie die Botschaft zu den Menschen, an Donnerstagabenden nicht zu arbeiten, keine gerüschten Mützen zu tragen und Tabak nicht zu Wucherpreisen zu verkaufen.

Die Geschehnisse auf dem *Blåkulla* waren so schreckeinjagend für die Bevölkerung, dass man versuchte, die Hexen mit Gewehrschüssen zu verjagen. Und diese Tradition hat sich bis heute gehalten: An Ostern wird in Schweden Feuerwerk gezündet. Man böllert und kracht, damit die Kinder nicht geraubt werden und die Ziegen im Stall bleiben. (Sehr zum Schrecken unseres Hundes, der Ostern zitternd im Keller verbringt.)

Ein weiterer neuzeitlicher Effekt der Hexenreise am Gründonnerstag sind die Påskkärringar. (Påsk = Ostern, kärring = alte Frau). Das sind kleine Mädchen und Jungs (Gleichberechtigung! Hurra!), die sich zur Osterzeit als Hexen oder Hexeriche verkleiden und von Haus zu Haus gehen und Süßigkeiten erbitten. Sie klopfen an die Tür, meist in kleinen Schwärmen, wünschen frohe Ostern und verteilen selbst gemalte Bilder. Meistens mit verbeulten Ostereiern oder kruckeligen Hühnern drauf. Dafür bekommen sie eine kleine Gabe wie Obst oder Süßigkeiten.

Ich jedenfalls stelle an Ostern den Besen immer in die Garage und schließe ab. Nur zur Sicherheit.

104. GRUND

Weil es in Schweden schon zu Wikingerzeiten Graffiti gab

Runensteine, wie sie an vielen Stellen in Schweden zu bewundern sind, sind keine, wie vielfach angenommen, Grabsteine. Sondern Gedenksteine, die von Angehörigen und Nahestehenden für einen Verstorbenen aufgestellt wurden. Gerne an Wegkreuzungen, Brücken oder Plätzen, die weithin sichtbar waren – um gleich noch ein bisschen Territorialanspruch zu verdeutlichen. Ein bisschen wie ein frühzeitliches Graffito.

Es gibt hier in Schweden rund 2.500 Runensteine, und die meisten davon stammen aus der Wikingerzeit bis in das 11. Jahrhundert. Die Inschriften auf den Runensteinen sind die ältesten bewahrten Dokumente, die in schwedischer Sprache verfasst sind. Das ursprüngliche Runenalphabet hat 24 Buchstaben, und die Schriftzeichen haben große Ähnlichkeit mit denen, die im Jahrhundert vor unserer Zeitrechnung im Mittelmeerraum verwendet wurden. Sie dienten vermutlich als Vorbild für das erste Runenalphabet.

Doch mit den Jahren veränderte sich die Sprache in Skandinavien stark. Im 8./9. Jahrhundert wurde daher das Runenalphabet überarbeitet und ein neues eingeführt. Da dieses Alphabet fast zeitgleich in ganz Skandinavien in Gebrauch genommen wurde, muss es sich um eine bewusst herbeigeführte Reform gehandelt haben – eine enorme Sache, wenn man den Zeitaspekt berücksichtigt. Das neue Runenalphabet wird heute als Wikingerrunen bezeichnet. Die Runen wurden bis ins Mittelalter als Volksschrift benutzt, während die lateinische Schrift ausschließlich von Gelehrten angewandt wurde.

In Dalarna hat eine besondere Form der Runenschrift, die sogenannten »Dalrunen« sogar noch bis ins 19. Jh. hinein überlebt.

Ein besonders schöner Runenstein steht vor dem Schloss Gripsholm im Sörmland, der 1730 bei Grabungsarbeiten im damaligen Stallgelände des Schlosses gefunden wurde.

Die Inschrift darauf lautet:

× ᛏᚢᛚᛅ : ᛚᛁᛏ : ᚱᛅᛁᛋᛅ : ᛋᛏᛅᛁᚾ : ᚦᛁᚾᛋᛅᛏ : ᛋᚢᚾ :
ᛋᛁᚾ : ᚼᛅᚱᛅᛚᛏ : ᛒᚱᚢᚦᚢᚱ : ᛁᚾᚴᚢᛅᚱᛋ : ᚦᛅᛁᛦ ᚠᚢᚱᚢ :
ᛏᚱᛁᚴᛁᛚᛅ : ᚠᛁᛅᚱᛁ : ᛅᛏ : ᚴᚢᛚᛁ : ᛅᚢᚴ :
ᛅ:ᚢᛋᛏᛅᚱᛚᛅᚱ:ᛅᛁ : ᚴᛅᚠᚢ : ᛏᚢᚢ : ᛋᚢᛅᛅᚱ:ᛚᛅ :
ᛅ ᛋᛁᚱᚴ:ᛚᛅᛅ:ᛏᛁ

(Quelle: Riksantikvarieämbetet)

In der Transkription wird daraus:

× tula : lit : raisa : stain : þinsat : sun :
sin : haralt : bruþur : inkuars : þaiʀ furu :
trikila : fiari : at : kuli : auk :
a:ustarlar:ni : kafu : tuu : sunar:la :
a sirk:lan:ti

(Quelle: Riksantikvarieämbetet)

Übersetzung: Tola let ræisa stæin þennsa at sun sinn Harald, broður Ingvars. ÞæiR foru drængila fiarri at gulli ok austarla ærni gafu, dou sunnarla a Særklandi.

Und auf neuzeitlichem Schwedisch: Tola lät resa denna sten efter sin son Harald, Ingvars broder. De for manligen fjärran efter guld och österut gav örnen (föda), dog söderut i Särkland.

Auf Deutsch: Tola ließ diesen Stein nach seinem Sohn Harald, Ingvars Bruder, errichten. Sie sind mannhaft in die Ferne nach Gold gereist und gaben östlich dem Adler Futter, starben im Süden in Särkland.

Tola wollte mit diesem Stein seiner Söhne gedenken und gleichzeitig seine Macht und seinen Reichtum demonstrieren – denn so einen Stein errichten zu lassen war keine billige Angelegenheit.

Man kann also sagen, dass so ein Runenstein eine Art frühzeitliches Graffito war. Und vor allem auch ein Statussymbol. Ungefähr wie ein teures Auto oder eine Schweizer Uhr. Denn jeder, der daran vorbeikam wusste direkt: Tola, der hat es richtig dicke. Der alte Angeber.

10. KAPITEL

SEHENSWERTES

Weil der Löwe im Schloss von Gripsholm das schönste Lächeln hat

Mein Mann und ich, wir mögen ausgestopfte Tiere. Das kann man gut finden oder ganz grässlich, makaber und geschmacklos. Uns kratzt das herzlich wenig, und wir freuen uns an unserer Sammlung und erschrecken auch nicht, wenn wir nachts auf dem Weg zum Klo an unserem einäugigen Dachs vorbeigehen, dessen Naht am Bauch schon ein bisschen aufgeht und jede Menge zerdrückte Holzwolle entblößt.

Wir haben ihn auf dem Weg zu unserer Hochzeit gekauft, und da wir uns heimlich davongeschlichen hatten und niemand von unseren Plänen wusste, ist der zerbröselnde Dachs eine durch und durch romantische Erinnerung.

Und verglichen mit dem ausgestopften Löwen von Gripsholm ist unser Dachs ein richtiges Schmuckstück. Der Gripsholmer Löwe ist eine kleine Berühmtheit hier in Schweden und hat sogar eine eigene Facebookseite. Er ist nämlich mit Abstand das merkwürdigste, was es an ausgestopften Tieren so gibt, und ich weiß nun wirklich, wovon ich rede.

Der Löwe von Gripsholm war ein Geschenk des Statthalters von Algier an den schwedischen König Fredrik I. im Jahr 1731. Damals erfreute er sich noch bester Gesundheit und wurde schnell zu einem richtigen Star am schwedischen Hof. Lebende Löwen hatte bis dato noch niemand zu Gesicht bekommen, und so wurde er schnell zu einer richtigen Sehenswürdigkeit. Adlige von nah und fern reisten an, um sich das exotische Wesen mal genauer anzusehen, und er wurde schnell im ganzen Land zu einer viel diskutierten Neuigkeit.

Doch scheinbar bekam dem Löwen das schwedische Klima nicht oder man fütterte ihn mit süßem Backwerk, wer weiß das schon.

Jedenfalls starb das Tier fern der Heimat kurz nach seiner Ankunft, und Fredrik soll der Überlieferung nach untröstlich gewesen sein.

Er entschloss sich, sein exotisches Haustier ausstopfen zu lassen, und der Auftrag ging an den königlichen Präparator.

Und da fingen die Probleme an. Der königliche Präparator war in Schweden geboren und hatte zeit seines Lebens nie einen lebenden Löwen zu Gesicht bekommen. Plötzlich lag da ein schlapper Kadaver vor ihm, und er hatte keinen Schimmer, wie das Tier zu Lebzeiten ausgesehen hatte.

Die einzigen Löwen, die der Präparator kannte, waren die im schwedischen und dänischen Staatswappen – und ganz im Sinne seines Auftraggebers machte der königliche Tierausstopfer sich an die Arbeit.

Er arbeitete Tag und Nacht und war schon nach erstaunlich kurzer Zeit fertig. Der ausgestopfte Löwe wurde König Fredrik übergeben, und ich habe leider keine Ahnung, wie er reagierte.

Eins steht jedenfalls fest: Der Löwe wurde ins Schloss Gripsholm überführt, wo er bis heute ein Teil der festen Ausstellung ist. Jedes Jahr kommen Tausende Besucher von überall, um das Wunderwerk zu bestaunen. Sehen Sie sich das Resultat selbst an: im Bildteil!

106. GRUND

Weil es in Schweden Riesenkochtöpfe gibt

Ich weiß nicht, wie es Ihnen geht, aber ich fand Geschichte in der Schule immer pupslangweilig. Wann hat man später im Leben schon mal Gebrauch von seinem Wissen um das Krönungsjahr Karls des Großen machen können? Ich habe noch nie an einer Rateshow teilgenommen, und an Weihnachten, wenn wir Trivial Pursuit mit der ganzen Familie spielen, habe ich meistens schon so viel Glögg (das schwedische Äquivalent zu Glühwein) intus, dass mir die Namen der etruskischen Könige sowieso nicht mehr einfallen. Geschichte eignet sich nicht mal besonders als Small-Talk-Thema – oder haben Sie schon mal auf einer Party gestanden und mit einem Sektchen in der Hand die Punischen Kriege diskutiert?

Hier in Schweden hat sich das geändert. Und daran ist unser Freund Morgan schuld. Denn Morgan ist der historisch interessierteste und belesenste Mensch, den ich bisher getroffen habe. Er hat mir die Geschichte unserer Umgebung so lebhaft nahegebracht, dass ich heute ganz versessen darauf bin, sie zu erkunden. Ich, eingefleischte Geschichte-langweilig-Finderin, verschlinge seither Bücher über Geologie, lese mich durch theoretische Abhandlungen zur Bewegungsroute des Inlandseises und fahre kilometerweit in die Pampa, um verwitterte Runensteine zu fotografieren.

Und aus diesem Grund haben mein Mann und ich einen Ausflug in Richtung Degerfors gemacht, um uns Sveafallen anzusehen. Das ist eine Gegend, die voll von sogenannten »Jättegrytor« ist. Das bedeutet in etwa »Riesenkochtopf« und heißt so, weil es riesige Löcher im Fels sind. Die sind während der letzten Eiszeit entstanden, und man kann sie in ganz Schweden entdecken. Ein paar davon haben wir uns mal genauer angesehen.

Das Inlandseis der letzten großen Eiszeit hat gerade bei uns in Närke sehr deutliche Spuren hinterlassen. Man kann sagen, dass Örebro vor rund 10.000 Jahren komplett unter Wasser lag. Das Meer ging bis an die Kante des Inlandseises und der Strand lag in etwa 1 km südlich von der Stelle, an der Morgans Haus steht.

Der Name Sveafallen entstand übrigens fälschlicherweise in den 1920er Jahren. Man nahm damals an, dass der Ancylussee, ein Binnensee, der später zur Ostsee wurde, sich an dieser Stelle mit einem gigantischen Wasserfall in das Westmeer ergoss. Diese Theorie hat sich später als falsch herausgestellt – aber der Name blieb.

Die Riesenkochtöpfe entstanden ebenfalls während der Eisschmelze. Das Wasser lief durch Spalten im Eis in Richtung Berggrund, wo sich kräftige Flüsse entwickelten, die unter der Eisdecke ins Meer flossen. Die enorme Kraft des Wasser versetzte darunterliegende Felsbrocken in Rotation – so stark, dass sie tiefe Löcher in den Fels gruben. Der dazugehörende Stein wurde durch die freigesetzte Kraft ganz kugelrund geschliffen. Heute findet man Löcher, die von einigen Metern Durchmesser bis zu einigen Zentimetern reichen. Sie sind kreisrund und von einer erstaunlichen Glattheit. Wenn man mit der Hand über den Stein fährt, kann man sich kaum vorstellen, dass er nicht immer schon so blank poliert und glatt gewesen ist.

Mit etwas Glück findet man einen versteckten Riesenkochtopf, in dem noch der runde Stein liegt. Aber das wird immer seltener, denn sie sind ein beliebtes Souvenir von Hobby-Archäologen und Spaziergängern. Wenn Sie also mal einen entdecken sollten, seien Sie doch so nett und lassen ihn liegen. Und melden sich anschließend bei mir und verraten mir, wo genau sie ihn gefunden haben. Denn ich würde für mein Leben gerne mal einen Riesenkochtopfstein angucken. Und ein paar Fotos machen.

Vielen Dank schon mal im Voraus!

107. GRUND

Weil es in Schweden die schönsten Pilze gibt

Als ich meinen Mann gerade kennengelernt hatte, versuchte ich, im Internet ein paar Informationen über Örebro zu finden. Schließlich will man ja wissen, wo der Liebste herkommt (ich hätte wahrscheinlich auch Castrop-Rauxel, Northeim oder Kirchhorst gegoogelt, wenn er zufällig dort geboren worden wäre). Ich versuchte es über die üblichen Suchmaschinen – aber die Ausbeute war bescheiden. Was man mir auf Deutsch anbot war in etwa Folgendes: Örebro ist Schwedens sechstgrößte Stadt und war im Mittelalter ganz groß im Schuhhandwerk.

Överraskande Örebro (= überraschendes Örebro) ist der Slogan, mit dem die Stadt Örebro Werbung für sich selbst macht. Ich finde das etwa so überzeugend wie »*Aufregendes Achim*« oder »*Umwerfendes Ulm*«.

Die Schlussfolgerung war selbstverständlich, dass Örebro der langweiligste Ort der Welt sei. Doch als ich das erste Mal zu Besuch kam, wurde ich schnell vom Gegenteil überzeugt. Örebro ist zwar klein (rund 130.000 Einwohner), aber alles andere als öde.

Leider ist das Touristenbüro von Örebro nicht richtig in der Lage, ein bisschen Werbung für die Stadt zu machen, und deshalb kommt es irgendwie nicht so richtig gut weg bei Schwedenbesuchern. Das finde ich schade, denn Örebro, unser »Herz von Schweden«, wie wir es liebevoll nennen, ist wirklich einen Besuch wert.

Eins der wichtigsten Wahrzeichen der Stadt, das alles andere überragt, ist der Svampen (= der Pilz = Wasserturm). Er thront mit seinen 58 Metern Höhe direkt an der nördlichen Einfahrt der Stadt und ist eigentlich von fast überall gut sichtbar.

Er ist bis heute in Gebrauch, und ganz oben im Wasserreservoir befinden sich neun Millionen Liter Wasser, die in der Stadt dafür sorgen, dass es überhaupt Wasserdruck gibt. Das Prinzip ist ganz einfach: Das Reservoir liegt so hoch, dass es die Häuser der Stadt überragt, und so wird das Wasser von oben in die Leitungen gedrückt. Es gibt in der Stadt nur ein einziges Wohnhaus, das den Svampen überragt – und die beiden oberen Etagen brauchen extra Pumpen für die Wasserversorgung.

Innen im »Stiel« des Turms befinden sich zwei Fahrstühle, mit denen man nach oben auf die Aussichtsplattform fahren kann. Von dort oben hat meinen atemberaubenden Blick über ganz Närke.

Svampen wurde 1958 fertiggestellt, nach mehreren Jahren Bauzeit. Das Faszinierende ist, dass man den oberen Teil zuerst baute. Man goss das Wasserreservoir in Beton, und dann wurde es mithilfe von hydraulischen Liften Stück für Stück angehoben und etappenweise der Stiel gebaut. Einer der Lifte steht oben im Svampen, wo man ihn bewundern kann: Oben, im Inneren des »Hutes«, gibt es ein Café, in dem man prima essen kann.

Der Svampen hat übrigens auch bei einem echten Prinzen ganz großen Eindruck hinterlassen: Ein saudischer Prinz, der zu Besuch in Örebro war, fand ihn so faszinierend, dass er sich eine exakte Kopie in Riad bauen ließ. Und da ein Prinz keine halben Sachen macht, wurde die Kopie gleich 30 Prozent größer gemacht. Als der saudi-arabische Svampen eingeweiht werden sollte, stellte man allerdings fest, dass man von oben auf den Königspalast sehen konnte. Und das durfte nicht sein – niemand darf auf den König herabschauen.

Und so wurde die Aussichtsplattform kurzerhand wieder für Besucher gesperrt. Übrigens ist der saudische Wasserturm nicht grau-weiß. Sondern blau-gelb. Zufall?

108. GRUND

Weil das Schloss in Örebro so eine märchenhafte Geschichte hat

Tschechische Märchenfilme haben mein Leben zerstört. Nacht für Nacht lag ich als Zehnjährige in meiner orange geblümten Frotteebettwäsche und wartete darauf, dass ein aschblonder Prinz mit Föhnwelle kommen und mich auf sein Schloss entführen würde – weit weg von Mathearbeiten und Wandertagen.

Als ich erwachsen war, schrieb ich (als Rache dafür, dass er nie auftauchte) folgende Headline für eine Anzeige der Zeitschrift *Brigitte*:

Irgendwann war mir klar, dass kein strahlender Prinz auf einem weißen Ross kommt, um mich zu heiraten. Das fand ich damals schade. Vor allem für den Typen auf dem Pferd.

Als ich dann Jahre später doch meinen Traumprinzen gefunden hatte (zum Glück trug er keine Föhnwelle), und an seiner Seite zum ersten Mal das Schloss in Örebro sah, wusste ich, dass Mädchenträume doch wahr werden können.

Unser Schloss sieht nämlich aus, als hätten ein tschechischer Märchenfilm-Architekt und ein Spielzeugfabrikant die Köpfe zusammengesteckt und sich überlegt, wie ein Schloss aussehen müsste, damit es als Plastikmodell im Maßstab 1:100 zu einem Bestseller würde.

Die Wurzeln des Schlosses liegen im 13. Jahrhundert. Damals gab es nur eine kleine Insel mitten im Fluss Svartån. Zu jener Zeit war das kleine Örtchen Örebro sehr zentral gelegen – genau in der Mitte zwischen zwei Küsten und mit einer direkten Wasserverbindung nach Stockholm. So wurde der Ort ein reger Handelsstützpunkt. Viele Geschäftsreisende kamen vorbei, viele Waren wurden transportiert, und demnach war auch viel Geld auf der Durchreise. Das zog natürlich eine Menge zwielichtige Gestalten an, die die Transporte überfielen – und gegen die musste man sich irgendwie verteidigen.

Also baute man auf dieser strategisch gut gelegenen kleinen Insel im Fluss einen Verteidigungsturm. Dieser vierkantige Turm war 30 Meter hoch und wurde an dieser Seite der Insel gebaut. Er war sozusagen der Vorgänger des heutigen Schlosses.

Die Gefahren, gegen die man sich verteidigen musste, wurden im Laufe der Zeit immer größer. Und deshalb baute man einen Südflügel an. Die Verteidigung war damit gesichert – allerdings war das Schloss ein ziemlich langweiliger grauer Klotz. Deshalb entschloss man sich, einen Festsaal zu bauen, dessen hohe Spitzbogenfenster in der Fassade des Südflügels zu sehen sind. Später baute man gleich hohe Flügel im Norden und im Westen an, sodass das Schloss eine U-Form erhielt.

Zu jener Zeit hieß das Schloss allerdings noch nicht Schloss, sondern einfach nur »Örebrohus«, das bedeutet »Örebrohaus«.

Es war immer wieder Mittelpunkt von militärischen Streitigkeiten. 1520 wurde es schließlich nach neunmonatiger Belagerung vom schwedischen König Gustav Vasa erobert.

Gustav Vasa vererbte das Schloss an seinen Sohn, Herzog Karl, der später König Karl IX. wurde. König Karl war allerdings nicht besonders dankbar für dieses tolle Geschenk, sondern meckerte daran herum, weil er es viel zu klein fand. Er machte sich also daran, das Schloss auszubauen. Herzog Karl war ein weit gereister Mann und hatte auf seinen Reisen viele herrliche Bauwerke gesehen. Diese Eindrücke ließ er in den Ausbau des Schlosses in Örebro einfließen und ließ es zu einem schönen Renaissanceschloss ausbauen.

Er ließ einen Ostflügel erbauen und die übrigen Flügel von drei auf vier Etagen erhöhen – die gleiche Höhe wie der mittelalterliche Turm. Dazu ließ er noch vier wuchtige Verteidigungstürme aufstellen, die damals allerdings noch nicht die gleiche Höhe wie die Flügel des Schlosses hatten. Zu dieser Zeit war das Schloss übrigens verputzt, im Gegensatz zu heute. Es hatte damals einen hellen Gelbton.

Die Bauzeit betrug über 50 Jahre, und eigentlich sollte man nun erwarten, dass König Karl mit seinem Werk zufrieden war. Aber das war er ganz und gar nicht. Er war nämlich in der Zwischenzeit gestorben.

Im 18. Jahrhundert wurde das Schloss als Gefängnis verwendet. In dieser Zeit verfiel es so stark, dass ein Teil der Nordseite abbrach und in den Fluss Svartån stürzte. Es gab damals zwei Möglichkeiten: abreißen oder wieder aufbauen. Man beschloss, es wieder aufzubauen – aber die Nutzung zu ändern. Was ursprünglich zur Verteidigung erbaut worden war, wurde nun zu einem Verwaltungsgebäude umfunktioniert. Das Schloss wurde zum Sitz des Landeshauptmanns, und das ist es noch bis heute.

Vor rund 100 Jahren wurden die letzten Reparaturen an den Außenmauern des Schlosses getätigt, die Türme wurden erhöht und bekamen ihr leicht konisches Dach. Die Ringmauer wurde abgerissen, und der Putz, der noch aus König Karls Zeit übrig war, wurde abgeschlagen. Alles ganz im Zeichen des Klassizismus.

Von dem ursprünglichen prachtvollen Schlosshof sind heute noch die Portale auf der nordöstlichen und südwestlichen Seite zu sehen. Das waren die verschiedenen Aufgänge zum Königs- und Königinnen- und zum Prinzengemach. Sie führen zwar beide zur gleichen Treppe, aber damals war es für alle Beteiligten sehr wichtig, einen eigenen Eingang zu haben.

Das Schloss durch den Haupteingang zu betreten ist ein überwältigendes Erlebnis. Die schweren Mauern ersticken jedes Geräusch, und man tritt aus hellstem Sonnenschein hinein in schattige Gemäuer und viele Hundert Jahre bewegter Geschichte. Das Echo der Stimmen aus alter Zeit berichtet von Kämpfen und Festen, von Trauer, Freude, Sieg und Niederlagen.

Doch bevor man überhaupt den Schlosshof betritt, kommt man an zwei historisch bedeutsamen Türen vorbei, die verschiedener im Zweck nicht sein könnten:

Die obere Tür führt zu dem Eingang der Wohnung des *Landshövdings*, das ist so etwas wie ein Ministerpräsident. Die Wohnung beherbergt die einzigen Räume, die noch ihre ursprüngliche Möblierung haben. Sie wurde um 1766 vom damaligen Landshövding Hamilton mit eigenen Mitteln eingerichtet. Hamilton wollte Eindruck beim damaligen Kronprinzen und zukünftigen König Gustav III. schinden, der sich in Örebro mit seiner zukünftigen Braut, Prinzessin Sofia Magdalena von Dänemark, treffen sollte. Die Liebesgeschichte war leider keine. Gustav war aus höfischen Gründen gezwungen, Sofia Magdalena zu ehelichen. In Wirklichkeit soll er sich aber gar nicht für Frauen interessiert haben. Er ließ die arme Dänin alleine in der neuen Suite nächtigen, zog sich selbst in ein möbliertes Zimmer bei einer örtlichen Witwe und Bekannten zurück und verließ Örebro am nächsten Morgen ohne ein Wort. Seine Zukünftige sah sich gezwungen, in ihrer Kalesche dem Bräutigam hinterherzueilen – eine ziemlich unangenehme Situation.

Der heutige Landshövding von Örebro ist übrigens eine Frau, Marie Larsson. Es kursiert eine lustige Geschichte um eine ihrer Vorgängerinnen: Als diese gerade Landshövding geworden und sie in die Residenz im Schloss eingezogen war, sollten ihre Kinder und Enkelkinder zu Besuch ins Schloss kommen. Da dachte sich die Ministerpräsidentin, dass es doch eine lustige Idee sei, die Familie ein bisschen zu erschrecken. Familieninterner Scherz sozusagen. Sie hängte sich also ein weißes Bettlaken über und wartete in einem dunklen Gemach, bis sie Stimmen im Korridor hörte. Als diese näher kamen, sprang sie, bedeckt mit dem Laken, aus ihrer dunklen Ecke.

Doch leider stand sie nicht vor ihrer Familie, sondern vor einer Touristengruppe, die auf einer Gruselwanderung im Schloss war. Die erschreckten sich so, dass sie sich fast nass machten. Man hatte ihnen den ganzen Abend Gruselgeschichten erzählt und sie mit Geräuschen vom Band bis auf Äußerste gespannt – und dann standen sie der Ministerpräsidentin von Närke mit einem Bettlaken über dem Kopf gegenüber. Dieser war die ganze Sache natürlich äußerst peinlich. Sie bat mit ihrem zerknüllten Laken in der Hand und hängendem Kopf um Entschuldigung und ließ sich den Rest ihrer Amtszeit nichts mehr zuschulden kommen.

Die untere Tür im Schlossportal führt ins Gefängnis.

Heute ist nur noch ein Teil des früheren Gefängnisses begehbar, der andere Teil ist abgesperrt und wird als Weinkeller benutzt. Man kommt über eine steile Treppe hinunter in das dunkle Verließ, das heute von elektrischem Licht erhellt wird. Früher kam das einzige Licht durch kleine Öffnungen in der Schlossmauer, die mehr als einen Meter dick ist. Das war natürlich nicht besonders viel Licht, und es war kalt, dunkel und sehr feucht in den Räumen. Der Boden bestand damals noch nicht aus Beton, sondern aus gestampfter Erde. Da damals das Wasserniveau des Flusses noch rund zwei Meter höher lag als heute, rauschten bei starkem Regen und ansteigendem Wasserpegel große Wassermengen durch die Lichtschächte direkt ins Gefängnis hinein, dessen Boden sich dann in eine Schlammwüste verwandelte. Im Winter gefror der Boden zu Eis.

Die Haftbedingungen auf Schloss Örebro waren vom sozialen Status der Gefangenen bestimmt: es gab z.B. einen russischen General, der im dritten Stock des Schlosses wohnte, wo er drei Räume und eine eigene Küche zur Verfügung hatte – man ließ sogar eigens einen russischen Koch für ihn kommen, da der General sich hartnäckig über das schwedische Essen beschwerte!

Anderen dagegen ging es nicht so gut:

Viele der Gefangenen saßen auf dem nackten Boden und waren mit Fuß- und Handschellen angekettet. Andere, die ein schwereres Verbrechen begangen hatten, wurden am Hals angekettet – in einer Höhe, die es nicht zuließ, sich zu setzen oder gar zu hinzulegen. Die Verurteilten mussten in halb stehenden Positionen ausharren.

Es gab darüber hinaus noch Isolierzellen, die so eng waren, dass die Verurteilten darin nicht aufrecht stehen oder liegen konnten. Sie mussten teilweise wochen- und monatelang ausharren. Es war ein wirklich furchtbarer Ort.

Im Gefängnis auf Schloss Örebro saßen viele »berühmte« Gefangene. Der prominenteste unter ihnen war der Trickdieb Lasse-Maja. Er hieß in Wirklichkeit Lars Molin. Seine Masche war es, sich als Frau verkleidet in herrschaftlichen Häusern als Haushälterin anstellen zu lassen und seine Herrschaften später auszurauben. Hatte er seine Beute gemacht, zog er sich die Frauenkleider aus und entkam unerkannt. Da man ja nach einer Frau fahndete, konnte er viele Male entwischen. Doch als er schließlich immer dreister wurde und das Silber aus einer Kirche stahl, fasste man ihn und steckte ihn hier in Örebro ins Gefängnis. Doch er schaffte es ganze drei Mal, zu fliehen.

Beim ersten Mal war es ihm irgendwie gelungen, durch einen der Lichtschächte Frauenkleider ins Gefängnis zu schmuggeln. Die zog er sich an, ging zu einer der Wachen und begann ein Gespräch. Der Wachmann dachte sich »Ach, so ein hübsches Frauenzimmer! Die ist doch hier irgendwie falsch gelandet!« und ließ Lasse-Maja hinaus.

Beim zweiten Mal gelang es ihm, sich mithilfe eines Gegenstandes durch die meterdicke Gefängnismauer zu graben. Er kam allerdings nicht weit: Durch die Mauer plumpste er direkt in den Fluss und wurde von den Wachen sofort wieder herausgefischt und zurück ins Gefängnis geworfen.

Bei seinem dritten Fluchtversuch schabte er sich durch die Gefängnisdecke – man fasste Lasse-Maja in der Speisekammer des Landshövdings in der darüber liegenden Etage.

Da man seiner Fluchtversuche überdrüssig wurde, verlegte man Lasse-Maja in eine sicherere Festung an der Westküste. Dort saß er 26 Jahre ein, und man beschäftigte ihn in der Gefängnisküche, wo er zu einem ganz hervorragenden Koch wurde. Als Karl XIV. Johan (Jean Baptiste Bernadotte) dorthin zu Besuch kam, war er von Lasse-Majas Kochkünsten so beeindruckt, dass er ihn begnadigte und zu seinem Leibkoch machte.

Die unglaubliche Karriere des Diebes, der zum Koch des Königs wurde!

Doch es gab auch Frauen als Gefangene. Dies war zur Zeit der Hexenjagd in Schweden. Frauen, die der Hexerei beschuldigt wurden, wurden auf Schloss Örebro eingesperrt. Hier ließ man sie auf den Tag der Prüfung warten. An diesem Prüfungstag band man ihnen Hände und Füße zusammen und warf sie, mit Steinen beschwert, in den Fluss Svartån. Wenn die Frau wieder an die Oberfläche kam, hatte man den »Beweis« – die Frau war eine Hexe. Wie sollte es ihr sonst gelungen sein, wieder an die Wasseroberfläche zu kommen? Also verbrannte man sie konsequenterweise auf dem Scheiterhaufen. Ertrank die Frau dagegen, war posthum ihre Unschuld bewiesen. Davon hatte die arme Frau natürlich auch nichts mehr.

Heute wird das Gefängnis dagegen für einen ganz anderen, sehr fröhlichen Zweck genutzt: Es werden Feste für Kinder veranstaltet. Bei diesem Fest auf Schloss Örebro sind die Kinder für einen Tag Prinz und Prinzessin. Sie bekommen einen Mantel, ein Schwert und eine Krone. In diesen Sälen dürfen sie dann spielen, nach Herzenslust herumtoben und so viel Torte essen, wie sie wollen.

Betritt man den Schlosshof in Örebro mit Jeans und Turnschuhen, fühlt man sich zwischen den eindrucksvollen Mauern aus örtlichem Sandstein so passend gekleidet wie in einem Designerkleidchen auf einer Demo gegen Castor-Transporte. Jeder Stein atmet Geschichte, und bei meiner Arbeit als Schlossfräulein war ich deshalb in ein Gewand gekleidet, das – bis auf die Make-up-Flecken, die meine Kollegin immer am Kragen hinterließ – fast originalgetreu war. In meinem Kleid mit dem langen Rock und unzähligen Unterröcken schwebte ich die Säle und Treppen hinauf und hinab und bin auf Hunderten von Touristenfotos verewigt.

Betritt man das Schloss durch den Haupteingang, stellt man fest, dass dort zwei Türen direkt nebeneinanderliegen. Dies waren die Aufgänge für den König und die Königin, und sie führten beide zur gleichen Treppe. Aber es war wichtig, dass jeder seinen eigenen Eingang hatte.

Direkt vom Eingang geht man eine Treppe mit sehr flachen Stufen hinauf. Die Stufen waren deshalb so flach, weil die langen Röcke der Königin darauf schön fließend hinter ihr her rascheln sollten. (Im Obergeschoss gibt es Dienstbotentreppen, deren Stufen mindestens doppelt so hoch sind. Schließlich fand man, dass die Mägde es nicht besonders bequem zu haben brauchten.) Die Treppe, die sehr breit ist, windet sich, vom Erdgeschoss gesehen, im Uhrzeigersinn nach oben. Auch dies ist kein Zufall, sondern hatte eine Funktion: Bei einem Angriff hatten die Bewohner des Schlosses so ausreichend Platz, mit ihrem Schwert im Anschlag von oben kommend zuzuschlagen. Denn auch damals waren mehr Menschen Rechts- als Linkshänder, und man baute das Treppenhaus so breit, dass man problemlos mit dem erhobenen Schwert im Arm von oben nach unten laufen konnte. Und dabei den einen oder anderen Angreifer niedermetzeln konnte.

Im ältesten Teil des Schlosses befindet sich der sogenannte Wappensaal. Er befindet sich in einem Teil des ursprünglich erbauten Verteidigungsturmes auf der südwestlichen Seite. Der Raum heißt Wappensaal, weil dort im Steinboden Wappenschilder eingelassen sind. Diese herrliche Intarsienarbeit ist noch nicht so alt – sie entstand um circa 1920 herum.

In der Mitte befindet sich eine halb offene Krone – das ist die Herzogkrone von Herzog Karl, dem späteren König Karl IX. Darunter ist die Hälfte des schwedischen Reichswappens abgebildet, das sich aus den drei Kronen und dem Löwen des Folkungageschlechtes zusammensetzt. In der Mitte ist das Wappen der Familie Vasa zu sehen – eine Garbe. Denn der Name Vasa bedeutet auf Schwedisch »Garbe«. Dieses wurde natürlich auch von Herzog Karl benutzt, denn er war ja der Sohn von Gustav Eriksson Vasa.

Schwedische Adelsnamen sind übrigens sehr interessant: Eigentlich existieren sie nämlich gar nicht, sondern sind nur eine Hilfe, die verzweigten Geschlechter auseinanderzuhalten. Gustav Vasa hieß zum Beispiel eigentlich Gustav Eriksson (= Sohn von Erik). Aber da es damals wie heute Erikssons, Gustavssons, Johanssons usw. wie Sand am Meer gab, fing man an, die Adeligen nach den Symbolen auf ihren Schlachtschilden zu benennen. So wurde aus Gustav Eriksson Gustav Vasa. Und bis heute erinnern viele Adelsnamen an die alten Schilde: Lejonhufvudet (= Löwenkopf), Tre Rosor (= Drei Rosen), Liljehöök (= Lilienadler), Natt och Dag (= Nacht und Tag) sind nur ein paar Beispiele.

Aber zurück zu den Wappen im Wappensaal. Unter dem Wappen Karls befinden sich die Wappen der drei Provinzen Sörmland, Värmland und Närke, über die er herrschte.

Die Familie Nacht und Tag ist auf besondere Weise mit einem Mann verbunden, der sich auch im Wappensaal befindet: als Statue. Er heißt Engelbrecht Engelbrechtsson und war ein großer

Freiheitskämpfer. Zur Zeit der Kalmarer Union wurde Örebro von dänischen Vögten regiert, die den Bauern und Bergleuten durch ständige Steuer- und Abgabenerhöhungen das Leben sehr schwer machten. Engelbrecht, der aus Bergslagen stammte, nahm sich ihrer an und reiste mit seinen Leuten nach Örebro, um dort die Macht zu übernehmen. Als er am Schloss ankam, stellte er schnell fest, dass es eine nahezu uneinnehmbare Festung war. Also griff er zu dem ältesten aller Tricks: Er belagerte das Schloss. Er rechnete mit einer Belagerungszeit von rund sechs Wochen, aber die Vögte gaben bereits nach zwei Wochen auf.

Doch statt eines blutigen Kampfes einigte man sich friedlich: Engelbrecht kaufte das Schloss für 1000 schwedische Reichstaler.

Engelbrecht wohnte und regierte etwa ein Jahr auf Schloss Örebro.

Eines Tages bekam er einen Brief, der ihn zum König nach Stockholm beorderte. Doch er wusste nicht, dass der Brief eine Falle war. Mitglieder der Familie Nacht und Tag, die unter Engelbrechts Regierung viel Geld und Ansehen verloren hatten, lockten ihn unter diesem Vorwand zu einer kleinen Landzunge im See Hjälmaren. Als er dort ankam, um sein Schiff nach Stockholm zu besteigen, wurde Engelbrecht dort ermordet und man schlug ihm den Kopf ab.

Aber die Geschichte ist noch nicht zu Ende!

Man begrub Engelbrecht in der Nikolaikirche hier in Örebro am Stortorget, und sein Grab wurde zu einem Wallfahrtsort. Viele Arme und Kranke pilgerten zu seinem Grab, denn ein Mythos sagte, dass, wer einmal den steinernen Sarkophag berührt hatte, von vielerlei Leid befreit würde. Als Herzog Karl schließlich König wurde, ärgerte er sich sehr über diese Tatsache. Schließlich sollte nichts zwischen ihm, dem König, und Gott stehen. Er ließ den Sarg Engelbrechts aus der Nikolaikirche holen, und seine Gebeine verschwanden spurlos. Einer Überlieferung zufolge ließ er das Skelett beim Ausbau des Schlosses in eine Außenwand einmauern.

Und seit damals gibt es immer wieder Berichte von Besuchern des Schlosses, die schwere Schritte auf den Böden des Schlosses gehört haben. Einige berichten auch von einer kurz gewachsenen Gestalt, die mit dem Kopf unter dem Arm über die Gänge geistert. Sollten Sie im Schloss also einmal einem Geist begegnen: Keine Angst, das ist nur Engelbrecht!

109. GRUND

Weil es in Schweden heilige Quellen gibt

Ich war neulich zur Thaimassage. Ich finde, das hört sich irgendwie schlüpfrig an. Stellen Sie sich mal vor, Sie sitzen in einem Bus zum Beispiel in Köln und sagen laut und deutlich, sodass es alle hören: »Ich war gestern zur Thaimassage!« Dann könnten Sie sich auch gleich auf einem öffentlichen Platz hinstellen und rufen: »Ich habe eingewachsene Haare am Gesäß!« oder »Ich erlebe sexuelle Stimulation durch das Betrachten von Hängebirken!«

Hier in Schweden gibt es Thaimassagestudios so wie im Ruhrpott Trinkhallen. Und sie sind ungefähr so zwielichtig wie ein Gardinengeschäft oder eine Wäscherei – nämlich gar nicht. Thailand ist einfach eines der beliebtesten Reiseziele der Schweden, und das führt dazu, dass sich Schweden und Thailänder eben auch mal verlieben. (So wie sich auch Schweden und Deutsche verlieben. Oder Schweden und Ägypter, Finnen oder Österreicherinnen.) Und so findet natürlich auch Einwanderung aus Thailand statt. Die klassische thailändische Massage ist daher in Schweden allerorten erhältlich – sehr zu meinem Vorteil, denn ich habe oft Rücken.

So eine thailändische Massage ist ein wahrer Segen, wenn man steif und verspannt ist. Die Thailänderin, von der ich mich bevorzugt massieren lasse, hat einen sehr zarten Körperbau. Und das ist ein Glück, denn sie benutzt nicht nur ihre Hände, um mich zu massieren. Sie setzt sich breitbeinig auf meinen Hintern und benutzt ihre Ellenbogen, Knie und Füße, um mich durchzukneten wie einen Roggenbrotteig. (Kaum auszudenken, was passieren würde, wenn sie 120 Kilo wiegen würde. Dann ginge ich vermutlich als Knäckebrot wieder nach Hause.)

Früher hatte man es in Örebro nicht so einfach und komfortabel, wenn man unter Rückenbeschwerden und Verspannungen litt. Was bestimmt ein Großteil der Bevölkerung tat, denn sie waren in der Regel Landwirte, und das war ein echter Knochenjob so ganz ohne Maschinen.

Allerdings gab es Alternativen zur Thaimassage: eine Quelle mit heilenden Eigenschaften, gar nicht weit von der Stadt entfernt:

Katrinebrunn oder Katarinas källa *(Katarinas Quelle).*

Der Legende nach begab es sich, dass ein junges Hirtenmädchen aus der Umgebung von ihrem Geliebten verlassen wurde. Darüber wurde sie so traurig, dass sie so viel weinte, bis sie ihr Augenlicht verlor. Erblindet stolperte sie durch den Wald, bis sie an eine Quelle kam. Sie wusch sich mit dem Quellwasser die rot geweinten Augen aus, und da geschah das Wunder: Sie konnte wieder sehen! Da wusste sie, dass sie eine heilige Quelle entdeckt hatte, die nach ihr benannt wurde.

Die Menschen pilgerten fortan zur Quelle, wo sie von allerlei Leiden befreit wurden. Blinde wurden sehend, Lahme konnten ihre Krücken von sich werfen.

Quellen haben die Menschen in allen Zeiten angezogen und wurden oft mit übernatürlichen Kräften verbunden. Die Menschen trafen sich oft am Dreifaltigkeitstag (Sonntag nach Pfingsten), um Brunnenwasser zu trinken und gemeinsam zu feiern, denn der Legende nach hatte das Wasser an diesem Tag besonders starke Kraft. Die Quelle wurde mit Laub geschmückt, und man opferte eine Münze, indem man sie ins Wasser warf.

Vermutlich fand schon ab dem Jahr 1700 Quellwassertourismus in Katrinebrunn statt, allerdings wurde der Kurort nie so bekannt und berühmt wie Loka, Porla oder Medevi Brunn. Dies war mehr ein Ort für das einfache Volk, nicht für die Aristokratie. Man konnte warme Bäder, Schlammbäder und Tannenzapfenbäder in dem heilenden Wasser nehmen. Während des Ersten Weltkrieges wurde das Badegeschäft aus Rationierungsgründen eingestellt, und in den 20er-Jahren riss man das letzte große Gebäude ab. Heute steht nur noch das Dach über der eigentlichen Quelle, und es gibt nur ein winzig kleines Schild, das überhaupt auf die Quelle hinweist. Ohne Ortskenntnis findet man eigentlich gar nicht hin.

Wenn Sie mal in der Gegend sind und ein wenig Zeit übrig haben, fahren Sie doch mal vorbei. Es ist ein wirklich herrlich verwunschener Ort.

Und so kommt man hin: Von Örebro kommend fährt man über Odensbacken in Richtung Osten auf dem Weg 52. (Das ist der Weg nach Katrineholm/Nyköping.) Kurz vor Hampetorp kommt auf der rechten Seite eine Tankstelle und ein Flohmarkt, der hat ein großes Schild, auf dem 52:ans steht (und auch immer einen Besuch wert ist!). Dort biegt man rechts auf einen kleinen Weg ab. Nach circa 1,5 Kilometern kommt man an einem Hof vorbei, den man passiert. Der Weg wird immer unwegsamer und erinnert jetzt mehr an einen Waldweg als an eine Autostraße. Nun muss man schön langsam fahren und auf der rechten Seite nach einem winzig kleinen, unansehnlichen und verwitterten Schild Ausschau halten, auf dem »St Cattrins Brund« steht. Es ist höchstens 20 x 20 cm groß und auf der rechten Seite an einen Baum genagelt. Dort stellt man das Auto ab und geht circa 500 Metern direkt in den Wald hinein. Und dort steht, mitten auf einer Lichtung, das Dach über der Quelle.

Man nimmt den hölzernen Brunnendeckel ab und schöpft das Wasser mit dem Eimer direkt aus der Quelle. Sie können sich auch gerne ein paar selbst mitgebrachte Flaschen mit dem heilenden Wasser füllen und mit nach Hause nehmen.

Ob Sie dann Ihre Brille gleich an Ort und Stelle entsorgen können? Finden Sie es heraus!

Weil man in Nora noch ein bisschen Bullerbü finden kann

Mal so ganz unter uns: Denken Sie auch ein klitzekleines bisschen an Bullerbü, wenn Sie an Schweden denken? Also an rote Holzhäuser, endlose Wälder, glasklare Seen und blonde Menschen? Keine Sorge, das geht nicht nur Ihnen so. Auch nach all den Jahren im Land kann ich mich an manchen Tagen vor Kitschgedanken nicht retten und schwelge bis zu den Haarspitzen in Klischees.

Wenn mir nach einer richtigen Überdosis Schweden zumute ist, dann setze ich mich ins Auto und fahre nach Nora. Das ist ein kleines Städtchen 35 Kilometer nördlich von Örebro, und dort gibt es Schweden im Quadrat und noch ein bisschen mehr.

Es fängt schon am Ortseingang an: Man durchfährt einen pittoresken blumenbepflanzten Kreisverkehr und kommt schon nach einigen Metern in das Zentrum des Örtchens. Gleich neben der Kirche und dem Springbrunnen können Sie Ihr Auto abstellen. Sollten Sie sich im Sommer auf den Weg nach Nora machen, müssen Sie aber erst einmal ein Eis essen, das ist hier Pflicht. »Nora-Glass«, also Nora-Eis, ist das beste in Mittelschweden, und es lohnt sich, sich dafür die Beine in den Bauch zu stehen. Seien Sie bloß nicht bescheiden, sondern bestellen Sie sich gleich einen gigantischen Eisbecher – das Anstehen kann manchmal dauern, und Sie werden garantiert Appetit auf mehr bekommen.

Wenn Sie nach dem Eis noch in der Lage sind, sich zu bewegen, machen Sie doch erst einmal einen kleinen Verdauungsspaziergang um den Dorfplatz herum. Nora ist ein Örtchen, das zum schwedischen Kulturerbe gehört, und sogar mir entfahren manchmal noch heute begeisterte Quietschlaute, die ich eigentlich nur beim Anblick von Hundewelpen von mir gebe, wenn ich an den niedlichen Holzhäusern in zarten Pastellfarben vorbeigehe. Idylle so weit das

Auge reicht. In Nora auf dem Dorfplatz stehen entschädigt für jede Minute Großstadt, die man so in seinem Leben verbracht hat.

Wenn Sie dann verzückt durch die kopfsteingepflasterten Gässchen stromern, vergessen Sie bloß nicht, in die zahlreich vorhandenen »Loppis« (Flohmarkt) Geschäfte zu schauen. Es gibt in Nora an fast jeder Ecke einen, und dort können Sie fantastische Dinge finden, die Sie garantiert nicht brauchen aber unbedingt haben wollen. Hutnadeln, angeschlagenes Porzellan, bestickte Leinenwäsche – in Nora gibt es alles. Vorausgesetzt, Sie sind jetzt nicht damit beschäftigt, einen 100 Jahre alten Sekretär in Ihrem Auto verstauen zu müssen, sollten Sie Ihren Spaziergang am Wasser fortsetzen.

Nora liegt (natürlich) an einem See. Und natürlich hat er dunkelblaues Wasser, das glasklar ist. Natürlich auch schweinekalt. Aber das sollte kein Hindernis sein – wer Lust hat, kann direkt von dem kleinen Steg mit der niedlichen altertümlichen Hütte aus hineinspringen und ein paar Runden drehen.

Spazieren Sie danach einfach weiter auf der Strandpromenade entlang, bis Sie zum alten Bahnhof kommen. Ja, genau. Alter Bahnhof. Nora ist nämlich nicht nur niedlich, hat gutes Eis, einen See und ist eines der hübschesten alten Holzstädtchen Schwedens, sondern hat zu allem Überfluss auch noch einen Nostalgiebahnhof. Idylle-Overkill sozusagen.

Am alten Bahnhof verkehrt in den Sommermonaten die Nostalgielinie zwischen Järle und Nora. Mit kostümiertem Schaffner und allem Pipapo. Wem das dann doch ein bisschen zu viel des Guten ist, der kann sich aber auch einfach in eines der Waggon-Cafés setzen und die vielen Eindrücke über einer guten Tasse starken schwedischen Kaffees verdauen. Påtår inklusive.

Und bitte! Schämen Sie sich nicht, wenn Sie eine verklärte Sehnsucht nach einem Umzug nach Schweden überkommt. Richten Sie im Geiste ruhig eines der kleinen Holzhäuschen nach Ihrem Geschmack ein und schwelgen Sie in dem Gedanken, das ganze Jahr über hier zu wohnen. Das geht nicht nur Ihnen so.

Kommen Sie einfach im Winter noch mal vorbei. Wenn die Eisdiele geschlossen hat und der Wind mit –24°C um die Häuserecken pfeift.

Dann reden wir da noch mal in aller Ruhe drüber.

111. GRUND

Weil nirgendwo die Sonne so schön scheint wie auf Gotland

Ich bin wirklich nicht leicht zu begeistern, wenn es um Licht geht. Als Fotografin bin ich ständig auf der Suche nach dem besten, schönsten, passendsten Licht, und ich bin sehr, sehr schwer zufrieden zu stellen. Licht muss genau der Situation angepasst sein, und es ist eine der schwierigsten Aufgaben, die man als Fotograf beherrschen muss. Es dauert viele Jahre, bis man es so richtig unter Kontrolle hat, und manche lernen es nie richtig.

Draußen in der Natur, wenn man Landschaften fotografiert, arbeitet man ja meistens mit natürlichem Licht. Man kann sich da ein paar Tricks zunutze machen, zum Beispiel, dass frühes Morgenlicht oder Abendlicht ganz verträumte Stimmungen erzeugt, aber im Großen und Ganzen ist man den Launen der Natur völlig ausgeliefert. So kann es dann zum Beispiel passieren, dass man, gerade frisch auf Gotland von der Fähre gefahren, an der Ringmauer in Visby entlangläuft. Es war den ganzen Vormittag stark neblig, und man hatte keine Lust, die schwere Systemkamera mit sich rumzuschleppen. Und plötzlich, ganz unerwartet, öffnen sich die Wolken und schicken mystische, verzauberte Sonnenstrahlen durch den Nebel, die, von ein paar Bäumen gebrochen, der lichtgewordene Traum eines jedes Fotografen sind.

Und ich? Ich erinnerte mich an den Spruch: »Die beste Kamera ist die, die man dabeihat!«, zückte mein iPhone 3 und fotografierte das gotländische Licht, von dem ich schon so viel gehört hatte. Unvergleichlich sollte es sein, wie sonst nirgendwo in Schweden. Gleißend hell, irgendwie durchsichtig und ein bisschen glitzerig.

Gotland ist einer dieser Orte, bei denen man in der Sekunde, in der man sie betritt, weiß, dass man für immer bleiben möchte. Das sind seltene, kostbare Momente, die ich in meinen Erinnerungen aufbewahre – für triste, graue Städtereisen mit miesem Essen, unbequemen Betten und schubsenden Touristen.

So einen Moment hatte ich, als ich das erste Mal nach Hamburg kam. Ich war 17 und wusste in dem Moment, als ich den Hafen sah, dass ich in dieser Stadt wohnen wollte. Ganz egal wann. Eines Tages eben. Und so ging es mir in San Francisco. Ich war nur zu Besuch dort, nicht einmal zwei Wochen, und durchgängig müde von der Zeitverschiebung. Aber die Schönheit der Stadt überrollte mich mit Gewalt, und ich wusste, dass dies der Ort war, den ich gegen Hamburg eintauschen würde. (Dass ich stattdessen in Örebro landen würde, ahnte ich damals noch nicht.) Und nun ist es wieder passiert, in fortgeschrittenem Alter habe ich mich noch einmal verliebt. Nicht so stürmisch und unreif, nicht so unkontrolliert vulkanartig wie in jüngeren Jahren. Sondern heimlich, still und leise. In Visby. Auf Gotland. In das Licht, das Meer, die Menschen. In den Nebel, die alten Mauern und den Teergeruch. In den Wind, der um die Hausecken saust und Hundeohren flattern lässt, in Safranspfannkuchen und Schafe mit langen Locken, in windgepeitschte Lorbeerbüsche, die sich an den Sandsteinböden festklammern, und in den Geschmack des Leitungswassers, süß und lieblich wie eine Sommernacht in der Provence.

Und nachdem ich das Zauberlicht am ersten Tag verpasst hatte, habe ich meine Kamera überall mit hingenommen.

So etwas soll ja am besten nicht zwei Mal passieren.

Danke!

Ohne meinen Mann Tobba wäre dieses Buch nie geschrieben worden. Danke, dass du mir jeden Tag zeigst, was Liebe ist.

Danke an meine Eltern Luise und Peter, für das Auffangen bei Durchhängern, für herrliche Urlaube zu Hause in der Wärme der Türkei, für das Korrekturlesen und überhaupt alles.

An Lena und Johnny, meine Schwiegereltern. Für unzählige Köttbullar, Lussekatter, Weihnachtsbuffets, Hundesitting und all die Wärme in diesem manchmal sehr kalten Land.

Danke an Steffi, meine wunderbare Freundin, die immer da ist – obwohl sie so weit weg wohnt.

Danke an Käthe und Hendrik, meine Art-Partnerin in Crime und ihren Mann, für Photoshop-Support und all den guten Wein.

Danke an Regina und Christian, dafür, dass ihr einfach gute Menschen seid.

Danke an Morgan, von dem ich so viel über Schweden gelernt habe und der die Steine zum Erzählen bringt.

Ohne euch wäre das Leben ziemlich trostlos.

Literatur

- »Den Svenska Koden«, Marie Bengts/Uli Bruno/Silvia Nilsson-Pucci (KnowWare Publications ISBN 91-88783-39-1
- »Culture Shock Sweden«, Charlotte Rosen Svensson (Kuperard) ISBN 1-85733-160-5
- »Svenskar Hur Vi Är Och Varför«, Gillis Herlitz (Uppsala Publishing House) ISBN 91-7005-252-2
- »Historien Om Sverige«, Herman Lindqvist (Norstedts) ISBN 91-1-971372-X

SCHWARZKOPF & SCHWARZKOPF

111 GRÜNDE, NORWEGEN ZU LIEBEN

DER CHARMANTE REISEFÜHRER IN DAS LAND DER FJORDE UND GEBIRGE
MIT VIELEN INSIDER-TIPPS UND SEPARATEM FARBTEIL

111 GRÜNDE, NORWEGEN ZU LIEBEN
EINE LIEBESERKLÄRUNG AN DAS SCHÖNSTE LAND DER WELT
Von Gabriele Haefs
ca. 288 Seiten | Taschenbuch
Mit separatem Farbteil
ISBN 978-3-86265-613-4 | Preis 12,99 €

Norwegen bietet eine unglaubliche landschaftliche Vielfalt: Gletscher, große Berge, idyllische Fjorde, Wasserfälle, ursprüngliche Wälder, saubere Seen und unzählige Inseln. Aber es gibt nicht nur Natur, sondern auch wunderschöne Holzhäuser und märchenhafte Stabkirchen.

Es ist ein Land, in dem die Geschichte überall zum Greifen nahe liegt, in dem es wunderbare Musik, kuriose und köstliche Gerichte gibt, in dem Trolle, Wichtelmännchen und listige Waldfeen wohnen, und wo es zudem eine Königsfamilie gibt, die für wunderbare Skandale sorgt, von denen man hierzulande viel zu wenig hört. Norwegen ist nicht nur eine Reise wert, sondern zehn, zwanzig und endlos viele mehr.

Die renommierte Übersetzerin und Norwegen-Kennerin GABRIELE HAEFS verrät uns ihre persönlichen Geheimtipps.

WWW.SCHWARZKOPF-SCHWARZKOPF.DE

STEFANIE ANDERSSON, * 1971, hat nach rund 20 Jahren als Werbetexterin den Beruf gewechselt und arbeitet heute international als erfolgreiche Fotografin für Modemagazine und Werbeagenturen. Für dieses Buch diente ihr beliebter Blog »Lussekatts Liv«, der ihren Alltag als Deutsche in Schweden mit einem Augenzwinkern beschreibt, als Grundlage. Sie lebt mit Mann und Hund in Örebro und Stockholm.

Stefanie Andersson
111 GRÜNDE, SCHWEDEN ZU LIEBEN
Eine Liebeserklärung an das schönste Land der Welt

ISBN 978-3-86265-615-8

Zweite Auflage März 2017
Vermittelt durch die Literaturagentur Brinkmann, München | Autorenfoto: © Cajsa-Sofie Borgström | Coverfotos: © Stefanie Andersson (alle Fotos); außer: 3. Reihe Mitte: © Kai Schirmer/depositphotos.de; 5. Reihe rechts: © olandsfokus/depositphotos | Fotos Bildteil: © Stefanie Andersson (alle Fotos); außer Bildteil II, Seite X: © Mona Skoglund

KATALOG
Wir senden Ihnen gern kostenlos unseren Katalog.
Schwarzkopf & Schwarzkopf Verlag GmbH
Kastanienallee 32, 10435 Berlin
Telefon: 030 – 44 33 63 00 | Fax: 030 – 44 33 63 044

INTERNET | E-MAIL
www.schwarzkopf-schwarzkopf.de
www.facebook.com/schwarzkopfverlag
info@schwarzkopf-schwarzkopf.de